천 하 나 의 고 원

소 수 자 윤 리 학 을 위 하 여

이 정 우 지 음

돌 베 개

천하나의 고원
― 소수자 윤리학을 위하여

이정우 지음

2008년 10월 20일 초판 1쇄 발행
2020년 11월 11일 초판 4쇄 발행

펴낸이 한철희 | 펴낸곳 돌베개 | 등록 1979년 8월 25일 제406-2003-000018호
주소 (10881) 경기도 파주시 회동길 77-20 (문발동)
전화 (031) 955-5020 | 팩스 (031) 955-5050
홈페이지 www.dolbegae.co.kr | 전자우편 book@dolbegae.co.kr

책임편집 김희진 | 편집 한계영·이경아·조성웅·고경원·신귀영 | 교정·교열 일일공삼
표지디자인 박대성 | 본문디자인 박정영·이은정
마케팅 심찬식·고운성 | 제작·관리 윤국중·이수민 | 인쇄·제본 상지사P&B

ISBN 978-89-7199-321-7 (93100)
책값은 뒤표지에 있습니다.

이 도서의 국립중앙도서관 출판시도서목록(CIP)은 e-CIP 홈페이지
(http://www.nl.go.kr/ecip)에서 이용하실 수 있습니다.(CIP제어번호: CIP2008003012)

천 하 나 의   고 원

소 수 자   윤 리 학 을   위 하 여

일러두기

1. 이 책에 인용된 『천의 고원』은 *Mille Plateaux: Capitalisme et Schizophrénie 2*(Gilles Deleuze/Félix Guattari, Les Éditions de Minuit, 1980)를 기준으로 하며, 인용 시 MP로 줄여서 표시했고 괄호 안에 원서 쪽수와 번역본의 쪽수를 병기했다. 번역본 쪽수는 『천 개의 고원』(김재인 옮김, 새물결, 2001)을 따랐다. 그 밖에 『의미의 논리』는 *Logique du sens*(Gilles Deleuze, Les Éditions de Minuit, 1969)를 기준으로 하였고, 『차이와 반복』은 *Différance et répétition*(Gilles Deleuze, PUF, 1968)을 기준으로 하였으며 이후 인용 시 DR로 줄여서 표시했다. 『안티오이디푸스』는 *L'Anti-Oedipe*(Gilles Deleuze/Féliz Guattari, Les Éditions de Minuit, 1972)를 기준으로 하며 이후 인용 시 AO로 줄여서 표시했다.
2. 인용문 안에서 고딕체 글씨나 ' ' 표시는 별도의 표시가 없으면 인용자의 강조이며, 〔 〕는 별도의 표시가 없으면 인용자의 개입이다.
3. 이 책의 본문이나 인용문에 노출된 한자 역시 이 책의 저자가 강조의 의미로 사용한 것이다.

차례

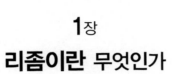

1장
리좀이란 무엇인가

1 배치란 무엇인가

2 탈기관체, 혼효면, 추상기계

3 리좀을 가지고서 무엇을 할 것인가

『천의 고원』[1]은 개념적 콜라주이다. 상이한 담론공간들에서 형성된 이질적이고 다채로운 개념들이 모여들어 장대하고 현란한 지적 콜라주를 만들어내고 있다. 이 콜라주 안에서 각 개념들은 본래의 의미에서 '탈영토화'되어 새로운 의미를 부여받고 있으며, 이전에 멀리 떨어져 있던 개념들과 '접속'됨으로써 독특하고 새로운 의미를 만들어내고 있다. 이 개념들은 일방향적으로 즉 연역적으로 해명되지 않는다. 그것들은 라이프니츠의 모나드들처럼 서로가 서로를 거울로서 비쳐주고 있으며, 하나의 개념 안에는 다른 모든 개념들이 접혀 있다. 각 개념들은 각 '관점'에 따라 일정 부분을 밝게 비추어주지만, 다른 부분들은 숨긴다. 각 개념들은 『천의 고원』 전체를 '표현'한다. 개념들은 서로를 입체적으로 참조하며, 따라서 각 개념들의 의미는 책을 전부 읽었을 때에만 온전히 드러난다. 때문에 우리는 처음부터 순환 논리 앞에 서 있게 된다. 논리적으로, 우리는 이 책을 읽기 시작할 수 없다, 전체를 이미 알고 있어야 하기에. 카프카의

---

1 Gilles Deleuze/Félix Guattari, *Mille Plateaux*, Les Éditions de Minuit, 1980.(『천 개의 고원』, 김재인 옮김, 새물결, 2001) 이하 'MP'로 표기하고 원서와 번역본의 쪽수를 병기한다.

저작들이 그렇듯이, 이 책은 재독을 요하는 것이다. 그러나 재독, 삼독……을 거듭하면서, 우리는 미증유의 새로운 사유 지평이 눈앞에서 활짝 열림을 체험할 수 있다. 우리는 어느새 다르게 사유하고, 다르게 느끼고, 다르게 행위하고 있는 자신을 발견한다.

세계의 중심을 상정할 때, 존재론적 근원을 상정할 때, 세계는 선형적으로 배열된다. 사물들은 근원과의 유사성을 준거로 평가되고 위계화된다. 근대적 사유에 이르러 이 거대한 위계적 건축물은 와해된다. 그러나 세계의 중심에 선험적 주체를 놓을 경우 다시 세계는 원형적으로 배열된다. 사물들은 인간을 중심으로 방사선상으로 늘어서게 된다. 현대적 사유에 이르러 이제 이 중심에는 금이 가고 방사선 구조의 여기저기에서 누수(漏水)가 일어난다. 이제 세계는 어떤 중심도 없는 장(場)으로서, 관계들이 생성되어가는 면(面)으로서 이해된다. 그러나 사물들 사이의 관계가 고정될 경우 이제 관계는 전통 사유에서 실체가 차지하던 위상을 대신 차지하게 된다. 고착화된 관계-망 위에서 우리의 삶은 얼어붙는다.[2] 오늘날의 사유에 이르러 법칙으로서 고착화된 관계들은 끊어지고 갈라지고 교차하면서 요동치기 시작했다. 사물들 사이에서 늘 무슨 일인가가 일어난다. '사이들'은 늘 변해간다. 벌어진 카오스에서 코스모스가 형성되기도 하고 변형되기도 하고 해체되기도 한다. 카오스모스. '그리고'를 세우는 것, 삶의 역동적 흐름을 따라가면서 '그리고'를 세우고 변형시키고 해

---

2 난바라 시게루(南原繁)의 피히테적 '공동체 민주주의'에서 그 전형적인 예를 볼 수 있다. 패전 이후 '성숙한' 국체를 세우기 위해 천황을 '인간'으로 내재화하고, "국민의 결합을 인간 상호 간의 신뢰와 존경의 관계로 치환"하고자 했던 그의 사유는 결국 중심을 내재화하고 그 중심에 따라 관계들을 고착화하고 있을 뿐이다.(강상중, 『내셔널리즘』, 임성모 옮김, 이산, 2004, 139쪽 이하) 중심을 설정해 관계를 고착화하는 사유는 내재성의 가면을 쓴 초월성의 사유일 뿐이다.

체하는 것, 고착화된 차이들에 생성을 도입하는 것, 우리 시대의 사유는 이렇게 새로운 존재론과 윤리학, 정치학을 전개하고 있다. 이 모든 생각들은 '리좀'(rhizome)이라는 개념에 집약되어 있다.

「리좀」은 '서론'에 해당하며, 서론들이 흔히 그렇듯이 책에 관한 이야기를 전개한다. 그러나 그것은 결국 리좀 자체에 관한 이야기이다. 기존의 책 개념을 벗어나 새로운 리좀-책 개념으로 나아가는 과정에서 우리는 '리좀' 개념의 포괄적 의미를 읽어낼 수 있다. 여기에서 책은 리좀을 설명하는 하나의 예로서 기능한다.

리좀의 일차적인 의미가 생성하는 관계, 차이 자체의 생성에 있다면, 그러한 사유를 통해 고·중세적 본질주의와 근대적 주체철학뿐만 아니라 구조들을 실체화하는 사유들까지도 극복하는 데 있다면, 리좀을 이야기하는 주체들, 『천의 고원』의 주체들=저자들은 어떤 존재들인가? 이런 의문점을 떠올린다면, 저자들이 자기 언급적 논의로부터, 저자들로서의 자신들의 주체성/저자성에 관한 논의로부터 이야기를 풀어나가는 것은 당연한 일이리라. 바로 이 때문에 논의는 '저자의 죽음', 그러나 사실상 복수적 저자들의 탄생에 관한 이야기에서 시작된다('∼의 죽음'은 늘 복수적인 '∼들의 탄생'이다).

우리는 둘이 함께 『안티오이디푸스』를 썼다. 우리 각각이 여럿이었기에, 그것(ça)에는 이미 무수한 사람들이 있었던 것이다. 〔……〕 그런데 왜 우리의 이름들을 남겨놓았는가? 관례상, 그저 관례상으로. 우리 자신이 스스로를 인지할 수 없도록. 우리 자신들만이 아니라 우리를 움직이게 하고 느끼게 하는 것을, 또는 사유하게 하는 것을 지각할 수 없도록. 〔……〕 더 이상 '나'라고 말하지 않는 지점에 도달하기 위해서가 아니라, '나'라고 말하든 말하지 않든 그다지 중요하지 않게 되는 지점에 도달하기 위해서.(MP, 9/11)

　　'저자의 죽음'은 '주체의 죽음', 더 정확히는 '선험적 주체의 죽음'의 한 측면이다. 주체의 죽음은 존재론/인식론의 맥락 이전에 윤리학적 맥락에서 등장한 것이 아닐까. '선험적 주체' 개념은 세계를, 적어도 현상세계를 인간(의 의식)의 종합 및 구성을 기다리는 대상 즉 인식질료로 만들었다. 따라서 주도권은 구성하는 주체, 의식의 틀이 쥐게 된다. 그러나 그 주체에는 특정한 문화의 성격이 짙게 함축되어 있었던 것이 사실이다. 유럽적 주체는 이런 정립에 입각해 비유럽 주체들을 그 눈길 아래에서 대상화/객체화했다. 그래서 선험적 주체의 죽음은 적어도 그 한 측면에서는 유럽 제국주의라는 주체의 죽음을 함축한다. 따라서 탈주체주의 사유가 처음으로 사상사적 의미를 획득했던 것이 바로 인류학에서였다는 사실은 의미심장하지 않은가. 마찬가지로 남성 주체는 여성 주체를, 성인 주체는 아동 주체를 대상화하고 객체화한다. 주체에게서 지배와 정복이 생겨난다. '구조주의'와 더불어 등장한 주체의 죽음은 근대적/선험적 주체와 그 결과들에 대한 반성을 실마리로 제시되었다. 더 일반적으로 말해, 주체의 죽음은 '주-객 분리'와 '主體=人間의 지배'라는 근대 철학의 한 폐해를 극복하기 위해 등장했다. '저자-임'은 '주체-임'의 한 방식이고, 그래서 주체의 죽음은 저자의 죽음도 함축한다. 그러나 '주체의 죽음'은 주체의 소멸이 아니라 새로운 주체들의 탄생을 뜻한다. 반고(盤古)의 죽음으로부터 무수한 생명체들이 태어났듯이, 큰 주체의 죽음은 동시에 작은 주체들의 탄생이기도 하다. 저자의 죽음은 복수-저자들의 탄생이다. '나'로부

터의 탈주. '나'라고 하든 말든 상관이 없는 경지로의 탈주.[3]

'나'로부터의 탈주는 전(前)개체적–비(非)인칭적 장에서 사유하기, 즉 의식적/인칭적 주체로 마름질되기 이전의 비인칭적 개체화들, 나아가 현실적 개체로 고착화되기 이전의 전개체적 특이성들의 장에서 사유하기이다.

비인칭적[4] 개체화들, 전개체적 특이성들의 세계,[5] 이 세계는 누군가(ON)의 세계, 또는 '그들'의 세계이다. 그러나 이 세계가 일상적 진부함의 세계인 것

3 "우리에게 중요했던 것은 우리가 '함께' 작업한다는 사실이라기보다는 우리 둘 '사이'에서 작업한다는 이 이상한 사실이었습니다. 우리는 '저자'이기를 그만두었습니다. 그리고 이 '둘–사이'는 다른 사람들, 여러모로 차이가 나는 타자들을 가리켰습니다. 사막은 점점 커졌지만, 그렇게 함으로써 더한층 북적거리게 되었습니다. 이는 어떤 학파나 인지 과정과는 전혀 관련이 없고, 오히려 우연한 마주침과 더 큰 관련이 있습니다."(들뢰즈/파르네, 『디알로그』, 허희정/전승화 옮김, 동문선, 2005, 36쪽)

4 'impersonnel'은 '비인격적인'이 아니라 '비인칭적인'을 뜻한다. 이 말은 '인격'보다는 '나', '너', '그' 등 인칭의 차원으로 들어서기 이전 차원, 즉 동사와 연관시킬 경우 (아직 '인칭 변화'를 겪지 않은) 부정법에 관련되는 차원을 뜻한다.

5 들뢰즈/가타리에게서 '특이성'은 세 가지 맥락을 갖는다. 1) 현실적 특이성들/이-것 일반성–특수성의 체제로 되어 있는 수목적 구도에서 볼 때 '괴물'인 것들. 분류할 수 없는 것들. 2) 잠재적 특이성들/이-것. 그러나 특이성들(특이 존재들)은 결국 잠재적일 수밖에 없다. '현실'은 수목적으로 구성되어 있고, 특이성들은 늘 잠재적 지평에서 도래하기 때문이다. '유목적 특이성들'은 뚜렷한 규정을 갖춘 개체들로 굳어지기 이전에 전개체적–비인칭적 차원 즉 잠재적 차원을 채우고 있는 존재들(entités)이며, 다른 말로는 (둔스 스코투스적 의미에서의) 이-것들(heccéités)이다. 잠재적 차원에 점선으로 그려져 있으며(라이프니츠의 '모호한 아담'을 상기하자), 유목적인 즉 아직 불안정한—준안정 상태에 있는—존재들이 일정한 조건하에서 구체적으로 규정된, 실선으로 그려진 개체들로 화한다('개체화'). 따라서 이 존재들은 현실/기존의 존재들을 기준으로 생각하면 이상한 '괴물들'이며, 확장된 의미에서의 존재들 즉 이-'것'들이다. 들뢰즈 존재론의 핵심은 바로 이 개체화를 설명하는 데 있다. 들뢰즈의 사유는 동일성을 부정하는 사유가 아니라 오히려 동일성을 설명하려는, 그러나 생성으로부터 설명하려는 사유이다. 지금의 맥락에서 유목적 특이성들은 개체들=생명체들 탄생 이전의 상황을 묘사하는 개념으로 받아들이면 될 것이다. 3) 지도리로서의 특이성들. 이것은 앙리 푸앵카레, 알베르 로트만, 르네 톰 등의 특이성들로서, 들뢰즈가 특히 로트만을 경유해서 사용하는 개념이다. 이 특이성은 잠재성으로부터 현실성으로의 분화 과정에서 지도리의 역할을 하는 특이성이다. 복잡계 이론에 등장하는 특이성(또는 임계점)의 의미에 가깝다.

은 아니다. 반대로 그것은 '바탕-심(深)'과 '바탕-허(虛)'[6]—디오뉘소스의 마지막 얼굴이자 또한 재현/표상에서 탈주하고 시뮬라크르들을 도래시키는—의 참된 본성이기도 한 조우들과 공명들이 이루어지는 세계이다.[7]

　　이 세계는 곧 '만인-되기'의 세계이다. 『천의 고원』에서 우리는 개념들의 콜라주를 가로지르며 만인이 되고, 나아가 조우(=마주침)와 공명(=함께-울림)을 만끽한다. 모든 이들의 '책'이자 그 누구의 것도 아닌 '책'.

　　우리는 글쓰기의 새로운 윤리에 대면하고 있다. 책의 내부성을 극복하라. 현대적 글쓰기의 한가운데에서 울려 퍼지는 이 과제를 우리는 들뢰즈와 데리다에게서 공히 발견할 수 있다. 책 바깥으로 나가기, 텍스트 짜기. 데리다는 "텍스트 바깥은 없다"라는 유명한 언표를 통해 책의 내부성에서 탈주한다(그래서 이 언표를 언어중심주의, 텍스트중심주의로 보는 것만큼 얄궂은 오해도 없다). 영혼 앞에 현존하는 의미, 진리의 담지자, 저자의 영혼이 외화된 표지, 영혼의 시뮬라크르로서의 책, 데리다는 책의 이런 개념의 외부에서 "담론적인 것이 비담론적인 것에 연계되고, 언어적 '기층'이 〔……〕 전언어적 '기층'과 서로 섞이는"[8] 짜기(texere)의 차원, 텍스트의 차원을 발견해낸다. 마찬가지로 들뢰즈/가타리에게도 책은 "여러 가지 방식으로 마름질된 물질들, 매우 상이한 날짜들과 속도들"로

6　'바탕-심(深)'은 'profond'을, '바탕-허(虛)'는 'sans-fond'을 번역한 것이다.
7　Gilles Deleuze, *Différence et répétition*, PUF, 1968, p. 355.(『차이와 반복』, 김상환 옮김, 민음사, 2004) 이하 'DR'로 약함.
8　Jacques Derrida, *Marges de la philosophie*, Les Éditions de Minuit, 1972. p. 191.

되어 있다. 한 권의 책을 한 사람의 저자에게 귀속시키는 것은 마치 복잡한 지질학적 운동의 저자=창조주로서 선량한 '神'을 상정하는 것과도 같은 것이다(이때 모든 것은 '신의 심판', '신의 판단'이 된다). 책은 저자의 영혼이 외화(外化)된 것이 아니다. 그것은 다양한 외부성들을 함축하고 있으며, 들뢰즈/가타리는 이 외부성들로서 "분절화의 선들과 절편성의 선들, 층들, 영토성들" 그리고 "탈주선들과 탈층화·탈영토화의 운동들"을 언급한다. 책은 구조의 측면에서 여러 선들, 층들, 영토(성)들로 구성되어 있으며, 이들에 변화를 가져오는 운동의 측면에서 탈주선, 탈층화, 탈영토화의 운동을 포함한다. 책(언표적 배치)은 이런 외부(기계적 배치)와 얽혀 배치를 형성한다.

한 권의 책은 대상도 주체도 가지지 않는다. 그것은 여러 가지 방식으로 마름질된 물질들, 매우 상이한 날짜들과 속도들로 되어 있다. 책을 한 사람의 주체에게 귀속시킬 때, 우리는 물질들의 이런 노동, 그것들의 관계들이 띠는 외부성(extériorité)을 무시하고 있는 것이다. 마치 지질학적 운동들을 설명하기 위해 선한 신(神)을 꾸며냈듯이 말이다. 모든 것들에서와 마찬가지로 책에도 분절화의 선들과 절편성의 선들, 층(層)들,[9] 영토성들이 있다. 그리고 또한 탈주선들과 탈층화·탈영토화의 운동들이 있다. 이 선들로 하여금 서로 앞서거니 뒤서거니 하게, 또 느려지기도 하고 빨라지기도 하게, 때로는 비약하게 만드는 여러 갈래의 속도들. 이 모든 것, 선들과 측정 가능한 속도들이 하나

---

9 'strate'는 층 일반을 뜻하지 지층만을 뜻하지 않는다. 지층과 연관되는 맥락이 아닌 한 '층'으로 번역하는 것이 좋을 것이다.

의 배치를 형성한다. 책은 하나의 배치, 〔특정한 주체에〕 귀속시킬 수 없는 무
엇이다. 그것은 하나의 다양체이다―그러나 사람들은 〔특정한 주체에〕 귀속
되기를 그친, 즉 실사(實詞)의 지위를 얻은 다자(多者=le multiple)의 개념이
함축하는 바를 깨닫지 못하고 있다.(MP, 9~10/11~12)

여기에서 들뢰즈/가타리는 책 개념을 논하는 서론의 형식을 빌려 자
신들의 주요 개념들을 열거해주고 있다. 우선 이 개념들을 정리하는 것이
우리 논의를 위한 땅고르기가 될 것이다.[10]

---

10 들뢰즈/가타리의 개념들을 정리하는 데 도움을 주는 책들로는 다음과 같은 것들이 있다. Brian
Massuimi, *A User's Guide to Capitalism and Schizophrenia*, MIT Press, 1992. François Zoura-
bichvili, *Le Vocabulaire de Deleuze*, Ellipses, 2003; *Le Vocabulaire de Gilles Deleuze*, sous la
direction de Robert Sasso et Arnaud Villani, Vrin, 2004; Mark Bonta/John L. Protevi, *Deleuze and
Geophilosophy*, Edinburgh University Press, 2004; Charles J. Stivale(ed.), *Gilles Deleuze: Key
Concepts*, McGill-Queen's, 2005; A. Parr(ed.), *The Deleuze Dictionary*, Columbia University Press,
2005. 물론 가장 일차적인 자료는 『천의 고원』의 「결론」 부분에 나오는 들뢰즈/가타리 자신들의
해설이다.

1

배치란 무엇인가

『천의 고원』은 도대체 무엇을 다루는 책인가? 개체들인가? 보편자들인가? 물질적 존재들인가? 감각적 질들인가? 수학적 함수들인가? 사회구성체들인가? 형이상학적 원리들인가? 관념적 존재들인가? 사건들인가? 이 저작의 '대상'은 정확히 무엇인가? 한 담론에서 일차적으로 확인해야할 것은 그 담론의 '대상'이 정확히 무엇인가 하는 것이다.

이 물음에 대해 그것은 곧 "다양체이다" 또는 "배치이다"라고 답한다면 아마 가장 정확한 답이 될 것이다. 들뢰즈의 사유 전체를 놓고 본다면 다양체가 핵심이고, 『천의 고원』만 놓고 본다면 배치에 초점을 맞출 필요가 있다. 그렇다면 우리가 먼저 물어야 할 것은 이것이다. 배치(agencement)란 무엇인가? 이 물음에 우리는 다음 세 가지 측면에서 답할 수 있다.

1 배치는 일종의 다양체이다.

2 배치는 선(線)들과 속도들로 되어 있다.

3 배치는 복잡한 사건이다.

  이 절에서는 바로 이 세 항을 설명한다. 이 세 항을 이해했을 때 우리
는 배치를 이해했다고 할 수 있고, 비로소『천의 고원』을 읽기 시작할 수
있다. 먼저 2를, 즉 배치를 구성하는 부품들을 설명하고, 이어서 1, 3의
순서로 이야기해보자.

선들(lignes)　　들뢰즈/가타리에게 '개체'는 'machine'이라는 용어로
표현된다. 그러나 'machine'이 좁은 의미에서의 개체들(철수, 뽀삐, '저'
소나무, '이' 냉장고)만을 뜻하는 것은 아니다. 'machine'은 '체'(體=body)
가 가리킬 수 있는 모든 것, 좀더 넓게 사용할 경우 '사물'(thing)이 가리
킬 수 있는 모든 것을 포괄한다. 즉 개별화된 모든 존재들은 'machine'이
다. 철수-기계, 뽀삐-기계, 철수네-가족-기계, 서울-기계, 심지어 자
본주의-기계 등등.[11] 그래서 **기계들**을 '메카닉'들, 즉 일상적 의미에서의
기계들과 혼동해서는 곤란하다.

  들뢰즈/가타리에서 모든 기계들은 곧 **욕망하는 기계들**이다. 이것은

---

11 이 모든 것들을 'machine'이라는 말로 가리키는 것은 기괴하게 느껴질 수 있다. 그러나 'machine'
을 스토아적 'sôma'로 이해하면 가장 적절할 것이다.('sôma'의 의미 맥락을 이해하기 위해서는
이정우,『사건의 철학』, 철학아카데미, 2003, 2부를 보라) 'sôma=machine'이 아닌 것은 '사건'(스
토아학파에서는 'lekton' 즉 '말로 표현되는 것')뿐이다. 요컨대 모든 형태의 'thing'들은
'machine'들이다. 그래서 '기계'라는 말은 전혀 적절한 번역어가 아니다. 따라서 1) 좀더 포괄적인
번역어를 개발하거나, 2) 적어도 들뢰즈/가타리를 읽을 때만은 '기계'라는 말에 대한 우리의 언어
감각을 대폭 바꾸어나갈 수밖에 없다. 여기에서는 후자의 길을 택해 '기계'로 번역했다.

모든 형태의 기계들은 어떤 '힘'을 보유하고 있다는 것, '살아 있다'는 것, '생성'한다는 것에 대한 이들 나름대로의 표현이다. 따라서 '욕망'이라는 말은 한 개인의 심리적 속성과는 전혀 다른 무엇을 가리킨다. 그것은 '역능'(potentia) 또는 '생명' 또는 '잠재성'을 가리킨다고 할 수 있다.

모든 기계가 역능을 내포한다는 것은 무슨 뜻인가? 1) 어떤 기계도 하나의 고정적인 동일성을 통해서가 아니라 그것을 구성하는 발생적 요소들을 통해서 이해되어야 한다. 들뢰즈/가타리에게 A라는 것은 없다. 어떤 A도 반드시 dA이다(여기에서 'd'는 'différentiation'=차이생성[差異生成]을, 또는 수학적으로는 'différentiel'=미분적 변이[微分的 變異]를 가리킨다). 그리고 A가 반드시 dA인 것은 그것을 구성하고 있는 요소들 또한 x, y……가 아니라 dx, dy……이기 때문이다. 그 어떤 x도 반드시 dx로 이해되어야 한다는 것, 이것이 들뢰즈/가타리 사유의 제일 원리 즉 생성존재론의 원리이다. 2) 따라서 모든 동일성들은 생성의 터 위에서 성립한다. dx, dy……는 생성하는 것들, 미결정의 것들이다. 그러나 이것들의 상호 작용($\frac{dy}{dx}$)은 특정한/결정된 결과를 낳는다. 철수의 몸은 하나의 동일성이 아니다. 그것은 d(철수의-몸)이다. 이것은 철수의 몸이 d(허파), d(간), d(위) 등의 상호 작용의 산물이기 때문이다. 3) 그러나 생성(차이생성)의 터 위에서 동일성들이 성립되는 이런 과정은 단층적인 과정이 아니라 무한히 누층적인 과정이다. 철수의 몸은 d(허파) 등의 결과물이지만, 철수의 허파 또한 무수한 d(허파꽈리)들의 결과물이다. 그리고 더 위로 가서 철수네 가족은 또한 d(철수), d(철수 아버지), d(철수 어머니) 등의 결과물이다. '기계'를 이런 식으로 사유하는 것은 들뢰즈/가타리 존재론의 핵심이다.[12]

왜 모든 기계는 '욕망하는' 기계일까. 어떤 기계도 그 하위 기계들의 생성(의 상호 작용)의 결과이다. 그리고 그것 자체는 그보다 상위의 기계를 구성하는 '발생적 요소들'로서 기능한다. 생성의 이런 중층적 구조가 모든 기계들로 하여금 포텐셜, 역능, 생명력, 잠재력을 가질 수 있게 해준다. 발생적 요소들의 상호 작용은 완전히 결정적이지 않다. 거기에는 늘 비결정성의 여백이 존재한다. 더구나 중층적인 과정 전체를 생각한다면 이 여백의 의미는 더욱 커진다. 한 기계가 내포하는 이 중층적인 여백으로부터 그것의 생성이 가능해진다. 한 기계의 이 여백들로부터 가능해지는 (베르그송적 의미에서의) 약동하는 **잠재력**, 그것을 이들은 '욕망'으로 개념화한다. 따라서 이들에게 욕망이란 심리학적 개념이 아니라 존재론적 개념이다. 존재론적으로 그 어떤 기계도 욕망을 내포할 수밖에 없다. 그래서 모든 기계는 곧 욕망하는 기계이다. 이들의 '기계'는 일상적인 의미에서의 기계 즉 '메카닉'이 아니라 오히려 (베르그송적 뉘앙스를 띠고 있는 한에서의) 생명체들, 또는 생명체들처럼 기능하는 존재들을 가리킨다(메카닉은 욕망/잠재력이 매우 미약한 기계이다).

미리 말한다면, '욕망하는 기계'의 이런 본성 때문에 기계들은 그 어떤 코드에 의해서도 완전히 제압될 수 없는 'élan'을 내포하고 있는 것으로 이해된다. 이들에게 욕망이란 초월적으로 주어지는 코드, 권력, 통제/관리, 일자(一者) 등의 동일성을 누수시키는 근원적인 정치적 힘이기도 하다(물론 이런 뉘앙스에서의 욕망 개념은 1968년의 전복적 정치 상황과 관

---

12 이상의 내용은 DR 4장에서 집중적으로 다루어지고 있다. 좀더 요약된 논의로는 이정우, 「들뢰즈와 'meta-physica'의 귀환」, 『들뢰즈 사상의 분화』, 그린비, 2007, 95~144쪽을 보라.

련된다). 그러나 이렇게만 말한다면, 여기에는 어떤 구체적인 구조적 분석이나 상황의 파악, 변동의 방향 등이 분명하게 드러나지 않는다. '배치' 개념은 바로 이런 문제점을 보완하기 위해 등장했다. 『안티오이디푸스』의 주인공이 욕망이라면, 『천의 고원』의 주인공은 배치이다.

기계들은 서로 **접속**한다. 들뢰즈/가타리의 사유는 '접속'[13]의 사유이다. 기계들은 접속해서 계열=선을 형성한다. 칠판, 백묵, 지우개 등의 기계들이 접속해 하나의 계열을 형성하며, 수저, 접시, 식탁 등의 기계들이 접속해 하나의 계열을 형성한다. 그리고 여러 계열들=선들이 관련 맺으면서 하나의 장(場)을 형성한다. 그래서 들뢰즈/가타리의 사유는 접속의 사유이자 또한 **선들**의 사유이고 또 (여러 선들의 그물망을 생각할 경우) **장**의 사유이다. 분절선들, 절편선들, 탈주선들 등등, 들뢰즈/가타리의 사유는 늘 다양한 선들을 다룬다. 이들에게 '세계'는 기계들로 구성되어 있지만, 더 정확하게는 기계들의 선들로 구성되어 있다. 우리의 삶을 이해하기 위해서는 무엇보다도 삶을 구성하고 있는 다양한 형태의 선들을 읽어낼 수 있어야 한다.

이렇게 기계들이 서로 접속해서 이루어지는 선들, 그리고 선들이 모여 형성되는 장, 이것들이 곧 '기계적 배치'이다. 이 기계적 배치가 『천의 고원』의 일차적인 사유 대상이다. 강사들―학생들―직원들 등으로 구성된 선, 칠판―백묵―지우개 등으로 구성된 선, 그리고 다른 여러 선들이

---

13 들뢰즈/가타리는 'connexion', 'conjonction', 'disjonction'을 구분한다. 그리고 'connexion'이라는 말은 때로 이 세 가지 모두를 포괄하는 말로 사용되기도 해서 혼동을 준다. 우리말로는 각각 연접(連接), 통접(統接), 이접(離接)으로 번역하고자 하며, 세 가지 모두를 포괄하는 일반적인 경우는 '접속'을 사용하고자 한다.

함께 장을 형성할 때 학교라는 기계적 배치가 성립한다. 주인손님종업원 등으로 구성된 선, 수저그릇식탁 등으로 구성된 선, 그리고 기타 여러 선들이 함께 장을 형성할 때 '식당'이라는 기계적 배치가 성립한다. 들뢰즈/가타리는 세계를 구성하는 것들을 개체나 보편자, 물질적 존재들(세포, 분자, 원자 등) 등으로 보지 않는다. 이들은 세계를 기본적으로 기계들이 접속해서 만들어지는 선들(과 장들)로 바라본다.

속도들(vélocités)　　　　그러나 기계적 배치는 선들만이 아니라 또 하나의 핵심 부품 즉 속도들로도 이루어져 있다. 선들과 속도들을 함께 고려할 때 비로소 배치의 구성 요소들을 이해하게 된다. 속도들은 무엇을 뜻하는가?

　'기계들'이 일정한 방식으로 접속해 배치될 때, 즉 일정한 코드에 입각해 장을 형성할 때 **영토성**(territorialité)이 성립한다. 야구공, 배트, 글러브, 야구 선수들, 심판들, 관중들 등이 일정하게 접속됨으로써 선들이 형성되고, 이 선들이 야구 규칙 및 스포츠 관람이라는 일정한 코드에 따라 작동함으로써 야구 경기라는 일정한 영토성이 성립한다. 우리의 삶은 항상 어떤 영토성의 구성으로부터 시작된다. 그러나 어떤 영토성도, 즉 어떤 코드화된 기계적 배치도 생성(맥락에 따라 '욕망')을 완전히 닫지 못한다(위에서 말한 '기계'들의 본성을 다시 음미해보자). 언제나 '누수'가 있다. 언제나 '탈주선'이 흐른다. 더 정확히 말해, 세계는 늘 흘러가고 있으며(탈주하고 있으며) 그런 흐름을 일정한/고착적인 코드를 통해 조직할 때 '영토화'가 성립한다. 그러나 여전히 언제나 누수가, 탈주선의 흐름이 있으며, 영토화는 늘 **탈영토화**(déterritorialisation)를 힘겹게 누르고 있다고 해야 한다. 탈영토화란 기계들의 선에서 어떤 기계가 접속을 풀고 떨어져 나가는 것을 의미한다. 어떤 영토성도 늘 열려 있다. 항상 탈영토화가 발생하기 때문이다.

그러나 한 영토를 벗어난 기계가 다시 다른 영토에 접속되어 '재영토화'되는 것 또한 사실이다(어떤 탈영토화도 허공을 향해 탈영토화되는 것이 아니기에). 탈영토화는 다시 '재영토화'로 귀결된다(국가는 영토적이기만 한 것이 아니다. 국가는 탈영토화를 통해 작동할 수 있다. 그러나 탈영토화한 것이 무엇이든 국가는 그것을 곧 사유재산, 노동, 화폐 위에 재영토화시킨다). 그러나 어떤 영토화도 탈영토화의 흐름을 단절시킬 수는 없다. 들뢰즈/가타리에게 세계란 생성—차이의 생성 즉 차생(差生)—과 고착화의 영원한 투쟁으로 이해된다. 여기에서 핵심적인 것은 **속도**이다. 들뢰즈/가타리는 모든 변화의 핵심은 속도에 있다고 본다. 그래서 하나의 기계적 배치는 선들만이 아니라 속도들(탈영토화/재영토화의 속도들)로도 이루어져 있다. 배치는 구조론적으로는 선들로, 생성론적으로는 속도들로 구성되어 있다.

지금까지 우리는 주로 기계적 배치를 논했다. 그러나 '기계적'이라는 수식어는 곧 배치에는 다른 배치도 존재한다는 것을 암시한다. 지금까지의 논의에 이미 함축되어 있었거니와, 배치에는 기계적 배치만이 아니라 언표적 배치 또한 존재한다. 그러나 두 배치가 어떤 별도의 존재들은 아니다. 뒤에서 다시 상세히 논하게 되겠지만, 기계적 배치와 언표적 배치는 분명히 구분되지만 상대방을 필수적으로 요청하며 결국 두 배치가 합쳐져서 '배치'를 형성한다. 기계적 배치가 기계들로 이루어져 있듯이, 당연히 언표적 배치는 **언표들**로 이루어져 있다('사건들'이 '말로 표현될 수밖에 없는 것들'이라면, 결국 사건들과 언표들은 뗄 수 없이 묶여 있다는 점을 일단 음미해놓자).

영토화는 언표들을 통해서 이루어진다. 야구 경기는 야구장을 구성하는 숱한 기계들로도 구성되지만, 동시에 야구의 룰을 구성하는 언표들로도 구성되어 있다. 그리고 기계들은 사실 언표들에 입각해 배치된다. 결혼식은 신랑, 신부를 비롯한 숱한 기계들로만 구성되어 있는 것이 아니라, 언표들(주례의 선서, 결혼식장에서 지켜야 할 예절 등등)로도 구성되어 있으며, 언표들에 입각해 기계들의 행동이 규제된다. 늘 기계적 배치와 언표적 배치가 함께 하나의 배치를 형성한다. 언표적 배치는 기계적 배치를 통어(統御)한다. 교통법은 자동차들과 운전자들을 통어하고, 전시에서의 규칙들은 전시장을 통어한다. 그래서 언표들은 기계들에 대해 '코드'로서 작동한다. 기계들 위에 초월적으로 군림한 어떤 코드가 작동할 때 기계들은 일정한 영토화를 겪게 된다. 예컨대 도시의 '플랜'이라는 코드화가 작동하면 도시를 구성하는 기계들은 그 코드에 맞추어 영토화된다. 그러나 기계들의 본질은 욕망이기에('기계적 배치'는 항상 **욕망의 기계적 배치**'이다), 애초에 영토화는 탈영토화로 흐르는 욕망 위에 불안하게 형성되어 있게 마련이다. 예컨대 교통질서라는 코드가 비현실적으로 무리하게 작동할 때 오히려 영토성은 와해되고 갖가지 탈영토화 행태들이 등장하게 되며, 기계적 배치를 누를 힘을 상실한 코드는 **탈코드화**(décodage)를 겪을 수밖에 없다. 법이 '현실화된다'는 것은 이런 과정을 뜻한다. 들뢰즈/가타리의 논의에서 기계적 배치와 (탈)영토성이 존재론적으로 일차적인 것도 이 때문이다.[14]

그래서 배치가 포함하는 속도에는 탈영토화의 속도만이 아니라 탈코드화의 속도 또한 중요하다. 그리고 물론 두 속도는 밀접하게 엮여 있다. 코드화가 강할수록 탈영토화는 위축되고, 탈코드화가 발생하면 탈영토화는 그만큼 활성화된다. 역으로 탈영토화가 활성화되면 코드는 그만큼 위축되고, 재영토화가 활성화되면 코드는 그만큼 재정비된다.

요컨대 들뢰즈/가타리에게 배치—항상 기계적 배치와 언표적 배치의 이원적 일원(二元的一元)으로서의 배치—는 이렇게 선들과 속도들로 되어 있다. 다시 말해, 구조론적으로는 다양한 선들로, 생성론적으로는 (탈영토화와 탈코드화의) 속도들로 되어 있다.

우선 배치를 구성하고 있는 두 요소를 먼저 논했거니와, 이제 1로 돌아가 배치 개념의 일차적인 규정을 해명해보자. 배치는 '일종의' 다양체이다. 즉『천의 고원』을 관류하는 배치 개념은 들뢰즈/가타리 사유 전체를 관류하는 다양체 개념[15]의 한 버전이라고 할 수 있다. 그러니 우선 다양체가 무엇인지를 보자.

다양체(multiplicité)   여럿은 주로 어떤 주체/주어에 귀속된다. 's'attribuer à'(be attributed to)라는 표현은 최소한 세 가지를 의미한다. 1) 서

---

14 들뢰즈/가타리는 (탈)영토화와 (탈)코드화의 개념을 장기와 바둑의 비교를 통해 흥미진진하게 보여주고 있다.(MP, 436~437/673~675)
15 다양체 개념은 들뢰즈의『베르그송주의』(1966)에 등장하는 '질적 다양체'론으로부터 시작된다. 이 개념은『차이와 반복』, 특히 4장에서 본격적으로 다루어진다. 그리고『천의 고원』에 이르면 배치로 버전을 바꾸어 전개된다. 그 후로도 다양체 개념은 여러 저작들을 관류해서 등장하며, 들뢰즈 말년의 저작인『철학이란 무엇인가』(가타리와 공저)에서도 여전히 주요한 위치를 점하고 있다. 이렇게 본다면 들뢰즈는 한평생 다양체 개념을 다루어온 것이 되며, 그의 철학을 '다양체의 철학'이라 불러도 무리가 없을 것이다. 여기에서 논하는 다양체론은 이런 전체 논의 과정에서 (지금의 논의에 꼭 필요하다고 할 수 있는) 일부만을 다룬 것이다.

술. 언어적 측면에서 술어는 주어에 서술된다. 2) 귀속. '맛있다'가 '자장면'에 붙을 때(서술될 때), '맛있다'라는 성질은 '자장면'이라는 실체에 귀속된다(아리스토텔레스가 표현했듯이 "부대한다"). 3) 표현. 귀속된/서술된 것은 귀속/서술의 대상을 표현한다. '맛있다'는 '자장면'을 표현한다. 여럿은 이런 식의 용법으로, 즉 실체(/주체)/주어에 부대하는 것으로 이해될 때 수적 복수성, 외적 복수성, 현실적 복수성의 역할을 맡는다. "그날 온 사람들은 열 명이다"에서 열 명이라는 복수성은 사람들이라는 실체(/주체)/주어에 귀속된 양적인 여럿이자, (공간에 펼쳐져 있다는 점에서) 외적이고 현실적인 복수성이다. 이렇게 여럿=다자는 서술, 귀속, 표현이라는 기능을 통해서 이해된다.

들뢰즈/가타리는 다양체를 "실사의 지위를 얻은 여럿=다자"로서 파악한다. '~은 여럿이다'에서처럼 무엇인가에 서술/귀속되거나 무엇인가를 표현하는 여럿이 아니라 '여럿은 ~이다/한다'에서처럼 "실사의 지위를 얻은" 여럿은 과연 어떤 것인가? 실사의 지위를 얻은 것은 '무엇', 어떤 '것', 어떤 실체, 주체, 주어이다. 그렇다면 실사의 지위를 얻은 여럿은 어떤 집합체를 뜻하는가? 그러나 하나의 집합은, 그것의 요소들이 아무리 많다 해도 '하나의' 집합이며 여럿이 아니라 통일된 하나이다. 여럿이 완전히 봉합될 때, 하나의 통일성, 동일성을 가진 무엇일 때 그것은 다양체로서의 여럷이 아니다. 여럷은 어떤 형태로든 불연속, 열림, (그리고 질적 측면들을 감안할 때) 이질성을 함축한다. 그렇다면 들뢰즈/가타리가 "실사의 지위를 얻은 여럷"이라 한 것은 어떤 하나(개체이든 집합체이든)가 아닌 진정한 여럷**이면서도 또한 동시에** 주어로서, 어떤 '실재'로서, '무엇'으로서 존재하는 어떤 것이어야 할 것이다. 요컨대 실사의 자리에 올

수 있는 어떤 것, 그러나 전통적인 실체 개념으로 포착하기 힘든 어떤 것, 주어의 역할을 하면서도 어디까지나 여럿인 무엇, 그것은 어떤 것일까? 다양체로서의 여럿이 바로 그것이다. 다양체의 이 성격을 간파해낼 때 우리는 비로소 『천의 고원』의 문을 열게 된다.

다양체는 개체가 아니다, 여럿이기에. 그렇다고 방금 말했듯이 집합체로서의 개체도 아니다, 일자=하나로 추수되지 않는 여럿이기에(게다가 '집합' 개념은 대부분 등질성을 함축한다). 그렇다면 물질, 에네르기, 생명 등 또 다른 의미에서의 실체인가? 물론 아니다, 여럿이기에. 불연속, 열림, 이질성을 함축하기에('생명'의 개념은 맥락에 따라서는 다양체 개념의 가장 대표적인 표본일 수 있다). 그렇다면 비물질적인 어떤 것(형상=이데아, 법칙, 구조 등)인가? 아니다, 다양체는 반드시 '기계들'의 계기를 포함하기에. 그렇다면 어떤 심리적/정신적인 무엇인가? 물론 아니다. 들뢰즈/가타리는 정신적인 것을 부정하지는 않지만 그것에 특권을 부여하지는 않는다. 그렇다면 다양체는 무엇인가? 이에 대해 **다질적인 열린 장**이라 답한다면 우리는 이 개념의 핵심에 일단 한발 다가선 셈이다. 이제 '장', '다질적인', '열린'이라는 규정을 풀어헤침으로써 우리의 이해를 구체화해보자.

다양체는 개체도 집합도 또 흐름도 아니며, 나아가 비물질적인 무엇도 정신적인 무엇도 아니다. 그것은 하나의 장이다. 그것은 장이기에 개체가 아닌 여럿이지만 또한 장(場)이기에 그 어떤 '것'이다.[16] 칠판, 지우개, 강사, 학생 등은 여럿이지만, 서로 밀접한 관련을 맺음으로써 하나의 장을 형성할 수 있다. 그것들은 완전히 닫힌 집합체도 아니고 또 서로 전혀 관계없는, 즉 장을 형성하지 않는 단순한 외적 여럿도 아니다. 그것들은 여럿이면서도 하나의 장을 형성한다. '장'이라는 존재는 이렇게 여럿을 여럿으로서 놔두면서도 그 여럿이 함께 또 다른 어떤 '것'이 될 수 있게 해준다. "실사의 지위를 얻은 여럿=다자" 즉 하나의 집합이 아닌 여럿이면서도 동시에 '무엇', 어떤 '것'으로서 실사의 지위를 얻을 수 있는 것, 그것이 곧 장이다. 『천의 고원』이 사유하는 대상은 다름 아니라 각종 형태의 '장'들인 것이다. 이 장 개념을 구체화하기 위해 그것을 구조적인 측면과 운동의 측면으로 나누어 생각해볼 수 있다.

우선 구조적인 측면. 들뢰즈/가타리가 사유하는 장은 질적 장, 다질적인 장이다. 즉 장의 '여럿-임'은 곧 (베르그송적 의미에서의) '질적 복수성'이다. 이것은 가우스-리만의 수학적 다양체와 베르그송-들뢰즈의 철학적 다양체 사이의 차이를 말해준다. 들뢰즈/가타리가 사유하는 다양체는 수학적 다양체가 아니라 **질적 다양체**(또는 외적 다양성이 아닌 '내적 다양체', 현실적 다양성이 아닌 '잠재적 다양체')이다. 그러나 여기에서 중요한 것은 이들이 사유하는 다양체가 단지 공들, 배트들, 글러브들, (선수들, 심판들, 관중들, 중계인들 등의) 신체들 같은 이질적인 '기계들'의 장이라는 사실만은 아니다. 장의 다질성은 이보다 더 근본적인 의미에서 성립한다.[17] 다양체는 기계들로만 구성되는 장이 아니라 (사건들 및 의미들과

---

16 따라서 '다양체'와 '다양성'은 전혀 다른 개념이다. 다양 '체'는 이질적인 요소들로 구성되지만 **하나의 장/체**를 형성하는 것이다. 다양체를 단순히 "일자로 포섭되거나 동일화되지 않는 다양성"으로 이해하는 것(이진경, 『노마디즘 1』, 휴머니스트, 2002, 95쪽 이하)은 곤란하다. 아울러 다양체의 '차원'을 프락탈의 맥락에서 이해하는 것도 적절치 않다. 들뢰즈/가타리의 다양체는 질적 다양체이고 이때의 '차원'은 공간적인 차원이 아니라 **질적인 자유도**를 뜻하는 것이기 때문이다(공간적 차원은 다양체의 차원들 중 하나일 뿐이다).

17 'heterogeneity'를 '이질성'과 '다질성'(多質性)으로 나누어 번역하는 것의 유용성은 이 대목에서 특히 두드러진다. 하나의 다양체는 '이질적인' 것들의 장이지만, 바로 그렇기에 그것 자체는 '다질적인' 존재이다.

연계되어 있는) 언표들로 구성되는 장이기도 하다. 즉 다양체는 기계들의 장과 언표들의 장이 일정한 **디아그람**(diagramme)**18**을 통해서 결합되어 있는 장인 것이다. 요컨대 장으로서의 다양체는 기계들–장과 언표들–장이라는 요소로 구성된 복합적 장이다. 장이 내포하는 가장 큰 '이질성'은 바로 (전혀 다른 존재론을 함축하는) 기계들과 언표들 사이의 이질성인 것이다. 야구라는 다양체는 결국 공, 배트, 글러브 등을 비롯한 기계들의 장과 야구 규칙들(즉 일정한 코드)의 장이 일정한 관계를 맺음으로써 성립하는 장이다.

그다음 운동의 측면. 다양체는 운동한다. 전시라는 다양체에서 사람들은 작품들을 설치하고, 관람객들은 그것들을 감상한다. 청소부들은 아침저녁으로 전시장을 청소한다. 그림들이 교체되기도 한다. 전시를 구성하는 분절선들과 절편선들(예컨대 작가들을 분류해놓은 방들, 그림들을 걸어놓는 방식 등)이 바뀌기도 한다. 때로는 빨리 또 때로는 느리게. 다양체에서는 늘 영토화(기계적 배치의 안정화)와 탈영토화, 재영토화가 일어난다. 다양체는 **열려 있다**. 즉 늘 운동한다. 다양체는 여럿이자 하나이지만, 그 하나가 어떤 동일성으로 닫혀 있는 하나가 아니라는 점을 이해하는 것

---

18 기계적 배치의 형식과 언표적 배치의 형식을 포괄하는 추상적 형식을 '디아그람'이라 부른다. 이 디아그람은 이질적인 두 배치를 극히 복잡하고 역동적으로 이어주고 있는 추상기계의 형식이다 (반대 방향으로 말해 배치란 추상기계가 시간, 공간, 물질에 있어 구체화된 것이다). 여기에서 '복잡하다' 함은 그것이 (사물과 사물의 관계와는 사뭇 다른) 배치와 배치 사이의 관계, 더구나 (성격을 전혀 달리하는) 기계 차원과 언표 차원의 관계임을 뜻하며, '역동적'이라 함은 시간 속에서 극히 다양한 방식으로 구체화되는 관계임을 뜻한다. 배치들이 다양한 방식으로 나타나면서도 공통의 이름을 가지는 것은 바로 이 디아그람(과 그 물질적 짝인 퓔룸〔phylum〕) 때문, 즉 추상기계 때문이다. 때문에 이 말을 '도표'나 영어식 발음인 '다이어그램'으로 번역하는 것은 정확치 못한, 아니 차라리 정반대 의미로의 번역이라 해야 하겠다. **디아**-그람은 **프로**-그람과 대조된다. 'pro'의 목적론적 뉘앙스와 'dia'의 생성론적 뉘앙스를 음미해보자.

이 중요하다. 다양체는 하나의 장을 구성하고 그래서 '체'라고 할 수 있지만 그러나 결코 실체화될 수 없는 역동적인 '체'이다.

배치는 일종의 다양체이다. 위에서 다양체 개념의 전모가 아니라 지금의 맥락에 필요한 만큼만 이야기했기에, 사실상 위에서 설명한 내용이 곧 배치의 내용이라고 할 수 있다.

사물들= '기계들'과 언표들은 기계적 배치와 언표적 배치를 형성하며, 서로 특정한 방식으로 관계 맺음으로써 포괄적인 의미에서의 '배치'를 형성한다. 그러나 배치는 형성되어 고착되는 것이 아니라 늘 변해간다. 배치는 개별화된 사물(단일한 하나의 '기계')이 아니며, 언어적 구성물도 아니다. 배치는 유기적으로 배열된 전체도, 분산되어 있는 복수적 존재들도 아니다. 배치는 기계들(의 영토성)과 언표들(의 코드) 각각이 서로 접속되기도 하고 일탈하기도 하고 갈라지기도 하고 합쳐지기도 하면서 매우 역동적인(실체화되지 않는)—층화의 방향과 탈층화의 방향을 오가는—장(場)을 형성할 때 성립한다. '강의'라는 배치는 개별적인 사물도, 견고하게 구성된 유기적 조직물도, 그렇다고 추상적 존재도 아니다. 그것은 사람들, 건물, 지우개, 칠판, 노트북 같은 기계들과 말하기, 듣기, 사유하기, 대화하기 등을 지배하는 담론적 코드들이 일정한 방식으로 접속해서 **장을 형성할 때** 성립한다.

이 장의 변화가 특정한 주체에 의해 의식적으로 이루어질 수도 있다(예컨대 마르셀 뒤샹은 전시라는 다양체의 언표적 배치〔코드〕를 뒤흔듦으로써 현대 미술사의 새 장을 열었다). 기계적 배치의 운동과 더불어 언표적 배치에서도 운동이 일어나며 늘 코드화(언표적 배치의 안정화), 탈코드화, 재코드화가 발생한다. 나아가 기계적 배치의 운동과 언표적 배치의 운동은 따로 발생하는 것이 아니다. 배치에서의 운동이란 (기계적 배치와 언표적 배치로 양극화되기 이전의) 디아그람의 운동에 다름 아니다. 뒤샹이 바꾼 것은 전시라는 배치에서의 기계적 배치와 언표적 배치를 엮고 있는 암묵의 규칙들이었으며, 디아그람 차원에서의 혁명이었다. 푸코는 수용소, 병원, 감옥, 재판소, 학교 등에서의 기계적 배치들(푸코의 용어로 '비담론적 실천들')과 정신병리학, 의학, 법학, 교육학 같은 언표적 배치들('담론적 실천들')이 맺는 역사적 관계들(디아그람의 구체화들[19])을 빼어나게 분석해 보여주었다. 요컨대 기계들-언표들로 구성되는 배치의 생성을 파악하는 것이 관건이다.

사건(événement)   이렇게 해서 배치는 '일종의 다양체'라는 점이 해명되었다. 그러나 여기에 다시 3의 내용, 사실상 핵심적인 내용이라고 해야 할 요소가 추가되어야 한다.

배치는 생겼다 사라지고 또 반복되는 독특한 성격을 띤다. 강의가 끝나면 '강의'라는 배치는 사라진다. 그러나 '강의'라는 이 배치는 다른 시간에 다시 반복되기도 하고, 또 장소를 바꾸어 다른 곳에서 반복되기도 하며, 또 다른 기계들 및 코드들을 통해서 반복되기도 한다. 선수들, 심판, 경기장, 관중 등과 같은 기계들, 그리고 경기 규칙들을 비롯한 여러 코드들이 일정하게 접속해 장을 형성할 때 '야구 경기'라는 배치가 성립

---

19 뒤에서 다시 논하겠지만, 여기에서의 '구체화'란 고대적인 형상철학과 정확히 대비되는 의미에서의 구체화이다. 그것은 (이데아 같은) 동일성이 질료에 구현되어 복수화되는 과정이 아니라, 반대로 복수적인 이-것들(가족 유사성을 이루는, 접선으로만 존재하는, 특이성을 형성하는 잠재적 존재들)이 하나의 동일성으로 단일화되는 과정이다.

한다. 경기가 끝나면 그 배치는 해체된다. 그러나 '야구 경기'라는 배치는 우주에서 아주 사라지는 것이 아니다. 그것은 같은 장소의 다른 시간에 반복되기도 하고, 같은 시간의 다른 장소들에서 반복되기도 하며, 기계들과 코드들을 바꾸어가면서 반복되기도 한다.

시위, 전시, 강의, 전쟁, 선거 등 이 모든 배치들은 생성하고 반복된다. 또 반복될 때마다 차이를 동반한다. 야구 경기가 없을 때 그것은 어디에 있을까? 강의가 없을 때 '강의'라는 배치는 도대체 어디에 있는 것일까? 그것들은 '존속'한다(subsister), 또는 '내속'한다(insister).[20] 배치들은 존속/내속하다가 다시 반복되면서 '실존'하게(exister) 되며 다시 사라져 존속/내속한다. 결혼식, 세미나, 당구 시합, 계약, 부부 싸움, 소풍, 시위, 식사 등 이 모든 배치들/다양체들은 바로 사건들이다. 배치/다양체는 **일종의 사건** 이외의 것이 아니다.[21] 사건은 시간을 분절시키며 따라서 날짜를 가진다. 『천의 고원』의 각 고원에 붙어 있는 날짜를 상기하라. 각 날짜는 바로 해당 고원이 다루는 특정한 배치와 연관된다. 때문에 사건들의 계열화를 시간적인 것으로, 배치를 공간적인 것으로 대비시켜 이해하는 것은 곤란하다. 배치는 그 자체로 계속 생성하는 다양체일 뿐이며, 더

---

20 이 용어들은 스콜라 철학자들이 보편자들의 존재 양식(mode of being)을 가리키기 위해 사용한 용어들이다. 실재론자들은 때로 보편자들이 "사물 앞에 있고, 사물 안에 있고, 사물 뒤에 있다"(ante rem, in re, post rem)고 했는데, 이런 식으로 '존재'하는 것이 곧 존속/내속하는 것이다. 라이프니츠는 현실화되지 않은 빈위들의 존재 양식을 서술할 때 이 용어들을 썼다. 베르그송에게서 분기하기 이전의 경향들 역시 존속/내속한다고 할 수 있다. 요컨대 이 용어들은 **잠재적 존재 양식**을 가리키기에 알맞은 말들로서, 들뢰즈는 사건의 존재 양식을 가리키는 말로서 이들을 사용하고 있다.

21 사건과 배치를 구분하고 사건들의 계열화를 시간적인 것으로 그리고 배치를 공간적인 것으로 파악하는 것(이진경, 앞의 책, 59~60쪽)은 피상적인 이해이다. 들뢰즈/가타리의 배치는 그 자체 계속 생성하는 다양체일 뿐이며, (공간까지 포괄해) 더 넓은 맥락에서 파악된 사건 이외에 다른 것이 아니다. 그리고 바로 이 점에서 게오르크 리만 등의 수학적 다양체와 베르그송-들뢰즈의 철학적 다양체는 결정적으로 구분된다.

넓은 맥락에서 파악된 사건 이외의 것이 아니다. 배치는 **복잡한** 사건이다.

복잡한 사건이란 어떤 사건일까? 좁게 볼 때 사건들은 기계들과 대비된다. 배트와 공은 기계들이고 배트가 공을 쳐내는 것 자체는 사건이다. 깃발은 기계이고 깃발의 흔들림은 사건이다. 그러나 사건에는 이렇게 작고 간단한 것들만 존재하지는 않는다. 크고 복잡한 사건들이 존재하며, 배치들/다양체들이 바로 그것들이다. 야구장의 경우와는 달리 기계적 배치 자체도 실존과 존속을 반복하는 경우에는 이 점이 더욱 분명해진다. 예컨대 선거라는 배치/다양체의 경우 선거의 규칙들만이 아니라 선거장 자체도 일시적으로 만들어졌다가 해체된다. 전쟁, 야외 강연이나 전시, 시위 등도 이런 성격을 띤다. 이 경우에는 기계적 배치가 사건으로서의 배치/다양체의 한 요소임이 더욱 선명하게 드러나고 있다. 만일 야구 경기를 할 때마다 야구장을 짓고 또 허문다면? 배치에서의 기계들의 존재 방식은 배치들을 사유하는 데 상당히 중요한 측면들 중 하나이다. 예컨대 게릴라들에게는 전투라는 배치—사건은 존재하지만 무거운 장치들(땅, 건물, 육중한 무기 등등)은 존재하지 않는다. 게릴라들의 장소와 주둔군의 장소는 그 무게가 다르다.

야구 경기에서의 사건은 야구장을 비롯한 기계에서 '표현'된다. 여기에서 사건은 기계의 부대물이다. 그러나 또한 야구 규칙은 기계에 '삽입' 된다. 야구 경기를 보이지 않게 이끌어가는 것은 규칙들이다. 그러나 결국 야구 경기라는 더 크고 복잡한 사건, 즉 야구 경기라는 배치/다양체는 야구장을 비롯한 기계들과 야구 규칙들(코드) 전체를 포괄하는 사건이다. 개별적 사건에서 사건은 기계의 부대물이지만(『의미의 논리』), 복잡한 사건에서 사건은 언표들이 기계들을 비물체적으로 변환시킴으로써 성립한다(『천의 고원』). 전자에서는 기계들이 일차적 존재들이고 사건들은 그에 '부대'하는 것들이지만, 후자에서는 언표들에 중요한 위상이 부여되고 언표가 기계들에 '삽입'되는 측면이 강조된다. 배치/다양체로서의 사건은 기계들, 언표들, 디아그람을 모두 포괄하는 사건이며, 기계들에 의한 사건의 표현과 그것의 언표화의 방향과 언표들에 의한 기계들의 비물체적 변환의 방향이 모두 고려된다. 이렇게 해서 『의미의 논리』와 『천의 고원』이 만나게 된다(더 정확히 말해, 『의미의 논리』가 『천의 고원』으로 흡수되어 좀더 포괄적인 구도가 성립한다).[22]

개체도, 유기적 조직체도, 추상적 존재도, 언어적 구성물도, 항구적인 실체도 아닌, 즉 기존의 존재론으로는 포착하기 힘든 이런 존재, 그럼에도 강의, 야구 경기, 시위, 결혼식, 선거 등등 너무나도 일상적인 존재, 우리의 매일의 삶을 구성하는 존재, 바로 이런 존재가 '배치'이다. 매일의 삶을 구성하는, 너무나도 일상적이고 당연한 것들을 그러나 전혀 새로운 눈길로, 참신한 존재론으로 포착하기. 사유한다는 것이 바로 이런 것이 아니라면 다른 무엇이겠는가.

지금까지의 논의를 정리하기 위해 앞에서 인용했던 구절을 뒤에서부터 거꾸로 읽어보자. 실사(實辭)의 지위를 얻은 다양체가 어떤 것인지를

---

22 이 점에서 지젝이 의미-사건의 '부대'하는 성격을, 좀 낮게는 의미-사건 차원의 자율성을 강조하는 『의미의 논리』를 치켜세우면서 오히려 의미-사건이 물체적 차원에 '삽입'되는 성격을, 나아가 사건의 정치적 성격을 뚜렷하게 확보하게 되는 『천의 고원』을 혹평하는 것은 기이하다.(『신체 없는 기관』, 김지훈 외 옮김, 도서출판b, 2006) 지젝이 자신의 책에서 희망한 그런 정치철학(의 기초)은 『의미의 논리』가 아니라 바로 『천의 고원』에 들어 있다. 아마 『안티오이디푸스』와 『천의 고원』에 등장하는 정신분석학에 대한 혹독한 비판이 이런 빗나간 시각을 유발시켰을 것으로 본다. 이것은 무엇이 본질적인 것이고 무엇이 부차적인 것인지를 식별해내지 못한 결과이다.

보았다. 그리고 다양체의 더 구체적인 판본, 다양체가 일정한 시공간과 현실 속에서 안정화되어 나타난 것이 배치이다. 배치는 "선들과 측정 가능한 속도들"로 되어 있다고 했다. 선들은 곧 "분절화의 선들과 절편성의 선들 〔······〕 탈주선들"이고, 속도들은 층화와 탈층화, (재)영토화와 탈영토화 등의 속도들이다. 책은 하나의 배치이고 따라서 그것을 완결된 기표 체계로서, 하나의 내부성으로서, 한 주체의 외화로서 이해하면 곤란하다. "물질들의 이런 노동, 그것들의 관계들이 띠는 외부성"을 무시해서는 곤란한 것이다. 책은 배치이고 그래서 넓은 의미에서의 사건이기도 하다. 때문에 그것은 "물질들, 날짜들, 속도들"로 되어 있다. 책은 선한 신으로서의 주체에 귀속되는 것이 아니다. 그것은 외부성으로서, 배치/다양체로서 이해되어야 한다.

이렇게 책의 외부성에 대한 논의를 계기로 배치/다양체 개념을 잠정적으로나마 규정해보았다. 다양체는 앞으로도 더 많은 논의를 필요로 하거니와, 배치는 극히 상식적인 무엇이다. 야구 경기, 전시, 전쟁, 강의, 결혼식, 선거, 식사, 시위 등 바로 우리가 삶에서 영위하고 있는 모든 것들이 배치이다. 가장 가까운 것을 가장 깊은 시선으로 바라보기. 우리의 삶을 가득 채우고 있는 배치들, 사건들에 더 적절하고 참신한 존재론을 부여하기. 그리고 그런 존재론으로 파악된 삶으로부터 윤리학적–정치학적 귀결들을 이끌어내기. 요컨대 배치의 존재론을 수립하고 그에 근거해 새로운 실천철학= '에티카'를 이끌어내기, 이것이 『천의 고원』의 목적이다.

2

탈기관체, 혼효면, 추상기계

들뢰즈의 존재론은 현실성과 잠재성의 존재론이다. 『차이와 반복』에서
『천의 고원』으로 넘어가면서 잠재성 개념은 탈기관체, 혼효면, 추상기계
개념으로 이행한다.

　지금까지 배치 자체를 논했거니와 이제부터 논할 것은 배치가 변해
가는 방향에 관한 것이다. 배치는 층화의 방향으로 나아갈 수도 있고, 반
대 방향으로 즉 추상기계, 탈기관체, 혼효면의 방향으로 나아갈 수도 있
다. 배치가 『천의 고원』이 다루는 '대상'이라면, 층화와 탈층화는 이 저작
이 다루는 세계의 **방향성**이다.

층화(stratification)　　　동질적 존재들이 별도로 구분되어 존재할 때
'층'(strate)이 형성된다. 층을 형성하게 되는 운동은 '층화'이다. 현무암
끼리, 석회암끼리, 화강암끼리 구분되어 존재할 때 '지층들'이 성립하고,

서민층, 중산층, 부유층 등이 구분되어 존재할 때 '(사회)계층들'이 성립하고, 비슷한 또래끼리 나뉘어 존재할 때 '연령층'이 성립한다. 세계는 층화되어 있다. 물리–화학적 층, 유기적 층, 인간적/문화적 층이 가장 큰 세 층을 형성한다. 물론 현실에서의 층(화)은 훨씬 복잡하고 다질적인 성격을 띠며, 인간이 개입될 경우 그것의 형성은 사물들 위에 가해지는 어떤 코드를 통해 이루어진다. 그러나 그 코드가 무너질 때, 층들의 경계선들이 와해되고 이질적/다질적 조성이 이루어질 때, 층화되어 있던 부분들=기관들(들뢰즈/가타리가 말하는 '기관들'은 반드시 신체의 기관들만을 뜻하는 것이 아니다. 회사의 '부', 대학의 '과', 관료 조직에서의 '국', '처' 등도 모두 '기관들'이다)은 '탈기관' 상태를 향하게 된다. 층들이 탈기관체를 향해 해체/재구성되기 시작한다는 것은 곧 '탈층화'의 운동이 발생함을 뜻한다.

층화가 늘 세 종류로 나뉘어 파악된다는 점을 기억하자. 1) **유기화** 또는/즉 조직화. 2) **기표화**(signifiance)[23]와 그것을 보존하기 위한 '해석'. 3) **주체화**(subjectivation) 또는/즉 예속주체화(assujettissement). 그래서 배치는 층화의 방향에서 말할 때 생물학적–신체적으로는 유기화되며, 무의식적–구조적으로는 기표화되며, 의식적–사회적으로는 주체화된다. 우리의 바로 이런 신체, 바로 이런 기표(이름–자리), 바로 이런 주체('나')가 층화 방향에서의 우리의 모습이다. 우리의 삶은 기본적으로 층

---

23 기표화는 말 그대로 한 사람/사물을 '기표'로 만드는 것이다. 주민등록번호, 주소, (회사, 군대, 학교 등에서의) 자리/위치 등이 그 전형적인 예이다. '의미 생성'이라는 번역어는 동떨어진 번역어이며, 조직화·주체화와 나란히 기표화로 번역하는 것이 좋을 것이다. 기표화의 체계가 흔들릴 때 그것을 재수립하려는 갖가지 시도들이 '해석'이다.

화되어 있다.

탈기관체(Corps sans Organes, CsO)　　　영토화/탈영토화, 코드화/
탈코드화의 좋은 방향과 나쁜 방향은 어떤 것인가? 우리는 어떤 배치를
만들어나가야 하는가? 이런 가치론적 논의를 언급할 때, 우리는 그 존재
론적 전제로서 탈기관체와 혼효면을 논해야 한다. 기관들에 대한 탈기관
체,[24] 더 넓게 말해 조직면들에 대한 혼효면[25]을 논해야 하는 것이다.

---

24 'corps'는 신체/몸체가 아니라 매우 넓은 의미에서의 '체'(體)이다. 'sans=without'는 '없는'의 뜻
　　보다는 '바깥의' 또는 '탈'(脫)의 뜻이 강하다. 즉 기관들이 없는 경우가 아니라(이 경우는 차라리
　　CsO들 중에서 '공허한〔텅 빈〕 CsO'에 해당한다. 즉 이 경우가 '기관〔들〕 없는 신체'이다), 일정한
　　방식으로 고착되지 않는, 즉 기존의 기관들〔부분들〕의 구조 바깥(그러나 어디까지나 내재적 바
　　깥)으로 변해가는 경우를 뜻한다고 할 수 있다. 한 체의 탈기관체는 그것의 잠재성이다. 즉 'corps
　　sans organes'는 하나의 '체'로서 그것의 기관들이 점선으로 해체/재구성되는 차원에서의 '체'이
　　다. 여기에서 중요한 것은 해체가 아니라 구성이다. 문제의 핵심은 무엇인가를 해체해서 미분화
　　된, 얼굴 없는 카오스로 가는 것이 아니라 새로운/창조적인 삶의 방식들을 구성해내는 것이다. 때
　　문에 '탈-기관-체'로 옮겼다. 이 용어가 『안티오이디푸스』와 『천의 고원』에서 사용된 방식에는
　　약간의 차이가 있다. 이에 대해서는 Mark Bonta/John L. Protevi, *Ibid*, p. 62를 보라.
25 혼효면은 '유기면/조직면' 또는 '발생면'에 대비되는 개념이다. '생물학'의 탄생에 크게 기여했던
　　'조직화의 도안'(또는 그 후에 등장한 '발생의 도안')은 형식(아리스토텔레스의 형상)의 발생과 실
　　체(아리스토텔레스의 질료)의 형성(형식화)을 지배한다. 이로써 '유기체'가 성립한다. 조직면, 발
　　생면은 정합성의 면이다. 'plan de consistance' 또는 'plan de composition' 즉 'planomène'는 조
　　직면, 발생면을 일탈하는 존재들이 성립하는 면이다. 결과적으로 조직면/발생면에서는 공존할 수
　　없는 이질적인 것들이 이 면에서는 공존할 수 있다. 'plan de consolidation'에서의 공존. 즉 기존의
　　종/유 체계에서 볼 때 기형으로 간주되는 '괴물들', 기존의 존재론으로 포착되지 않는(기존의 존
　　재론은 배제해온) 이-것들('유목적 본질들'), 비물체적 변환으로서의 '사건'들, 상수들과 변수들
　　을 일탈하는 '연속적 변이'= 강도 연속체'들, 일반성과 특수성의 체계를 무너뜨리는 '되기'들, 지
　　표공간을 가로지르는 '특질공간'들. 때문에 혼효면은 중간이 아닌 어떤 시원에서 시작하게 만드는
　　'원리면', 또는 어떤 궁극으로 나아가게 만드는 '목적면', 복수성들을 정합적으로 통일되게 만드는
　　'통일면'/'총체화면'에 대비된다. 우리는 혼효면이 잠재성의 또 다른 개념화라는 사실을 어렵지
　　않게 알 수 있지만, 여기에서 핵심은 'plan' 즉 '지평'(가능성의 공간)이라는 말에 있다. 'plan de
　　consistance'는 '혼효면'으로, (조직화의 도안에서는 불가능한, 이질적인 것들의 공존이라는 맥락
　　에서 사용되는) 'plan de consolidation'은 '공재면'으로, (스피노자의 존재론을 함축하는) 'plan
　　de composition'은 '조성면'으로, 'noumène'을 대치하는 'planomène'('물자체'에서 '잠재성'으
　　로)는 '잠재계'로 번역했다.

기계적 배치는 그것을 일종의 유기체로, 또는 기표적 총체로, 또는 한 주체에게 귀속될 수 있는 하나의 규정성으로 만들어버리는 층들에로 기울어지기도 하지만, 또한 끊임없이 유기체를 해체시키고, 탈기표적 입자들, 순수 강도들로 하여금 이행하거나 순환하게 만들고, 스스로에게 주체들을 귀속시켜 하나의 강도의 흔적으로서 이름만을 남기게 만드는 **탈기관체**로 기울어지기도 한다.(MP, 10/12~3)

인용문에서 들뢰즈/가타리는 기계적 배치의 운동―방향성―에 대한 중요한 시사를 하고 있다. 층들을 향하기도 하고 탈기관체로 기울어지기도 하는 기계적 배치. 즉 특정한 기계적 배치가 띠고 있는 활성화/역동화(차이를 만들어내는 역량)의 정도가 있다.

우리의 삶은 층화되어 있다. 층화의 작동 없이는 사회라는 것이 존립할 수 없다. 그러나 우리는 동시에 탈기관체의 방향으로도 향한다. 이때 우리의 신체는 '되기'를 통해서 탈구축되고, 우리의 기표는 '탈기표적 입자들', '순수 강도들'의 이행 및 순환을 통해서 흔들리게 되고, 우리의 주체는 "스스로에게 [다른] 주체들을 귀속시켜 하나의 강도의 흔적으로서 이름만을 남기게" 된다(그 극한에 이르면 모든 주체들을 귀속시킴으로써 '만인-되기' 또는 '절대적 탈영토화'가 이루어진다. 물론 이 단계는 극한으로서만 존재한다). 요컨대 층화 방향으로의 운동이 우리를 유기체로, 기표로, (예속)주체로 만든다면, 탈기관체 방향으로의 운동은 우리를 탈유기적 신체로, 탈기표적 존재로, 탈(예속)주체적 존재로 만들어준다.[26]

들뢰즈/가타리는 앙토냉 아르토에게서 '탈기관체' 개념을 가져왔다. 1947년 11월 28일 아르토는 "신의 심판을 끝장내기 위해" 기관들에 전쟁을 선포했다. 신의 심판은 신의 판단이다. 예컨대 신은 "허파는 방광 위에 있다(있어라)"라고 판단/심판했으며, 그에 따라 우리 몸에서 허파는 방광 위에 있게 되었다. 신/조물주는 세계의 '소당연'(所當然)의 근거이다. 그래서 현실의 소당연에 저항하는 것은 신의 심판/판단을 끝장내는 것이다. 때문에 탈기관체의 추구는 "왜 꼭 이렇게 되어 있는가?"라는 존재론적 맥락보다는 "왜 꼭 이렇게 되어 있어야만 하는가?"라는 당위론적 맥락에서 제기되는 생각이다. 그것은 사물들의 분절체계, 부분들=기관들의 분절체계에 대한 전쟁의 선포이다.[27] 그래서 이 개념은 서구 근대사회의 폭력적인 존재론적 분절을 해부할 때의 푸코의 작업과 공명한다.

대학은 기관들의 유기적 집합체이다. 거기에서 우리는 우선 '인문대학', '자연대학' 등을 선택해야 하고, '물리학과', '생물학과' 등을 선택해야 하고, 다시 '광학 전공', '역학 전공' 등을 선택해야 한다. 허파냐 심장, 비장이냐, 오른쪽 허파냐 왼쪽 허파냐, 어느 허파꽈리냐⋯⋯. 프락탈 구조처럼 끝없이 접혀 있는 기관들. 그래서 이런 선택은 더 세분화된 기관들에까지 이어진다. 세상은 기관들의 유기적 조직체이고, 우리는 늘 그

26 앞으로도 여러 번 강조하게 되겠지만, 이들의 이런 생각을 가치론적으로 실체화하는 것은 곤란하다. 완전히 탈유기화된 신체는 도대체 무엇이겠는가? 기표체제(라캉식으로 말해 상징계)를 완전히 떠난 존재가, 물론 불가능하기도 하거니와, 도대체 무엇이겠는가? 또 그런 존재가 어떻게 기표체제=상징계를 변형시킬 수 있겠는가? 주체성(설사 그것이 길들여진 주체성이라 해도)을, 자아를 완전히 상실한 존재가 도대체 어떤 존재이겠는가? 층화로 가는 것은 무조건 나쁜 것이고, 탈기관체로 가는 것은 무조건 좋은 것이라는 식으로 생각하는 것은 조금만 생각해보면 매우 혼란스러운 생각이라는 것을 알 수 있다. 『천의 고원』을 곡해하지 않는 가장 일차적인 길은 이들의 개념적 구분을 **처음부터 가치론적으로 실체화하지 않는 것**에 있다.
27 "'이-것'에 의한 개체화, 0도에서 출발하는 강도들의 생산, 변이의 물질, 생성/되기와 [비물체적] 변환의 매체, 특질공간."(MP, 633/966) 이런 것들이 탈기관체=고원이 만들어질 때 도래하는 것들이다. "층들을 벗어나는, 배치들을 가로지르는, 점선의 추상선(抽象線) ― 유목적 기예의 선, 이동 야금술의 선 ― 을 그리는 비-유기적인 생명(生命)."

어디엔가 '자리'를 잡아야 하고 '이름'을 할당받아야 한다. 어디에 가나 기관들이 포진해 있고 우리는 선택해야 한다. 그리고 때로는 강압적으로 선택당한다("너는 법과대학에 가서 판검사가 되어야 해!"). 사실상 우리는 이미 자연에 의해 선택당해서 이 세계에 '인간'이라는 이 종으로 태어났다. 우리는 원숭이, 호랑이, 족제비도 아니고, 새나 물고기도 아니다. 스콜라 철학자들에게 이것은 '신의 심판'이다. 그래서 신의 심판을 끝장내는 것은 기관들에 전쟁을 선포하는 것, 즉 주어진 존재 방식, 존재 형식들에 저항하는 것, 새로운 존재 방식, 존재 형식들에 도전하는 것이다. 여기에서 존재론은 '세계는 어떻게 존재하는가?'라는 이론적 맥락에서 '세계는 왜 꼭 그렇게 존재해야 하는가?'라는 실천적 맥락으로, '~인가?'라는 현실적 맥락에서 '~이 될 수 있는가?'라는 잠재의 맥락으로 전환된다. 존재론은 저항의 담론, 투쟁의 담론이 된다.

현실성은 기관들의 분절체계이다. 새로운 삶을 지향하는 것은 현실적 분절체계가 아닌 다른 분절체계의 가능성을 사유하는 것이다. 분절체계가 전혀 없는 상황은 하나의 극한이며, 현실성 없는 추상적 꿈으로 그친다. 때문에 현실의 분절체계가 억압을 가져오는 한에서 새로운 삶으로의 운동은 항구적인 것일 수밖에 없다("탈기관체의 적은 기관들이 아니다. 유기체가 적인 것이다. 탈기관체는 기관들에가 아니라 유기체라 불리는 이 기관들의 조직화에 대립한다"). 들뢰즈/가타리에게서 형상과 코라(chôra)의 관계는 전복된다. 코라는 그것을 초월해 있는 형상들의 흔적에 따라 마름질되는 질료가 아니다. 코라는 가능한 모든 형상들을 보듬고 있는 충만한 잠재성이다. 현실성을 구조화하고 있는 **특수성—일반성**의 체계('수목형' 체계)에서 새로운 방식의 차이 창출이 가능해지는 **특이성—보편성**의

면으로 나아가기 위해서는 이 코라의 차원(잠재성)을 경유해야 한다.

유기화에 저항하는 실험, 즉 유기화의 표면들에 대한 실험. 우리 신체를 조직하고 있는, 분절하고 있는 조직화에의 저항. 이것은 곧 우리의 생물학적-신체적 조건들에 대한 저항이다.[28] 탈기관체는 유기적 층들에 혼효면의 속성인 탈층화 운동(n개의 분절들)을 대립시킨다(n개는 상수로서 정해진 분절 수가 아니라 언제라도 기존의 분절 수에서 탈주해 다른 수로 화할 수 있는 변수로서의 분절 수이다). 욕망의 과정은 반드시 혼효면을 요청한다. 뒤에서 논하겠지만, 이것은 '동물-되기'에서 분명하게 확인된다. 나아가 기표화와 해석의 각(角)에 대한 실험과 (예속)주체화의 점(點)에 대한 실험. 잠재면 위에서 기표와 해석에서 벗어나기, 그리고 유목을 통해서 예속적 주체화를 벗어나기. 우리 의식을 예속(주체)화에서 떼어내고, 무의식을 기표화(와 해석)에서 떼어내기. 환상들(fantasmes)로서의 기표화와 주체화에서 탈주하기.[29] "탈기표적 입자들, 순수 강도들로 하여

---

28 유기체는 무수한 차생들을 자체의 동일성에 맞추어 조직한다. 이는 오토포이에시스의 관점이기도 하다.(河本英夫, 『オートポイエーシス』, 靑土社, 1995를 보라) 들뢰즈/가타리는 동일성을 통한 조직화가 아니라 차생을 통한 탈기관체-되기에 초점을 맞춘다는 점에서 자기조직 이론의 반면(反面)을 이야기하고 있다고 할 수 있다. 오토포이에시스와 '기계적 이질생성'(machinic heterogenesis)의 비교로는 키스 피어슨, 『싹트는 생명』, 이정우 옮김, 산해, 2005, 319~323쪽을 보라. 이케다 기요히코는 차생의 흐름 위에서 동일성을 만들어내고, 더 이상 차생을 견디지 못하면 다시 새로운, 더 복잡한 동일성을 만들어내는 것이 '생명의 형식'이라 본다. 이것은 들뢰즈/가타리의 입장을 반대의 방향에서 말한 것이다(메이에르송이 베르그송을 반대의 방향에서 말하고 있듯이). 池田淸彦, 『生命の形式』, 哲學書房, 2002를 보라.

29 이 문제는 '기호체제'를 다룬 5고원에서 상세하게 논의되며, 본 저작의 2장에서 다루어질 것이다. (자본주의와 복잡하게 얽혀 있는) 국가장치는 거대한 기표체제이며, 우리는 그 기표체제에서 주체화된다/길러진다. 그러면서 환상들을 내면화하고 그것들을 '자연스러운' 것으로 체화하게 된다. 구조주의로부터 이데올로기적 국가장치들(알튀세)과 현재의 계보학(푸코)으로의 이행은 이 문제를 사유하는 데 필수적이며, 들뢰즈/가타리도 이런 논의선을 따르고 있다. '공동 환상'(집단 환상) 으로서의 국가에 관련해서는 吉本隆明/中田平, 『ミシェル・フーコーと『共同幻想論』』, 丸山學藝圖書, 1999를 보라.

금 이행하거나 순환하게" 만들기. 즉 무의식에 새겨진 기표체제=이름-자리 체제의 포로가 되어 형해화되어버린 '氣'를 회복하기, 또 "스스로에게 주체들을 귀속시켜 하나의 강도의 흔적으로서 이름만을" 남기기. 즉 예속적으로 주체화된 자아의 울타리를 깨부수고 '氣'의 보편적 지평으로 나아가 그 결로서 살아가기.

그러나 너무 쉽게 말하지 않도록 조심하자. 들뢰즈/가타리의 사유는 **실재적인 것**의 사유이지 상상적인 것의 사유가 아니다. 상징적인 것과의 투쟁은 상상을 통해서가 아니라 실재를 통해서 가능하다. 중요한 것은 상상에서의 도피가 아니라 실재에서의 탈주이다(그러나 그 과정에서 상상적인 것 또한 중요한 역할을 수행하는 것도 사실이다). 들뢰즈/가타리의 개념적 구분을 형식논리적 대립으로 이해하는 것, 또는 이들의 개념적 구분에 실체화된 가치를 부여하는 것은 속류 '노마디즘'을 낳는다. "정주적인 것은 나쁜 것이고 유목적인 것은 좋은 것", "층화는 나쁜 것이고 탈기관체는 좋은 것", "지표공간(홈 패인 공간)은 나쁜 것이고 특질공간(매끄러운 공간)은 좋은 것"이라는 식의 형식논리적 대립과 가치론적 실체화는 치명적이다. 개념적 구분을 현실에 적용하고자 할 때 지역적·시대적·집단적인 무수한 맥락들을 고려하는 것이 중요하다.[30]

---

30 이에 관련해 들뢰즈/가타리의 사유를 '노마디즘'으로서 단순화하고 낭만화하는 것, 기업가들을 매혹시키는 이른바 '디지털 유목주의', 또 문자 그대로의 의미에서의 유목론(예컨대 몽골 초원에 대한 향수), 자크 아탈리식의 미래학적 노마디즘 등등과 분명하게 구분해야 할 것이다. 'communism' / 'socialism'이라는 말이 무수한 맥락들을 가지듯이('극좌'적 공산주의로부터 '극우'적 공동체주의 또는 국가사회주의=나치즘까지) 'nomadisme'(이것을 굳이 하나의 용어로서 받아들인다면) 또한 무수한 맥락들을 가진다는 사실을 이해하는 것이 중요하다. 이런 초보적인 구분조차 하지 않을 때, 천규석의 『유목주의는 침략주의다』(실천문학사, 2006) 같은 "책"이 더 이상 조악(粗惡)할 수 없는 방식으로 보여주었듯이, 들뢰즈/가타리 사유에 대한 성실한 이해 없이 엉뚱하게 다른 형태의 '노마디즘/유목주의'들을 이들의 사유에 덮어씌우는 우를 범하게 된다.

들뢰즈/가타리가 '신중함'의 기예를 언급하는 것은 이런 맥락에서이다. "조잡하게 탈층화해서는 탈기관체에, 그것의 혼효면에 도달할 수 없다."(MP, 199/308) 기성/제도권의 수준을 따라잡지 못한 사람이 그것을 넘어 무엇인가를 창조해내기는 힘들다. 개별 학문들을 일정 수준으로 터득하지 못한 사람이 가로지르기를 할 수는 없다. 현대 학문을 익히지 못한 사람이 자생적 학문을 한다고 할 때 거친 담론들이 생산된다. 신체에 대한 신중한 인식과 실천이 결여된 탈유기화는 우울증, 편집증, 분열증, 마약, 마조히즘 등 우울하고 음습한 것들을 낳을 뿐이다. 들뢰즈/가타리는 다음과 같은 과정을 제시한다.

우선 하나의 층에 자리 잡아라. 그것이 제공해주는 기회들을 실험하라. 거기에서 [탈주를 위해] 호의적인 하나의 장소를, 탈영토화 운동들의 기회를, 가능한 탈주선들을 찾아라. 그것들을 체득하라. 여기저기에서 흐름의 교차로들을 확보하라. 강도-연속체들을 하나하나씩 시험해보라. 새로운 대지(大地)의 작은 조각이나마 늘 품고 있으라. 탈주선들을 해방시키고 통합된(conjugués) 흐름들을 탈주시키고, 하나의 탈기관체를 위한 연속적 강도들을 이끌어내는 것은 층들과의 세심하고 조심스러운 관련성을 따라갈 수 있을 때 가능하다. 접속시키는 것, 통합시키는 것, 연속시키는 것, 이것이 바로 여전히 기표적이고 주체적인 프로그램들에 저항하는 '디아그람'이다. 우리는 어디까지나 특정한 사회구성체 안에서 살아간다. 우선 그것이 우리를 위해서, 우리 안에서, 우리가 존재하는 그곳에서 어떻게 층화되어 있는가를 보라. 우리를 모양 지우고 있는 더 심층적인 배치에서 층들을 거슬러 오르라. 배치를 아주 살며시 흔들고, 그것을 혼효면 쪽으로 이동시키라. 바로 여기에서만, 즉 욕망들의 접

속, 흐름의 통접, 강도들의 연속체에 있어서만 탈기관체의 참모습이 드러나는 것이다.(MP, 199/309)

그래서 혼효면을 지향하는 탈기관체와 무방향적인 탈층화가 만들어내는 **공허한 탈기관체**는 구분되어야 한다. 그러나 이 구분보다 더 중요한 구분, 즉 제3의 탈기관체가 있다. 그것은 **암적인 탈기관체**이다. 유기체에서 암은 기존의 유기화를 탈층화하면서 탈기관체를 만들어내지만, 그것은 창조적인 탈기관체 즉 **충만한 탈기관체**가 아니라 파괴적인 탈기관체만을 낳으며 유기체를 죽음으로 이끌어간다. 이와 마찬가지로 기표화의 차원에서 독재자의 등장과 파시즘의 출렁임은 창조적인 탈기표적 운동이 아니라 암적인 기표화를 낳는다. 주체화의 경우에도 역시 기존의 주체화를 벗어나는 듯 보이지만 결국 기존의 주체화가 보존하는 안일함조차도 누리지 못하게 하는 폭력적인 탈주체화들이 곳곳에서 난무할 수 있다. 더 나아가 화폐의 암적인 탈기관체(인플레이션)를 비롯해 무수한 형태의 암적인 탈기관체들이 형성될 수 있다. 충만한 탈기관체로 가지 못하고 공허한 탈기관체로 갈 때, 남는 것은 자기 파괴뿐이다. 나아가 창조적인 탈기관체와 암적인 탈기관체를 혼동하는 것은 더욱 위험하며 자기만이 아니라 타인까지도 파괴한다. 탈기관체로 가는 것이 중요한 것이 아니다. 충만한 탈기관체로 가는 것이 중요하다.[31] 희망과 위험이 항상 함께 고려되어야 하는 것이다.[32]

여러 탈기관체들의 이런 구분은 결국 욕망의 문제에 관련된다. 들뢰즈/가타리에게 욕망은 인간 의식/무의식의 특수한 구조에서 나오는 것이 아니다. 헤겔과 베르그송, 사르트르, 라캉 등 여러 철학자들이 무와 부정에 대한 분석을 통해, 인간 의식 및 무의식에 대한 분석을 통해 욕망의 개념을 간파해냈다. 그러나 들뢰즈/가타리에게 욕망이란 인간 심리의 문제가 아니라 기(氣)의 문제, 물리적, 생명적, 심리적, 사회적 문제, 우주적인 물질현상의 문제이다. 이들에게 욕망이란 우주적 생성 자체의 문제이다. 유기화, 기표화, 주체화의 틀을 벗어나는, 탈기관체를 향한 운동이 있는 그곳에 욕망도 있다. 이 점에서 욕망은 차이생성의 근거이다. 들뢰즈/가타리에게 세계는 '약동'(élan)이라는 성격을 그 핵심으로 하는 것으로 파악되며, 약동은 곧 욕망(잠재성의 포텐셜)에서 유래한다. 때문에 욕망을 찬양하거나 비난하는 것은 의미가 없다. 욕망이란 무수한 방향성을 내장하고 있는 잠재성이며, 그 의미와 가치는 그것이 구체화되는 과정에서만 논할 수 있는 것이기 때문이다. 탈기관체가 여러 종류로 구분되는 것은 이런 맥락에서 성립한다.

책의 대상은 대개 책이 재현/표상하고자 하는 대상이다. 이 경우 책은 대상의 거울이 된다. 그러나 책을 바깥에 입각해, 외부성에 입각해 이

---

31 "[리좀을 이루는] 세 가지 종류의 선은 각각 위험을 내포한다. 우리를 분절하는 **절편선**들은 등질적 공간의 홈을 강요할 수 있다. 마찬가지로 **분자선**들은 이미 각각의 미세한 흑공들을 나르고 있다. 마지막으로 **탈주선** 자체는 늘 그 창조적 포텐셜들을 버리고 **죽음선**으로 선회할, 순수하고 단순한 **파괴선**(파시즘)으로 돌아설 위험을 내포하고 있다." (MP, 632/964) 들뢰즈/가타리 사유를 가치론적 이분법으로 이해하거나 "욕망을 찬양한다"는 식으로 이해하는 것이 몹시 위험하다는 것은 이 대목에서도 분명하게 드러나고 있다.

32 "어쨌거나 그들은 나를 겁나게 만든다. '생물체 내'(in vivo)에 있는 광기 또는 마약중독자가 또는 범죄자가 내뱉는 분자의 파롤이 '시험관 내'(in vitro)에 있는 한 정신과 의사의 위대한[거창한] 강연보다 더 가치 있는 것은 아니다. 한쪽에서 자신감을 보이는 만큼 다른 한쪽에서도 확실성을 보이니까. 이 주변인들은 선을 창조하기보다는 선 위에 정착하여 선을 자신의 소유로 만든다. 그들이 선의 인간이 보이는 고유한 겸손도 갖추고 실험자의 신중함도 갖추고 있다면 그거야 좋은 일이다. 하지만 그들이 '우리는 아방가르드다', '우리는 주변인이다' 같은 식으로 그들의 의존 상태와 빙빙 돌아다니는 상태에 대한 미시파시스트적인 말밖에는 나오지 않는 블랙홀로 미끄러져 간다면 정말 큰일이다." (들뢰즈/파르네, 앞의 책, 240쪽)

해할 때 책은 자체가 하나의 배치일 뿐이며 "다른 탈기관체들과 맞물리면서 다른 배치들과 접속되어 있을 뿐"이다. 그래서 들뢰즈/가타리는 책이 무엇을 재현/표상했는가 하는 고전적인 물음을 파기한다(이것은 책과 세계의 관계를 끊는 것과는 아무 상관이 없다. 오히려 책과 세계가 어떻게 내재적 지평에서 관계 맺고 있는가를 문제 삼으려 하는 것이다). 나아가 이들은 구조주의자들처럼 책의 기표나 기의를 묻고자 하지 않으며, 해석학자들처럼 그 책에 '숨겨져 있는 의미'가 무엇인지를 이해하고자 하지도 않는다. 이들이 묻는 것은 책이 무엇과 더불어 작동하는지, 어떤 새로운 강도들을 창출해내는지, 다른 다양체들과 접속해 어떤 다양체를 만들어가는지, 다른 탈기관체와 접속해 어떻게 혼효면으로 나아가는지 하는 것들이다. 그래서 중요한 것은 재현/표상도 기표화도 해석도 아니다. 글쓰기를 양화하는 것, 즉 관련되는 선들과 속도들을 측정하는 것이 중요한 것이다. 달리 말해, 배치/다양체로서의 책을 구성하는 선들과 속도들을 측정하는 것(질적 측정으로 이해해야 할 것이다), 새로운 선들과 속도들을 창조해내는 것이 중요하다.

혼효면(plan de consistance) '조직화의 도안' 즉 조직화의 면은 근대 생물학의 성립에 결정적인 역할을 했다. 기관들의 구조와 기능은 일정한 도안/면에 입각해 이해되었고, 조르주 퀴비에의 비교해부학은 이 과정에서 중요한 역할을 했다. 생명체의 모든 기관들, 구조, 기능은 수미일관한 정합성을 통해 이해되었다. 모더니즘 건축은 건축가의 일관된 도안/면('플랜')에 입각해 기하학적 도시들을 만들어냈으며, 형상을 질료에 구현하는 데미우르고스의 모델에 입각해 작업했다. 구부러진 길들은

'당나귀의 길들'이다. 르 코르뷔지에의 '데카르트적 마천루들'은 거대한 조직화의 도안/면을 보여준다. 조직화의 면은 기계들 위에, 그것들을 초월해 존재하면서 그것들을 고착화시키는 코드이다. 기계들의 존재 방식은 전적으로 이 초월적 코드에 입각해 이루어진다. 그것은 하나의 도덕이다. 혼효면은 조직화의 면을 넘쳐나는 기계들의 일탈, 이-것에 의한 개체화, '괴물들'이 존립하는 면이다. 거기에서는 조직면에서 공존할 수 없는 것들이 공존하고 나아가 혼효한다. 탈기관체는 바로 혼효면을 통해서 성립하며, 혼효면 위에서 그려진다.

혼효면은 어디까지나 '평탄하다'(plat). '평탄(平坦)'한 것이 '평평한' 것을 뜻하지는 않는다. 구불구불한 면도 평탄하다. 그 면 '위에' 존재하는 초월성을 거부하는 한에서 평탄한 것이다. 평평하든 복잡하게 굴곡져 있든 면 위로 솟아올라 있는 초월성은 없다. 모든 것은 면 자체-내에서, 즉 면의 내재성에 입각해 성립한다. 기계들을 미리 조감(鳥瞰)하고 있는 청사진은 없다. 관계들에 입각해, '사이들'에 입각해 이루어지는 운동들이 있을 뿐이다. 혼효면은 곧 내재면이다.

탈-기관의 운동은 곧 조직화의 면이 초월적으로 규제하는 상황으로부터의 탈주이다. 이 탈주를 가능하게 하는 지평이 곧 혼효면이다. 그것은 곧 조직화의 면('신의 심판/판단')이 허락하지 않은 관계가 이루어지는 면이다. 즉 층화되어 있는 기계들이 '혼효'의 관계에, 존재론적 콜라주의 관계에 들어가게 되는 면이다. 그것은 내재적이고 평탄한 관계들, 리좀적 관계들이 실험되는 장이며, '탈유기적 삶'이 이루어지는 창조의 장이다. 이 면에는 홈이 패여 있지 않으며 따라서 탈주선들이 그어질 수 있다. 그것은 지표들의 공간이 아니라 특질들의 공간이다. 탈기관체는 이

면을 지향함으로써 가능해진다. 이질적인 것들이 조직화의 도안에 따라 층화되기보다는 서로 혼효하는 면. 그러나 이질적인 것들이 언제나 '화'(和)의 상태를 빚어내는 것은 아니다. 때문에 잠재면/혼효면에는 무수한 종류들이 존재하며(어떤 혼효면을 구성할 것인가. 그것이 바로 '스타일'의 문제이다), 각 혼효면은 양립 불가능한 것들을 극복해가는 '혼화면'(混和面)이기도 하다. 궁극적인 혼효면(현실의 저편에 존재하는 '누메나'가 아니라 현실의 확장을 가능케 하는 '플라노메나')은 오직 절대적 탈영토화의 경우에만 가능할 것이다.[33]

들뢰즈는 일반성-특수성 짝을 보편성-특이성(특이존재) 짝으로 극복하고자 했다.(『차이와 반복』의 「서론」) 여기에서 'singularité'는 '개별성'이나 '단독성', '독자성'이 아니다. 그것은 수적인 하나와는 무관하다. 'singularité'를 수적인 하나로 이해할 때, 들뢰즈의 생각은 헤겔적 일반성-특수성에서 칸트적 보편성-개별성으로의 이행으로 오인된다. 헤겔은 칸트의 단독성-보편성의 틀을 추상적인 것으로서 비판했다. 이 틀은 특수성의 매개를 결여하고 있기 때문이다.[34] 특수성에 대한 이런 강조는 민족주의의 흐름에서도 핵심적인 역할을 하고는 했다.[35] 들뢰즈의 'singularité'가 단독자가 아닌 그만큼 그의 보편성은 추상적 보편성이 아

---

33 '혼효면'은 이질적인 것들이 아무렇게나 섞여 뒤죽박죽이 되는 면을 뜻하지 않는다. 혼효면은 이질적인 것들이 접속을 통해 새롭게 계열화되고 계열들이 복잡하게 관련 맺으면서 새로운 존재들이 **구성/창조되는 면**이지, 무형의 흐름/연속체가 아니다. 결국 그것은 리좀의 면 이외의 것이 아니다. 혼효란 접속을 차단하는 굵직한 선들이 와해된 상태를 뜻하지, 무규정적인, 혼란스러운 섞임이나 와해를 뜻하지 않는다. 나중에 보겠지만, 이 개념을 단순한 등질적인 장이나 일종의 'white noise' 같은 것으로 이해하는 것은 윤리적-정치적 맥락에서도 문제를 야기한다.
34 가라타니 고진은 칸트의 보편성을 새롭게 해석함으로써 칸트 이해의 새로운 구도를 제시했다. 『트랜스크리틱』, 송태욱 옮김, 한길사, 2005, 169쪽 이하를 보라. 그러나 가라타니는 들뢰즈의 'singularité'를 칸트적 개별자/단독자로 오인하고 있다.

니다. 들뢰즈의 'singularité'는, 수적 규정에 상관없이, 특수성들의 수목적 구조화를 벗어나는 특이존재, **이-것**(haecceitas)이다. 들뢰즈의 보편성은 모든 것을 같게 만드는 동일화의 지평이 아니라, 그 반대로 어떤 절대적 실선도 그어져 있지 않음으로써 순수 차이들을, 이-것들, 유목적/비정확한 본질들의 출현을 가능케 하는 혼효(con-sistance)의 지평이다. 들뢰즈의 보편성은 집합론적 보편성이 아니라 장자의 '제동'(齊同)에 근접한다.

앞에서 든 대학의 예를 보자. 대학은 특수성들의 수목형 구조를 보여준다. 인문사회계와 자연계, 인문계와 사회계, 문학부와 역사부 그리고 철학부, 동양철학과 서양철학, '대륙 철학'과 '영미 철학', 프랑스 철학과 독일 철학 같은 특수성들은 '매개'를 통해서 일반성으로 통합되어나간다. 들뢰즈의 특이존재-보편성은 개별자와 보편성의 관계가 아니라 특이성과 보편성=일의성의 관계이다. 예컨대 양자역학과 베르그송 철학과 버지니아 울프를 가로지르면서 시도되는 시간론, 이것은 대학 내 체계, 수목형 체계에서 볼 때 하나의 '괴물', 특이존재, 이-것이다. 따라서 이것은 전공을 거부하는 것, 제도를 **거부하는** 것과는 관계없다. 요점은 새로운 전공을, 새로운 제도를 **창조하는** 것이다. 이것은 어떤 본질도 없는 무규정의 상태와는 관계없다. 그것은 유목적인, 비정확한 본질을 창조해내

---

35 예컨대 미시마 유키오와 전공투(全共鬪)의 설전(舌戰)에서도 이 논의 구도가 생생하게 살아 있음을 볼 수 있다. "당신 국적이 없다고? 자유인으로서 난 당신을 존경해. 그건 그대로 좋아. 하지만 나는 국적을 갖는 일본인이라는 사실로부터 벗어나지 않아. 이것이 나의 숙명이라고 믿고 있단 말이야."(고마츠 요시히코 외, 『미시마 유키오 대 동경대 전공투: 1969~2000』, 김항 옮김, 새물결, 79~80쪽) 1년 후 미시마는 이 특수성을 위해 자신의 개별성을 희생한다. 개별성=주체성이 특수성들의 수목적 위계를 전복시키는 원동력으로서가 아니라 특수성을 체현하고 있는 한 경우/함수값에 그친 것이다.

는 문제이다. 창조를 거부로 오인할 때, 가로지르기의 사유, '노마디즘'의 사유는 할리우드 청춘영화 같은 것으로 오해된다. 문제가 되는 것은 기성의 수목형 체제를 거부하는 데 있지 않다. 문제는 매개를 통해 수목형을 이루는 특수성들의 체계에서 탈주해 어떻게 특이존재＝'이-것'을 창조하는가이다. 무위(無位)는 위(位)란 없다고 하는 것, 위를 순진하게 부정하거나 그것을 초월하자고 강변하는 것이 아니다. 그것은 오히려 '위'를 만물 제동(萬物齊同)의 근거인 '무' 위에 놓고서 리좀적으로 해체한 후 다시 '위'의 세계로 나아가 새롭게 창조해나가는 것일 뿐이다.[36] 상징계를 초월하는 실재계의 기괴함과의 마주침을 강조하는 것이 중요한 것이 아니다. 그것은 미학, 그것도 좀 징그러운 미학일 뿐이다. 중요한 것은 그런 마주침(그런 것이 있다면)을 새로운 윤리와 정치를 구성하는 동력으로 바꾸어나가는 일이다.

그러나 여기에서 단독성＝주체성 또한 중요하다. 상징계에 온전하게 포획되지 않으려는 의지, '괴물' 창조의 원동력은 오로지 주체성일 뿐이기 때문이다. 그러나 이-것을 창조하는 것은 그 주체성이 동일성으로 머물러 있지 않을 때에만 가능하다. 다시 말해 그것이 '되기'를 행할 때에만 가능하다. 즉 이-것의 창조는 그 주체성이 상징계의 각종 그물들과 부딪치면서 그 그물들과는 다른 그물을, 기존의 그물들이 볼 때는 비뚤비뚤한

---

36 이 지점에서 'Corps sans Organes'를 왜 '탈기관체'로 번역해야 하는지가 분명해진다. 들뢰즈/가타리의 사유는 '기관들'＝특수성들을 거부하거나 부정하는 사유가 아니다. 그래서 '기관 없는 신체'(추상적―아래로의 추상이든 위로의 추상이든―보편성)로 가려는 사유가 아니다. 이들에게 '기관 없는 신체'가 있다면, 그것은 탈기관체의 아주 나쁜 형태, 마약이 가져다주는 형태일 뿐이다. 탈기관체는 매개를 통해 수목형을 이루는 특수성＝기관들에서 벗어나[脫] 새로운 기관들＝특이존재들＝이-것들을 창조해가는 체이다(따라서 '체'라는 말 자체도 어디까지나 생성을 전제해서 받아들여야 한다).

'괴물' 같은 그물을 창조하는 것이며, 이것은 개체성으로서의 주체성에의 안주와는 한참 거리가 먼 삶을, 즉 관계, 마주침, 투쟁, 좌절과 환희 등 요 컨대 '사이'에서 벌어지는 모든 사건들을 소화해나가는 삶을 뜻한다. 들 뢰즈/가타리에게 '주체'란 바로 이런 투쟁을 통해서 이루어져 가는 것이 다.[37] 특이성을 개체성/주체성과 혼동하면 안 되지만, 개체성/주체성은 자신의 사건을 가장 충실히 삶으로써 그 자체가 탁월한 특이성이 된다.

추상기계(machine abstraite) 들뢰즈/가타리에게 개별적인 기계는 의미를 가지지 못한다. 기계는 다른 기계들과 접속해서 배치를 형성할 때 에만 구체적인 의미를 띤다. 때문에 들뢰즈/가타리에게 기계란 항상 개 별적 기계가 아니라 여러 이질적인 기계들이 접속해서 형성되는 기계이 다(우리가 '하나의' 기계라고 생각하는 것 역시 이질적인 기계들의 접속체이 다. 우리 몸을 생각해보라). 이 점에서 기계는 사실상 기계적 배치이다. 그 리고 이 배치는 (재)영토화와 탈영토화를 겪으면서 역동적으로 작용한

---

37 따라서 들뢰즈의 철학에는 주체가 없다는 식의 바디우의 비판(『존재의 함성』, 박정태 옮김, 이학 사, 2001, 51쪽 이하)도 또 이것과 정반대로 들뢰즈는 주체를 너무 절대화한다는 홍준기의 비판 (『오이디푸스 콤플렉스, 남자의 성, 여자의 성』, 아난케, 2005, 35쪽)도 공히 들뢰즈의 주체론을 극 단적으로 파악한 것에 불과하다. 들뢰즈의 주체론은 그의 최초의 저작인 『경험주의와 주체성』에 서 시작해, '시간의 세 가지 종합'에 근거한 주체론(『차이와 반복』, 2장), 사건론 및 관점론과 연계 되어 전개된 주체론(『의미의 논리』), (가타리와 더불어) '욕망' 개념과 '기계' 개념을 매개해 새롭 게 정식화한 주체론(『안티오이디푸스』), '배치'와 연계되어 좀더 구체화된 주체론(『천의 고원』)으 로 극히 긴 세월에 걸쳐서 복잡하게 '진화'해간 주체론이다. 들뢰즈의 사유에는 주체가 없다(이것 은 구조주의를 극복하고 나온 그의 사유를 오히려 구조주의로 회귀시켜 이해하는 것이다)라든가 주체를 절대화한다(이것은 들뢰즈의 주체를 상징계를 떠난 어떤 추상적인 존재로 오인하는 것이 다. 그러한 주체론은 낭만적인, 비현실적인 주체론에 불과하다. 모든 주체는 상징계에서 살아갈 수밖에 없다. 그러나 진정한 '주체'는 상징계와 투쟁을 시작할 때 비로소 탄생하며, 그것을 변형시 켜나가면서 스스로도 변형시켜나가는 존재이다)는 식의 생각은 피상적인 관찰일 뿐이다.

다. 청소기는 전기 코드를 통해 거대한 전력-기계들과 접속해 작동한다. 책은 책상, 연필, 스탠드 등과 접속해 공부-기계를 구성하기도 하고, 때로는 커피 잔과 접속해 받침대-기계가 되기도 한다. 기계는 인공적인 기계들(메카닉들)만이 아니라 식물들, 동물들, 인간들을 모두 포함하는 커다란 외연을 가진다. 세계에서 가장 다양한 접속을 이루면서 연속적으로 변이해가는 기계, 가장 유연하면서도 복잡한 기계는 아마 사람의 몸일 것이다. 몸은 하루에도 수십 번, 수백 번 새로운 배치를 형성하면서 기계들을 만들어낸다. 또 덩치가 매우 큰 기계들도 존재한다. 무수히 다양한 기계들의 접속을 통해 이루어지는 서울-기계, 더 나아가 한국-기계도 있다. 이런 기계들은 '거대 기계들'을 형성한다. 이질적인 기계들로 이루어지는 배치, (재)영토화와 탈영토화를 겪으면서 층화의 방향과 탈기관체의 방향을 오가는 기계 즉 기계적 배치[38]가 세계를 구성한다.

　추상기계는 특정한 시공간에 구체화된 기계적 배치가 아니라 여러 가지 방식으로 구체화될 수 있는 비물체적인(그러나 물질성을 떠나서는 존재하지 않는) 반복적 기계이다. 밥을 먹을 때 우리는 숟가락과 젓가락을 사용한다. 밥을 차릴 때 우리는 상과 그릇들을 놓는다. 좀더 추상적으로 생각하자. 특정한 식사-기계는 경우에 따라 다른 기계들(갖가지 상들, 그릇들, 수저들, 요리들 등)과 다른 코드들('한 상 가득히 차려내는' 전통 상, '코스'로 먹는 서구식 상 등)을 작동시키지만 늘 식사-추상기계의 한

---

[38] 따라서 기계를 구성하는 물질들은 날카로운 불연속을 형성하지 않는다. 물질들은 '연속적 변이'를 겪는 무한히 유연하고 잠재적인 기(氣)이다. 들뢰즈/가타리는 이를 '기계적 퓔룸'이라 부른다. 기계적 퓔룸은 특이성들을(이-것들)과 강도들(또는 표현의 특질들)을 나른다. 이 퓔룸이 일정한 형식을 통해 구체화될 때 기계적 배치가 형성된다.

구체화로서 작동한다. 다른 기계들과 다른 코드들을 작동시키지만, 서대
문형무소, 정신병원, (러시아 아가씨들을 가두는) 방 등은 모두 감금-추
상기계를 사용한다. 여러 형태의 공들(축구공, 야구공, 농구공 등), 다양한
유형의 선수들과 심판들, 관중들, 다르게 생긴 경기장들, 다른 코드들
('룰들')을 가동시킴에도 모든 경기들은 어떤 반복되는 추상기계 즉 경
기-추상기계를 가동시킴으로써 성립한다. 전시-추상기계, 스포츠-추
상기계, 시위-추상기계 등.

추상기계는 배치의 잠재성이다. 배치는 추상기계의 한 현실화이다.
배치는 일정한 동일성(물론 열린 동일성)을 갖춘 채 현실화되어 있는 존
재이며, 추상기계는 그 동일성을 그것의 한 현실화로서 포함하는(그러나
결정론적인 방식으로는 아니다. 현실성을 잠재성 속에 묻혀 있다가 꺼내진
금부처처럼 표상하는 것은 곤란하다) 역동적인 장이다. 추상기계는 『차이
와 반복』의 용어로 잠재적 다양체(이데아, 문제, 구조)이다. 배치는 기계
들과 언표들로 구성된다. 추상기계는 디아그람들과 필룸으로 구성된다.
배치의 디아그람은 추상기계의 디아그람의 한 갈래, 한 현실화이다. 필룸
은 내용(기계적 배치)의 실체와 표현(언표적 배치)의 실체의 잠재성이고,
디아그람은 내용의 형식과 표현의 형식의 잠재성이다.

추상기계는 배치에 내재해 있다. 그것은 배치에 있어 '탈코드화와 탈
영토화의 첨점(尖點)들'에 의해 정의된다. 한 배치, 예컨대 감금-추상기
계를 구현하고 있는 배치는 탈코드화와 탈영토화의 첨점들을 통해서 다
른 배치(다른 건물들, 다른 규정들, 다른 인물들로 된 배치)로 바뀔 수 있다.
그럼에도 그것은 여전히 감금의 배치이며, 그것은 이 변한 배치 또한 감
금-추상기계의 구현체이기 때문이다. 경기장, 선수들과 심판들, 룰 등이

바뀌어도 축구 경기가 여전히 축구 경기일 수 있게 해주는 것은 축구 경기-추상기계의 존재 때문이다. 이 추상은 현실적 존재들로부터 위로 추상된 형상적(形相的) 존재가 아니다. 그것은 엄연히 이 세계에 내재하는 기계로서 다만 그 구체적 형태들(디아그램과 필룸이 현실화된 것들)이 유연하게 변할 수 있는 그런 기계이다. 그것은 개념이나 형상, 보편자가 아니라 어디까지나 기계이지만, 이 기계는 배치들처럼 특정한 시간, 공간, 물질의 조건을 넘어서 존재한다는 점에서 독특한 기계, 추상적인 기계이다. 예컨대 감금-추상기계는 시공간적, 물질적 조건을 넘어 수많은 곳에서, 수없이 반복되면서 존재한다. 추상기계는 정확히 이데아의 대척점에 존재하지만, 흥미롭게도 그 역할은 같다. 그것은 자신의 성격을 180도 바꾸어버린 이데아이다.[39]

모든 배치는 내용과 표현으로 되어 있다. 기계적 배치는 내용을 이루고 언표적 배치는 표현을 이룬다. 따라서 내용과 표현 사이에는 중세 철학의 용어를 써서 '실재적 구분'이 성립한다. 반면 내용은 내용대로, 표현

---

39 이러한 해명은 추상명사들의 존재론적 위상을 명확히 하는 데에도 도움을 준다. 예술가, 예술 작품, 관객들은 기계들이다. 또 예술의 기법, '사조', 구성 방식, 전시의 관례 등은 코드들이다. 그렇다면 '예술'은 무엇인가? 예술가, 예술 작품, 관객들, 기법 등이 아니라 '예술'이라는 이 말 자체는 도대체 무엇을 가리키는가? '예술'은 이 모든 것의 집합인가? 아니다. 집합 개념은 배치 개념의 역동성/시간성도 '기계적-언표적'의 복합 구조도, 또 무엇보다 그것의 사건적 성격도 표현하지 못한다. '예술'이란 바로 하나의 배치 또는 그 잠재성에 있어 추상기계이다. 예술가, 예술 작품 등이 아니라 '예술'이라는 개념 자체의 존재론적 위상, 그것은 바로 배치, 다양체이며, 잠재성에 있어서는 추상기계인 것이다.
아울러 노르베르트 엘리아스가 말하는 '결합태'(Figuration) 개념 역시 배치, 다양체, 추상기계 개념에 비추어 재음미될 수 있을 것이다. 엘리아스의 흥미로운 저작 『궁정사회』(박여성 옮김, 한길사, 2003)는 결국 근대의 한 시기 프랑스에 존재했던 매우 독특한 하나의 배치, 다양체를 논하고 있는 저작이며, 이 배치/다양체는 다른 곳에서도, 다른 때에도, 다른 얼굴로 반복해서 나타날 수 있는 한 추상기계의 구현태인 것이다.

은 표현대로 물질과 형식으로 구성되어 있다(감옥의 재료들과 건축 형식들, 법학의 재료들[책, 파일 등]과 담론 형식들). 물론 물질과 형식 사이에는 '형식적 구분'만이 존재한다.

내용과 표현은 실재적으로 구분된다. 그럼에도 반드시 관련된다. 비관계의 관계. 감옥이라는 건축물과 법학이라는 담론은 완벽하게 실재적으로 구분된다. 그럼에도 둘은 서로를 전제하고 서로 관계 맺음으로써만 온전한 배치를 형성한다. 바로 이 사실로부터 추상기계라는 개념이 도입되어야 할 필요성이 도래한다. 실재적으로 구분되지만 서로 맞물려 있는 두 존재를 가로질러 성립하는 기계가 추상기계이다. 감옥과 법학을 (위로가 아니라 아래로) 포괄하고 있는 추상기계.[40] 그래서 각각의 배치가 명확한 물질들과 형식들을 가지고 있는 데 비해, 추상기계는 바로 분명하게 구분되는 그 두 차원을 포괄하는 비실체와 비형식으로 구성된다. 그래서 추상기계의 물질[퓔룸]은 "강도, 저항력, 전도성, 온도, 연성(延性), 속도"로 구성되며, 그 디아그람적 형식들은 "미분방정식들 또는 좀더 일반적으로 말해 '텐서들'"로 구성된다. "하나의 추상기계 자체는 기호계적이 아닌 만큼이나 물리적/물체적이지도 않다. 그것은 디아그람적이다(그것은 인공적인 것과 자연적인 것의 구분을 더 이상 알지 못한다). 추상기계는 실체를 통해서가 아니라 물질을 통해서 작동하며, 형식을 통해서가 아니라 기능/함수를 통해서 작동한다."(MP, 176/271)

---

40 폴 패튼이 지적하고 있듯이(『들뢰즈와 정치』, 백민정 옮김, 태학사, 1995, 152쪽 이하), 푸코가 분석했던 '판옵티시즘'은 추상기계(또는 구조적으로 말해 디아그람)의 대표적인 예이다.

지금까지 논의한 개념들은 들뢰즈/가타리 고유의 지도 그리기, 즉 카르토그라피의 작성을 위한 개념들이다. "글을 쓴다는 것은 기표들을 작동시키는 것(signifier)과는 아무런 관련이 없다. 오로지 〔현존하는 마을들은 물론〕 도래할 마을들까지도 측량하는 것, 카르토그라피를 그리는 것에 관련될 뿐이다."(MP, 11/14)

들뢰즈/가타리에게 카르토그라피란 일반적인 지도와 다르다. 일반적인 지도는 실재하는 특정 지역을 외연의 논리에 입각해 재현한 것, 비례의 원칙에 따라 축소시켜놓은 것이다. 카르토그라피는 이런 식의 지도 개념과 관계없다. 카르토그라피는 **강도의 변이**를 그리려는 시도이다. 따라서 카르토그라피에서는 위도와 경도 개념도 전혀 다르게 규정된다. "위도가 일정한 능력〔행위 역량〕을 함축하는 강도적 부분들로 이루어진다면, 경도는 일정한 관계를 함축하는 외연적 부분들로 이루어져 있다." (MP, 314/487) 경도가 (스피노자적 의미에서의) 물질적 요소들의 **속도**로 구성된다면, 위도는 **감응**으로 구성된다. 이렇게 카르토그라피는 강도로 구성된 신체, 배치, 다양체의 독특한 지도를 작성한다.

글을 쓴다는 것 또한 카르토그라피를 그리는 것이다. 때문에 들뢰즈/가타리에게 책을 쓴다는 것은 세계를 재현하는 것이 아니다. 재현의 글쓰기에서 책은 일종의 거울로서 세계의 이미지를 만들어낸다. 나아가 들뢰즈/가타리는 이항 논리적 사유를 거부한다. 이항 논리적 사유는 수목형의 사유이다. 놈 촘스키의 '언어학적 특질'은 전형적인 수목형 사유─그가 말하는 '수형도'(樹型圖)─를 보여준다. 'homme'〔인간〕는 생명체/무생명체에서 생명체, 척추동물/무척추동물에서 척추동물 등으로 이어지는 스무고개 놀이를 통해서 그 언어학적 특질을 부여받는다. 이런 식의 사유는 다양체를 이해하지 못한다. 유기적 재현의 사유, 수목형의 사유, 중심축에 따라 움직이는 사유 등은 배치를 사유하지 못하는 것이다. 물론 이런 사유는 일정 정도 복잡성을 도입함으로써 새로운 모습을 보여주기도 한다. 예컨대 꺾꽂이를 하듯이 텍스트들을 오려 붙일 수도 있다. 그러나 이런 시도들의 경우에도 "대상에게서 통일성이 끝없이 도전받고 해체되는 듯이 보이지만, 결국 주체에게서 또 다른 새로운 유형의 통일성이 건재를 과시하게 되는 것"(MP, 12/17)이다. 우리는 이런 한계를 제임스 조이스나 니체 같은 인물들에게서조차도 확인할 수 있다. 복수성을 하나의 통일적 코드에 복속시키는 것, 중심축을 따라 배열하는 것, 수목형의 이항 논리에 따라 분절하는 것, 거울처럼 재현하는 것 등, 이 모든 것을 벗어나 그것들 사이에 역동적인 관계들을, 그 자체 생성하는 관계들을, 계속 변해가는 장을 사유할 때, 즉 n의 복수성에서 초월적 통일성을 제거한 n-1에서 사유할 때 리좀= '질적 다양체'가 성립한다. 리좀을 만들어나가는 것이 에티카의 일차적인 조건이다.[41]

---

[41] 리좀면은 새로운 존재들이 구성/창조되는 면이다. 그러나 여기에 그렇게 구성/창조되는 결과가 좋은/옳은 것이라는 함축은 없다. 암이야말로 전형적인 리좀의 이미지를 제공해주지 않는가. 파시즘이나 자본주의 역시 리좀적이다. 따라서 진짜 물음은 어떤 리좀을 만들어갈 것인가에 있지 리좀이냐 수목형이냐에 있지 않다. 수목형/리좀은 **상관적 정도(correlative degree)를 형성하는 개념 쌍일 뿐**이다. 그래서 예컨대 리좀 개념의 의미를 "오이디푸스적 고리를 끊는" 소비에트 비밀경찰의 행위에 연결시키는 지젝의 이해는(『그들은 자기가 하는 일을 알지 못하나이다』, 박정수 옮김, 인간사랑, 2004, 121쪽 참조) 이 개념에 대한, 유치할 뿐만 아니라 악의적이기까지 한 희화화에 불과하다.

3

리좀을 가지고서 무엇을 할 것인가

리좀 개념을 좀더 분명히 하기 위해 들뢰즈/가타리는 리좀을 구성하는 여섯 가지의 원리를 제시한다.

접속의 원리와 다질성의 원리　　　리좀은 하나의 장을 형성하지만(이 점에서 서로 아무런 관계도 없는 복수성과 다르다), 요소들의 관계는 역동적으로 변해간다.[42] 이것은 곧 리좀의 일차적 원리 즉 접속의 원리를 함축

---

42 이러한 변화를 들뢰즈/가타리는 'variation'이라는 개념으로 표현한다. 즉 들뢰즈/가타리적 의미에서의 **변이**(變移/變異)는 한 실체가 그 성질을 바꾸는 아리스토텔레스적 **운동**도, 한 실체가 다른 실체로 바뀌는 화학적 **변화**(化)도, 물리적인 공간 이동도, 나아가 구조적 **변환**도 아니다. 그것은 기계들이 새롭게 접속해가면서 계열을 만들어내고/와해시키고 계열들의 복잡한 관계들(이어짐, 갈라짐, 합쳐짐 등)을 통해서 새로운 배치들이 구성/창조되는 과정을 뜻한다. 즉 배치의 선들과 속도들에서의 변화가 들뢰즈/가타리가 말하는 '변이'이다. 더 나아가 들뢰즈/가타리에게 '요소들'은 언제나 생성하는 요소들이라는 점을 상기할 필요가 있다. 들뢰즈/가타리에게는 $x, y, z \cdots$가 존재하는 것이 아니라 항상 $dx, dy, dz \cdots$가 존재한다. 변이가 항상 '연속적 변이'인 것은 이 때문이다.

한다. '접속'을 어떻게 이해할 것인가? 우리는 기계들(경우에 따라서는 언표들)이 관계를 맺음으로써(계열화됨으로써) 하나의 사건을 발생시킬 때, 그것들이 접속했다고 말할 수 있다.[43] 이렇게 규정할 때 리좀은 그 안의 여기저기에서 사건들이 발생하는 장으로 이해할 수 있다. 이 점에서 리좀은 초월적 코드가 기계들을 조직하는 구조주의적 모델을 극복하기 위해 제시된 개념이라고 할 수 있다. 관계들은 기계들에 초월적으로 부과되기보다는 기계들 사이에서 내재적으로 운동한다.[44]

이 점에서 리좀의 특질들(traits)은 수목형 사유, 예컨대 촘스키 언어학에서의 특질들과는 다르다. 들뢰즈/가타리의 특질은 하나의 사물이 '유기적 재현'에서 차지하는 자리도 아니고, 일상적 의미에서의 '성질들'도 아니다. 성질들이 관찰에 관련되는 형용사적 특징들이라면, 특질들은 감응과 강도에 관련되는 동사적 특징들이다. 그것은 무엇 '인가' 즉 존재(esse)의 문제가 아니라 무엇 '을 하는가' 또는 '할 수 있는가' 즉 능력(posse)의 문제이다. 짐을 끄는 말과 황소 사이의 거리는 짐말과 경주용 말 사이의 거리보다 훨씬 가깝다. 횔덜린과 하이데거 사이의 거리는 하이

---

43 기계들은 일차적으로 하나의 동일성을 형성하지만, 그 심층에서는 늘 dx의 형식을 가지는 계열체들의 다양체이다. 때문에 기계들은 그 상위 존재에 비추어 볼 때는 항상 미규정의 존재, 생성하는 존재이다. 그러나 기계들의 접속은 $\frac{dy}{dx}$의 형식을 낳음으로써 일정한 규정성을 도래시키며, 이로써 잠정적인 하나의 동일성이 형성된다. 따라서 들뢰즈/가타리에게 **사물과 사건은 사실상 하나**이다. 하나의 사물은 그 자체 하나의 사건으로서 성립하며, $\frac{dy}{dx}$ 형식의 사건은 곧 하나의 '사물'을 낳는다고 할 수 있다.

44 때문에, 다시 한 번 말한다면, 언표적 배치는 기계적 배치와 단절되어 있지 않다. "언표행위의 집단적 배치들은 사실상 기계적 배치 내에서 직접적으로 작동한다." 주례나 목사가 "나는 두 사람이 부부의 인연으로 맺어졌음을 엄숙하게 선언합니다"라고 언표를 발하면, 결혼식장에서 두 사람은 부부**가 된다**. 사건이 언어화되는 것만이 아니다. 언어 자체가 사건을 발생시킨다. 두 사람이 실체적으로 변화한 것은 아니다. 그럼에도 두 사람은 하나의 언표에 의해, 어느 순간(아이온의 시간)에 갑자기 다른 존재로 화한다. '비물체적/비물질적 변환'이 발생한 것이다. 물체는 사건으로 또 언표로 '표현된다'. 언표 또는 사건은 물체에 '삽입된다'.

데거와 윌러드 콰인 사이의 거리보다 훨씬 가깝다. 들뢰즈/가타리에게 중요한 것은 한 사물이 분류도에서 차지하는 자리도, 관조 속에 드러내는 성질들도, 내면적 감정들도 아니다. 행동/행위와 과정에서 **강도로, 감응으로 드러나는 특질들**이 중요한 것이다. 이 점에서 들뢰즈/가타리의 사유는 (특)질과 강도를 수량으로, 시간을 공간으로, 감응을 인과관계로 전환시키는 분석적 사유에 대한 베르그송의 비판을 이어받고 있다. 리좀의 장은 다질적 장이다. 즉 리좀의 복수성은 질적 복수성이다.

다양체의 원리　　이미 말했듯이, 들뢰즈의 사유는 오랫동안 '다양체' 개념을 다듬어왔으며 이 개념이 들뢰즈 사유의 심장부를 관류하고 있다.

　다양체는 '一者'에 의해 통일된 복수성도 아니며 또 외적 복수성도 아니다. 외적 복수성은 공간적으로 펼쳐져 있는 현실적 복수성이다. 복수적 존재들이 장을 형성해야만 배치/다양체가 성립한다(이때 이 장으로서의 배치/다양체는 '실사'가 된다). 그러나 이 장이 일자에 의해 초코드화될 때, 그것은 다양체의 성격을 상실한다. 그것은 가짜 복수성이다. 초월적 존재에 의해서든 내재적 중심에 의해서든 아니면 주체에 의해서든 외부적 통일성이 부여되어 복수성이 통일될 때 다양체는 사라진다. 다양체는 내적 복수성, 달리 말해 초월적 코드가 부여하는 통일성을 거부하는 복수성일 때에만 성립한다. 초월적 코드를 와해시키는 리좀이 작동할 때, 그러면서도 내적 복수성의 장이 성립할 때 다양체가 성립한다.

다양체 개념은 정확히 일자와 다자 사이의 추상적 대립을 벗어나기 위해서,

〔헤겔의〕변증법을 벗어나기 위해서, 복수적인 것을 그 순수한 상태에서 다루기 위해서, 그것을 상실된 '統一性' 또는 '總體性'의 수적 파편으로서 또는 앞으로 도래할 '統一性' 또는 '總體性'의 유기적 요소로서 다루기를 그치기 위해서 창조되었다. 대신 우리가 해야 할 일은 다양체의 상이한 유형들을 구분하는 일이다.(MP, 45〜6/71)

들뢰즈/가타리는 이산적(離散的) 다양체와 연속적 다양체에 대한 게오르크 리만의 구분, 외연적인 크기/가분성의 다양체와 (내포적인/강도적인 것에 더 가까운) '거리'의 다양체에 대한 알렉시우스 마이농과 버트런드 러셀의 구분, 그리고 더 직접적으로는 수적/연장적 다양체와 질적이고 지속하는 다양체에 대한 베르그송의 구분을 이어 상이한 유형의 다양체를 구분한다. 즉 이들은 **수목형 다양체**와 **리좀형 다양체**를 구분하고 있는 것이다. 거시적 다양체인 수목형 다양체들은 "외연적이고 가분적이며 몰(mole)적인 다양체들이고, 또한 통합 가능하고 총체화 가능하고 조직화 가능한 다양체들"이며, 반면 미시적 다양체인 리좀형 다양체들은 "분자적이고 내포적/강도적이며, 분할되면 반드시 본성이 바뀌어버리는 〔지속하는〕입자들 및 다른 다양체에 들어감으로써만 변이하는 '거리들'에 의해 구성되는 다양체들"이다.

다양체 개념의 핵심은 동일성과 차이를 함께 사유하는 데 있다. 여럿을 탁월한 실재로서의 '客體'(이데아, 신 등)나 '主體'(선험적 주체, 정신 등) 또는 여러 형태의 어떤 '하나'로 환원시키지 않으면서도, 동시에 단순히 '흐름'이나 '생성'만을 강조하는 얼굴 없는 시간철학으로 귀착하지 않는 사고, 즉 '무엇'인가를, 어떤 '것'을, '실사'를, 어떤 '존재'를 사유하면

62

서도 그 존재를 동일성으로 고착화시키지 않는 것, 어떤 '것'이면서도 초월적 하나에로 환원되지 않는 존재를 사유하고자 하는 것이다. 논리적으로 볼 때 그것은 하나와 여럿을 변증법적으로, 즉 각각의 동일성을 갖춘 여럿을 절대 동일성으로서의 하나에 복속시키고, 각각의 동일성들 사이에서 성립하는 모순, 부정, 대립의 관계들 및 그 관계들의 운동들, 그리고 동일성의 분열과 자체에로의 회귀 운동들을 절대정신으로 귀착시키는 방식으로 사유하기를 거부하기 위해 제시된 것이다. 그것은 복수성을 그것 자체로서 사유하려는 시도이지만, 그러나 여럿을 자체로서 긍정하는 사유가 아니라 장의 논리로서, 실사로서, 다양체로서 사유하려는 시도이다.

들뢰즈/가타리는 다양체는 규정들, 크기들, 차원들만을 가진다고 말한다. 여기에서 **차원들**은 공간적 차원들만을 뜻하지 않는다. 다양체의 차원들은 그것이 내포하는 질들의 수, 각각의 선을 형성하는 질들의 수를 가리킨다(다양체가 수로 환원되는 것이 아니다. 수가 다양체의 한 차원을 이룬다). 다양체의 차원이 달라지면 그것의 본성이 바뀌는 것은 이 때문이다(베르그송의 '질적 복수성'). 각 질들이 구체적으로 변양해가는 과정은 **규정들**의 변화로서 이해된다. 그리고 공간적인 **크기들** 또한 다양체의 한 측면을 형성한다. 배치란 결국 그 차원들이 변화에로 열려 있는 다양체일 따름이다. "하나의 배치는 접속들의 증가에 따라 필연적으로 본성상의 변화를 겪는 한 다양체에서의 바로 이 차원들 증가이다. 그래서 하나의 구조, 나무, 뿌리에서와는 달리 리좀에서는 점들이나 위치들은 존재하지 않는다. 선들만이 존재할 뿐이다."(MP, 15/21) 여기에서 "선들만이 존재할 뿐"이라는 구절은 중요하다. 다양체는 점들이 고정되고 그 사이를 선들이 잇는, 일종의 고착된 장이 아니다. 그것은 선들이 운동함으로써 점들이 생성하는 장이다. '되기의 선'이 그렇듯이, 다양체의 선들은 기존의 점들 사이에서(entre-deux) 운동한다. 이미 그어져 있는 사이가 아니라 되기가 이루어지는, 점들로 식민화되어 있지 않은 사이에서. 선들의 운동에 따라 점들이 생성하는 대신 점들이 고착화됨으로써 선들이 그어진다면, 특히 어떤 하나의 점이 중심기표로 자리 잡고 그에 입각해 조직화가 일어난다면, 이로부터 수목형의 존재들이 도래하게 된다. 이것은 곧 초코드화의 작용이다. 초코드화는 초월적 차원, 사물들을 수목형으로 조직하는 차원의 도래와 더불어 성립한다.

통일성은 언제나 주어진 한 계(系)의 차원에 보조적인 공차원(空次元) 한가운데에서 작동한다(초코드화). 그러나 바로 하나의 리좀 또는/즉 다양체는 초코드화를 허용하지 않으며, 그 선들의 수에 즉 그 선들에 부착된(선들의 수적 표현인) 수들의 다양체에 보조적인 차원을 필요로 하지 않는다. 모든 다양체는 그것들이 그 모든 차원들을 채우는, 점유하는 한에서 평탄하다. 그래서 우리는 다양체들의 혼효면에 대해 말할 수 있다. 이 '면'의 차원은 그것 위에서 수립되는 접속들의 수에 따라 증가하지만 말이다.(MP, 15/22)

카를 가우스가 성취한 중대한 공헌들 중 하나는 한 기하학적 대상의 준거 틀이 되는 보조적인=메타적인 좌표계를 제거하고 기하학적 대상 자체를 좌표계로 만든 것이다. 공간 '안에' 표면=곡면이 존재하는 것이 아니다. 표면=곡면 자체가 고유의 기하학을 가진 하나의 공간이다.[45] 유사한 방식으로, 다양체는 메타공간 안에 놓이지 않는다. 그것은 공차원을 거부한다('공차원'이란 그 자체는 하나의 질적 차원이 아니면서 다양체들을 '조직'하는 별도의 차원이다. 그것은 '$x+0=x$'의 논리에 따라 작동한다고 할 수 있다). 특히 다양체의 요소들을 일정한 중심을 시작으로 수목형으로 조직하는, 즉 리좀을 통일성에 복속시켜 초코드화하는 보조적인 공차원을 거부한다. 다양체의 내재적 차원들 외에 다시 채워야 할, 점유해야 할 차원은 존재하지 않는다. 다른 차원들 위에 솟아올라 그것들을 메타적으로 조직하는 차원은 존재하지 않는다. 그래서 다양체는 평탄하다. 모든 다양체들을 다 합해놓아도(원칙적으로 불가능하지만, 들뢰즈/가타리의 '世界'는 소진 불가능한 세계, 베르그송적 의미에서 지속하는 세계이기에) 그 전체 역시 평탄하다. 만일 '메타적인' 차원이 존재한다면, 그것은 평탄한 다양체들이 구성되는 장인 혼효면일 뿐이다. 혼효면은 개념상 무한한 차원들로 구성되어갈 수 있는, 원칙상 모든 다양체들로 구성되어갈 수 있는 '面'이지만 그 또한 평탄한 것이다. 위로부터=초월적으로 초코드화하는 공차원은 거부된다.

한 다양체에게 혼효면은 '바깥'이다(잠재성으로서의 바깥, 여기에서는 실재로서의 잠재성이 아니라 선험적 조건/면으로서의 잠재성). 각 다양체들은 혼효면 위에서 생성해나간다. 다양체가 혼효면으로 향해 생성해가는 것은 탈주선을 통해서이다. 즉 다양체를 구성하는 선들의 어느 하나(또는 여럿)가 바깥으로, 혼효면으로 뻗어간다. 더 정확히 말해, 각 다양체가 혼효면 위에서 생성하고 있는 한 탈주선은 언제나 작동하고 있다. 이것이

---

45 상세한 내용에 대해서는 다음을 보라. Lawrence Sklar, *Space, Time, and Space-Time*, University of California Press, Berkeley, 1977, pp. 27ff. 그러나 가우스와 들뢰즈 사이의 이런 관계는 어디까지나 유비의 관계일 뿐이다. 우리는 베르그송을 따라 '질적 다양체'를 다루고 있다.

앞에서 탈주선이 일차적이라고 했던 이유이다. 차라리 탈주선들을 안정시킴으로써 '하나의' 배치가 성립한다고 해야 할 것이다.

탈기표(작용)적 도약의 원리　　　　조직화, 기표화, 주체화는 층화의 세 양태이다. 조직화는 자연의 층위에서, 기표화와 주체화는 사회와 역사의 층위에서 성립한다. 주체는 "주체화의 점"(MP, 161/249 이하)에 들러붙어 있으며, 주체화는 의식의 차원에서 성립한다. 반면 기표화는 우리의 "영혼에 들러붙어 있다."(MP, 198/307) 그것은 무의식의 층위에서 성립한다. 기표화가 훨씬 강고하게 작동하는 것은 이 때문이다.[46]

절편성의 선들은 우리의 삶을 층화하고, 영토화한다. 조직하고, 기표화하고, 주체화한다. 그러나 모든 층화는 리좀 위에서 성립한다. 층화는 리좀을 응고시킴으로써 일정한 조직화, 기표화, 주체화를 가져온다. 그러나 어떤 층화도 리좀을 절대적으로 응고시키지는 못한다. 동일성의 섬들은 차이 ─ 더 정확히 말해 차이생성(들뢰즈/가타리에게 차이는 항상 차이생성이다. 일반적인 의미에서의 '차이'는 '차이생성'의 현실적 결과일 뿐이다) ─ 의 바다 위에서 구성되고 해체된다. 동일성들은 '진화'한다. 그래서 모든 층화 안에는 또한 탈주선이 '언제나 이미' 작동하고 있다. 절편성의 선들과 탈주선들은 서로를 참조하면서 작동한다. 새로운 삶의 창조는 리좀 위에서 가능하다. 탈기표화하는 삶.

---

[46] 주체화는 일단 이미 존재하는 구조=기표체계에 입각해 이루어진다(예속주체화, 상징계에서의 욕망). '구조주의 사유 양식'이란 이렇게 기표화가 내포하는 특권을 이론화한 것이라고도 할 수 있겠다(기능주의에서 구조주의로, 주체철학에서 구조주의로). 어떤 맥락에서는 기표화가 조직화(에 대한 파악)에까지 스며든다. 일정한 기표체계를 자연/사물에 투사해서 정돈하려는 '분류에의 욕망'이 대표적이다.

그러나 리좀으로 향했다고 해서 창조적 삶이 가능한 것은 아니다. 창조적 삶은 리좀으로의 이행 위에서 성립하지만, 리좀으로의 이행이 창조적 삶을 보장하지는 않는다. 리좀만을 강조하는 사고는 우리에게 막연한 해체 이외에 아무것도 주는 것이 없다. 해체와 재구성은 항상 동전의 양면을 이룰 때 각각 의미를 가진다("pars destruens, pars construens"). 게다가 언제라도 하나의 記標(중심기표)에 권력을 재부여하는 (사회)구성들, 하나의 주체를 재구성하는 빈위(화)들(attributions)—빈위들의 귀속(술어화)을 통한 주체의 정립('x is ~')—이 도래한다. 몰적 존재 방식과 분자적 존재 방식은 한 사태의 두 얼굴이다. 그것들은 상관적 정도의 두 얼굴인 것이다. 분자들은 언제라도 좀더 몰적인 방향으로 향할 수 있다. 들뢰즈/가타리는 이런 경향성을 결정화(結晶化)의 잠재성을 내포하는 '미시파시즘'으로 개념화한다. 그러나 파시즘은 집합론적 몰화보다는 차라리 유체역학적 몰화를 보여준다. 층화/리좀화에 대한 가치론적 판단이 구체적인 맥락들에서만 성립하는 것은 이 때문이다.

　　'기표' 개념은 좀더 넓은 맥락에서 사용될 수 있다. 그래서 들뢰즈/가타리는 자연계에서의 '탈기표(작용)적 도약'[47]의 예를 들고 있다. 생명계의 기표(작용)적 이해는 종을 고정시키는 모든 형태의 사유들에서 등장한다. 들뢰즈/가타리는 양란과 말벌에 대한 이야기를 통해서 자연계의 리좀적 운동을 드러낸다. 양란과 말벌이 모방 관계에 있는 것은 아니다. 모방이란 동일자의 고정을 전제한다. 양란과 말벌은 모방이 아닌 '되기'

---

47 'rupture'의 번역어로는 '단절'보다는 '도약'이 나을 듯하다. 즉 'rupture'는 기표들의 차이의 체계를 벗어나는 도약을 뜻하며, "도약선"(MP, 632/964) 역시 이런 맥락에서 이해되어야 한다. 들뢰즈에게 선들은 연속적 변이를 겪으면서 강도의 연속체 '위'를 움직이는 것들이기 때문이다.

의 관계에 놓인다. 양란의 말벌-되기와 말벌의 양란-되기. 그것은 한 층의 존재가 다른 층의 존재를 모방하는 것이 아니라, 층과 층의 경계가 무너지면서 탈기표적 도약을 발생시키는 것이다. 여기에서 작동하는 것은 "코드의 포획[탈코드화], 코드의 잉여가치, 원자가의 증가[접속 가능한 특이점들의 증가], [단순한 모방이 아닌] 진정한 되기"(MP, 17/25)인 것이다. 들뢰즈/가타리가 우주적 드라마로서의 진화, 단계들을 이루는 진화, 일자의 분화나 일자에로의 회귀로서의 진화, 또는 피에르 테야르 드 샤르댕식의 진화 등과 같은 온갖 형태의 진화-드라마를 비판하는 것은 이 때문이다.[48] 이들의 '진화'는 '비평행적 진화'(레미 쇼뱅)로서 '창조적 절화'(折化=involution)[49]를 통한 '진화'일 뿐이다. 거기에는 어떤 '프로'그람도 없다. 단지 '디아'그람만이 있을 뿐이다. 리좀이 (생물학적) 계보학을 대체한다.

비평행적 진화는 세계와 책 사이에서도 성립한다. 즉 언표적 배치와 기계적 배치 사이에서도 성립한다. 언표적 배치로서의 책이 기계적 배치로서의 세계를 모방한다는 생각, 재현/표상한다는 생각은 오랫동안 사람들의 뇌리를 지배해왔다. 세계의 거울로서의 책. 이때 언어는 '정보'의 역할을 충실히 수행하며, 책은 세계를 서투르게 모방한 그림이 된다. 그러

---

48 나카무라 게이코는 생명을 어디까지나 '역사적 존재'로 보면서도, '進化'라는 번역어는 목적론적이고 인간중심적인 뉘앙스를 띠고 있으며 차라리 '天演'(이나 '演化')이라는 원래 번역어가 낫다고까지 말한다.(中村桂子, 『自己創出せる生命』, 哲學書房, 1993, 134쪽 이하) 들뢰즈/가타리식의 비판 외에, 낭만적 진화론을 비판해야 하는 또 하나의 중요한 이유는 정치적 맥락에서 나타난다. 많은 낭만적 진화론/ '생명철학'이 파시즘을 비롯한 악성 정치체제의 '철학적 근거'가 되곤 했기 때문이다.
49 'involution'은 '퇴화'나 '역행'과는 전혀 다른 개념이다. 그것은 생명 세계에서의 자연발생적 가로지르기를 뜻한다. 루크레티우스에게서의 '클리나멘'(clinamen)과 통하는 개념이라 할 수 있다.

나 기계적 배치와 언표적 배치는 추상기계의 디아그람적 운동을 통해 일정하게 얽히고 또 함께 맞물려 변해간다. 푸코는 『광기의 역사』, 『감시와 처벌』을 비롯한 자신의 여러 책들에서 이 점을 분명하게 보여주었다. 또 그의 책들 자체가 세계와 비평행적 진화를 겪으면서 세계를 변화시켜왔다. 세계의 책-되기, 책의 세계-되기. 세계는 책을 모방/재현/표상하는 것이 아니다. 책은 세계가 되어야 한다. 그리고 책의 역능이 높을 경우 세계 또한 책이 된다. 이때 책은 기표화의 틀을 넘어서 탈기표적 도약을 행한다. 도약은 같은 계열에서의 멀리 뜀이 아니다. 극히 가까이 있으면서도 메우기 힘든 거리, 탈기표적 도약은 기표화의 틀을 깨고서 그런 질적 거리를 뛰어넘는다. 그럴 때 창조적 절화가 이루어진다.

카르토그라피와 데칼코마니의 원리　　　재현의 사유는 트레이싱〔複寫〕을 실천한다. 트레이싱은 '발생 축'이나 '심층 구조'에서 출발해 수행되는 가지치기(수목형에 입각한 분할법)를 계속 반복해나간다. 이후의 가지치기는 이전 가지치기의 트레이싱이다. 수목형의 가지들은 발생 축 또는 심층 구조에서의 분할을 계속 재현해나간다. 발생 축 또는 심층 구조는 이러한 재현들을 위계적으로 조직해주는 중심의 역할을 맡는다. "모든 수목형 논리는 트레이싱과 재생산〔복제〕의 논리이다." 여기에서는 초코드화하는 구조 또는 전체를 관류하는 축이 작동하고 있다. 들뢰즈/가타리는 현대의 언어학이나 정신분석학 등 인간과학(구조주의 인간과학) 일반이 이런 트레이싱의 논리에 사로잡혀 있다고 진단한다.

　　트레이싱은 재현이다. 그것은 원본의 표상 행위에 입각해 빈곤한 반복을 계속한다. 그것은 복사물의 풍부함과 복사 틀의 빈약함을 동시에 드러낸다. 카르토그라피는 재현/표상이 아니다. 그것은 (칸트적 의식철학에서 말하는) 상상적 표상도 (전기 비트겐슈타인의 진리론에서 말하는) 상징적 표상도 아니다. 카르토그라피는 실재적 실험이다. 카르토그라피는 신체적(넓은 의미) 실험이며, 새로운 강도적 배치를 창조해내는 실험이다. 카르토그라피는 탈기관체/혼효면을 향해 운동하며 **특이점들 및 강도들**의 새로운 지도를 작성한다. 양란과 말벌은 생명의 새로운 '진화'를 보여준다. 특이점들과 강도들의 새로운 지도를 보여주는 것이다. 카르토그라피에는 여러 입구들이 있다. 원본이라는 단 하나의 입구를 가진 트레이싱과는 달리, 카르토그라피는 중간에서 시작하며 숱한 입구들을 가진다. 트레이싱이 욕망을 층화한다면(통합과 총체화, 군중으로 몰아가기, 재현적=모방적 메커니즘들, 기표화하는 권력의 포획, 예속적 주체화), 카르토그라피는 층화된 욕망을 벗어나 움직인다. "욕망은 늘 리좀을 통해서 움직이고 생산한다. 〔……〕 리좀은 바깥을 향한, 생산적인 추진력으로 욕망 위에서 작동한다."(MP, 22/33)

그래서 "역방향의 그러나 대칭적이지는 않은" 작업의 시도 즉 데칼코마니의 시도가 중요하다. 트레이싱은 중심축을 세워 리좀을 층화시키려 한다. 그래서 층화된 존재들을 리좀 쪽으로 가져가는 노력을 중단 없이 계속해야 한다. 두 작업은 역방향이지만 대칭적이지는 않다('involution'). 층화의 방향과 탈-기관들의 방향은 비대칭적이다. 리좀과 수목형은 **대립의 관계**를 형성하지 **않는다**. 수목형은 리좀이 응고되어 형성될 수 있는 경우이다. 수목형의 동일성은 리좀의 차생(차이생성)의 한 결로서 성립한다. 동일성과 차이는 '대립'하지 않는다. 물론 동일성이 '부정'되는 것도 아니다('부정'에 대한 들뢰즈의 줄기찬 비판을 상기해보라). 동일성은 차생 위에서 성립하며, 차생의 한 결로서 성립한다. 거듭 말한다면, 들뢰즈/가타리의 사유는 동일성을 부정하기는커녕 그것을 적극적으로 설명하려는 사유이다. 차이와 대립하는 동일성이 아니라 차이의 운동 위에서 성립하는 동일성을. 차생과 동일성은 비대칭적 데칼코마니를 형성한다.

이제 리좀의 사유가 현대 사상 및 문화 일반에 던지는 함축이란 과연 무엇인가, 리좀을 가지고서 무엇을 할 것인가를 생각해볼 차례이다.

다양체의 생명과학　　　　리좀의 우발성의 존재론은 '창조적 절화' 개념에 분명하게 나타나 있다. 창조적 절화는 다양체를 만들어내고 변화시키고 해체시키기도 한다. 이렇게 파악된 자연상은 기계론과도 목적론과도 다르다(이미 베르그송은 기계론과 목적론이 일종의 거울상임을 증명한 바 있다). 창조적 절화에 입각한 리좀의 자연철학은 뇌 연구의 중요한 존재론적 정초가 될 수 있다. 뇌의 구성 요소들은 '불안정 신경계'라는 잠재면/혼효면(이 경우 신경교〔神經膠〕) 위에서 다양체로서 존재한다. "많은 사람들의 머릿속에는 나무들이 심어져 있지만, 뇌 자체는 나무라기보다는 풀이다."(MP, 24/36) 그러나 뇌에 대한 언급은 신중해야 한다. 리좀을 일종의 카오스 같은 것으로 상상할 때, 아무런 규정도 없는 마구잡이식의 접속 과정으로 생각할 때 들뢰즈/가타리에 대한 전형적인 오해가 생겨나기 때문이다. 이럴 경우 이들에게 훨씬 중요한 개념들인 배치, 다양체의 의미가 퇴색되고, 따라서 추상기계의 역할 또한 사라져버리기에 이른다. 리좀은 배치에 역동성을 부여하는 개념이다. 그러나 배치가 전제되지 않는다면 리좀은 아무것도 아니다.

탈기표화-탈(예속)주체화의 정치   자연에서의 탈-유기화에 사

회에서의 탈-기표화와 탈-(예속)주체화가 호응한다. 탈기관의 운동은

신체, 무의식, 의식 세 층위에 걸쳐 동시에 성립한다. 탈기표화가 기호체

제로부터의 탈주, 상징계로부터의 일탈이라면, 탈주체화는 이데올로기적

국가장치들과 훈육적 권력장치들로부터의 탈주이다. 이 대목에서 들뢰즈/

가타리는 라캉, 알튀세, 푸코 등에 의해 이루어진 후기구조주의적 실천철

학의 전반적 흐름과 공명한다.[50] 모든 것이 기표화되고 그 기표계가 무의

식을 구조화하고 있을 뿐 아니라 각종의 국가장치들, 권력장치들을 통해

서 예속적 주체화가 이루어지는 현실, 들뢰즈/가타리는 이런 현실에 저

항하는 현대 실천철학의 흐름에 합류한다(그러나 기표화와 주체화는 뗄

수 없이 연결되어 있으며, 그 경계 또한 불확실하다. 두 층화가 항상 함께 다

루어지는 이유). 2장에서 우리는 다양체의 생명철학과 탈기표-탈(예속)

주체의 사회철학을 다룰 것이다.

유목론(노마돌로지)과 새로운 역사   탈기표적이고 탈(예속)주체

적인 사회철학을 보완해주는 작업으로서 유목론으로서의 역사학이 요청

된다. 들뢰즈/가타리는 세계사가 국가장치의 이름으로 쓰여왔다고 진단

한다. 사실 우리는 더 단적으로 말해야 할 것이다. '역사'라는 것 자체가

---

50 라캉과의 공명은 의아할지도 모르겠다. 그러나 들뢰즈/가타리가 라캉에게 퍼부은 다소 일방적인
비난들은 사실상 '중기 라캉'에 대한 비난들이라 해야 할 것이다. 선배의 말년의 사유는 후배들의
눈을 종종 비켜가거니와, 라캉 말년의 사유는 이들에게 잘 이해되어 있지 않다. 그래서 라캉의 '실
재계'의 사유(대상-a의 사유)와 들뢰즈/가타리의 욕망의 사유─이들의 욕망은 라캉의 욕망이 아
니라 오히려 향유에 상응한다는 점에 주의하자─가 크게 공명하는 것에 놀랄 필요는 없을 것이다.
그러나 더 중요한 것은 두 사유가 찾아낸 'le réel'이 어떻게 다른가를 세심하게 밝혀내는 일일 것
이다. 이 점에 관련해 지젝의 『기관들 없는 신체』는 이해보다는 오해를 더 많이 가져다준다.

국가장치의 산물이라고. 국가장치가 존재하지 않았다면 '역사'의 기록을 누가 절실하게 필요로 했겠는가. 동북아에서의 '사'(史)의 위상을 생각해 보라. 유목민들의 삶은 정주적 국가들의 눈에 비친 모습으로서만 전해져 내려온다.[51] 철학의 역사 역시 "로고스, 철인−치자(治者), 이데아의 초월성, 개념의 내부성, 정신들의 공화국, 이성의 법정, 사유의 공무원들, 입법가이자 주체인 인간"(MP, 36/53)의 역사였다. 이들은 이제 유목론=노마돌로지의 역사를 쓰고자 한다. 그러나 이들의 유목론적 역사는 좁은 의미에서의 역사학이 아니라 실제 유목민들의 역사, 유목적 삶의 양태들의 역사, 유목적 글쓰기의 역사, 유목적 과학, 유목적 철학 등의 역사를 비롯해 좀더 일반적 의미에서의 역사라는 사실을 잊지 말자. 이들의 유목론=노마돌로지는 국가장치적 삶의 양태에 대비되는 모든 형태의 노마드들의 역사이다. 이 맥락을 정확히 짚지 못할 때 우스꽝스러운 패러디들이 등장하게 된다.

내재성의 철학지리(哲學地理)　　　　철학의 역사는 철학의 지리와 얽혀 있다. 유라시아의 세 곳에서, 지리적 복수성에서 시작한 철학. 13세기에 이르러 인도 전통은 한계에 도달했고 철학사의 저편으로 밀어져 갔다. 19세기까지 이어지던 동북아 철학 전통 역시 19세기 말에 이르러 한계에 달했다. 두 지역의 전통은 철학사 연구의 대상으로서만 남아 있다. 오늘날 살아서 움직이고 있는 철학들은 서구의 철학들이거나 그로부터 유래한, 적어도 영향 받은 철학들이다. 그러나 오늘날 비서구 지역들은 서구

---

51 예컨대 다음을 보라. 니콜라 디코스모, 『오랑캐의 탄생』, 이재정 옮김, 황금가지, 2005.

철학의 사유들을 몇 세기 이상 습득해왔고, 이제 이런 일방적인 '전수'의 흐름에 조금씩 변화가 오고 있는 것은 분명하다. 21세기에도 철학은 마르크스와 니체 이래의 서구 철학을 자양분으로 할 것이다. 그러나 이제 그 지리적 양상은 현저하게 달라지고 있다. 이제 '세계철학사'와 '세계철학'을 논할 때가 온 것이 아닐까. 그리고 우리가 '철학지리'를 논할 수 있다면, 이것은 우리의 시대가 '세계'철학(사)의 지평에 도달했다는 것을 전제한다.

철학의 지리적 분포, 다양한 철학 문화들의 비교, 한 문화가 함축하는 철학적 성격 등을 파악하는 것을 '철학지리'라 부를 수 있다. 철학지리에 대한 일정한 입장은 일정한 철학적 입장을 전제한다. 들뢰즈/가타리의 철학지리는 내재성의 철학지리이다. '유럽 특유의 질병인 초월성'으로부터의 탈주. 이들의 철학지리는 유럽적 초월성으로부터 내재성의 사유로 탈주선을 그린다. 그것은 곧 '오리엔트'로의 탈주이다. 그러나 어떤 '오리엔트'인가? 유라시아 대륙의 서쪽 끝에 놓인 서구에게 '오리엔트'의 외연은 계속 넓어져 갔고 그때마다 이질적 타자들이 등질화되곤 했다. 들뢰즈/가타리에게서도 '오리엔트' 개념의 이런 모호성은 극복되지 못하고 있다. '오리엔트'에 대한 이들의 그릇된 이해─예컨대 이미 다각도로 논박된 (마르크스의 '아시아적 생산양식'에 근거한) 카를 비트포겔의 '관개 가설'을 "결코 논박되지 않은 것"으로 보는 것─보다 더 본질적인 것은 '오리엔트'에서 내재성의 철학을 찾는 이들의 시선이다. 서구 철학이 초월성의 형이상학을 발달시켜 온 것은 사실이다. 그러나 '오리엔트' 개념이 분명해지지 않는다면 '오리엔트'에서 내재성을 찾으려는 것은 막연한 동경에 불과하며, 그러한 시선 자체가 (얼핏 '동양'을 동경하는 것 같지만)

사실상 또 하나의 이항 대립적 도식화에 불과한 것이기 때문이다.[52] 게다가 이들은 또한 '오리엔트'를 형상(形狀)에, 유럽을 개념에 상응시킴으로써 유럽중심주의의 강한 잔영을 보여주기도 한다. 중요한 것은 유라시아 대륙, 나아가 세계 전체의 '보편성'과 각 문화의 특이성을 놓고서 사유하는 것, (들뢰즈가 『차이와 반복』에서 설파했듯이) 일반성–특수성 사고를 보편성–특이성 사고로 전환시키는 것이리라. 존재의 일의성과 순수 차이에 대한 사유는 철학지리에 대해서도 일관되게 적용되어야 한다.

'오리엔트'에 대한 모호한 인식과 유럽중심주의의 잔영이라는 문제점에도 불구하고, 이들이 '철학지리'라는 흥미로운 테마를 제시한 것은 사실이다. 이 발상은 '세계철학사'의 서술과 '세계철학'의 전개에 지속적으로 중요한 시사를 던질 것이다.

배치의 카르토그라피　　　『천의 고원』이 행하고자 하는 작업을 다소 무리하게 한마디로 압축한다면 결국 '배치의 카르토그라피'를 그리는 작업이다. 기계들의 장과 언표들의 장은 배치–장(=다양체)을 이룬다. 그러나 현실적 배치들/다양체들은 잠재적인 탈기관체/혼효면 위에서 마름질되며, 이 혼효면 위에서 변해간다. 이 변화는 배치들/다양체들이 그 위에 군림하는 초월적 코드에 의해서 수목형으로 조직되기보다는 그것들의

---

52 미국을 '동양'과 '서양'의 매개로 본 것도 어색하다. 이들에 따르면, 미국의 동부는 유럽의 재현이며 수목형 사유에로의 회귀인 반면 서부는 리좀적이다. 이것은 토착 문화의 영향(예컨대 1960년대 추상표현주의에 끼친 인디언, 멕시코 등의 '영적인' 문화)을 생각해볼 때 이해되지만, 이 문화를 '오리엔트'라 할 때 다시 혼란은 증폭된다. 들뢰즈/가타리가 정확히 보고 있는 것은 미국을 수목형에서 리좀까지 모든 것이 모이는 곳으로 본 점일 것이다. 그러나 이 잡종 국가의 철학이 동일자적 성격이 가장 강한 '분석철학'이라는 점은 또 어떻게 이해해야 할까. 이 또한 철학지리의 흥미로운 주제일 것이다.

잠재성인 혼효면 위에서, 즉 특이성들과 강도들이 운동하는 전개체적-비인칭적 장 위에서 새롭게 구축되어감을 함축한다. 따라서 배치는 초월적 기표체계에 따라 존재하지 않으며, 그것에 끝없이 새로운 운동성을 주는 잠재성 위에서 변해간다(현실성은 잠재성의 한 얼굴이다. 현실성과 잠재성 사이에 날카로운 분할은 없다. 모든 것은 '內在面'에서 이루어진다). 결국 문제가 되는 것은 시원을 재현하는 트레이싱이 아니라 특이성들과 강도들로 이루어진 잠재성의 새로운 분포가 빚어내는 배치들/다양체들의 카르토그라피이다. 『천의 고원』 전체는 바로 이 배치의 카르토그라피들을 그리고 있다.

2장
기호체제와 탈주선

1 내용과 표현

2 기호체제들

3 탈주선 긋기

리좀은 들뢰즈/가타리의 논리학이다. 그것은 사유의 추상적 구도에 불과하다. 그 구도에 자의적으로 상상한 실재를 대입할 때, 가치론적 이분법을 함부로 부과할 때, 그것의 전체적 구도―층화의 방향과 탈기관화의 방향, 그리고 그 사이에서 움직이는 배치, 다양체, 추상기계―에 주목하기보다 어느 한쪽에 치우쳐 이해할 때, 그것을 개념의 수준에서 인식하기보다 이미지/인상의 수준에서 상상할 때, 다양한 형태의 오해들이 등장하게 된다는 점을 염두에 둘 필요가 있다. 논리학/존재론은 추상적-개념적 체계일 뿐이다. 그것 자체로서는 진리치를 가지지 않는다. 구체적인 내용에, 특정한 문맥에, 일정한 상황에 활용되었을 때, 그것의 의미와 가치도 규정된다. 논리학/존재론에 대입될 수 있는 다양한 경우들을 변별해서 사유하기보다 그중 가능한 한 경우를 자의적으로 대입할 때, 그것에 대한 빗나간 희화화가 발생하게 된다. 리좀의 논리학/존재론은 그것 자체로서 의미와 진리를 가지는 것이 아니다. 오로지 그것이 활용되는 각각의 맥락에서 비로소 의미를 가지는 것이며, 그것의 활용이 가져오는 이론적-실천적 효력을 통해서만 진리치를 가질 수 있을 뿐이다. 이제 우리는 다양체론의 구체적인 맥락으로 옮겨 간다.

자연에 있어 그리고 문화에 있어 배치들, 다양체들, 추상기계들에는 어떤 것들이 있는가. 이것들이 한편으로 층화되고 다른 한편으로 탈기관화되는 운동의 방식들에는 어떤 것들이 있는가. 그러한 운동이 빚어내는 긍정적 또는 부정적 효과들은 무엇인가. 긍정적 방향의 운동을 추구하기 위해서는 어떤 시도들이 필요한가. 이제 우리가 다루어야 할 문제들은 이런 것들이다. 윤리학(스피노자의 '에티카'. 우리의 '윤리학'은 언제나 '에티카'이다)을 목표로 하는 여기에서 우리는 기호체제와 탈주선을 중심으로 논의를 진행할 것이다. 그러나 본격적인 논의로 들어가기 전에 들뢰즈/가타리의 자연철학을 개략적으로나마 그려보는 것이 좋을 듯하다. 이들에게서 동물, 인간, 기계는 어떤 존재인가를 이해하는 것이 이들의 사회 – 역사철학을 이해하는 데에도 적지 않은 도움을 주기 때문이다.

1

내용과 표현

층화의 세 방식으로서 유기화=조직화, 기표화, (예속)주체화가 있음을 언급했다. 소수자 윤리학으로 나아가기 위해 우선 기표화와 주체화에 대한 선행적인 탐구가 요청된다. 이 층화들과 그로부터의 탈주선 긋기가 어떤 구도를 형성하는지를 봄으로써, 소수자 윤리학을 위한 논의 구도가 형성될 수 있기 때문이다. 그러나 기표화와 주체화를 다루기 전에, 우선 좀더 근본적인 층화인 유기화=조직화를 다룬다. 그리고 3장에서 우리는 이 층화의 극복으로서 '동물-되기'를 다룰 것이다.

현대의 '자연철학'이란 자연과학적 성과들의 창조적인 종합을 지향한다. 그러나 자연철학 자체도 여러 층위를 형성한다. 모든 지식들의 종합으로서의 '그' 자연철학은 하나의 이상으로서만 존재한다. 들뢰즈/가타리는 논의의 공간적 범위를 지구에 맞추고 있고, 대상의 범위를 생명계에 맞추고 있다. 그러나 더 본질적인 것으로, 자연에 대한 철학자들의 관심이 대체적으로 그러하듯이 들뢰즈/가타리의 자연철학 역시 '에티카'의 한 측면으로서 성립한다. 이 점을 놓칠 경우 우리의 독해는 방향을 잘못 잡을 수도 있다. 그러면 이들이 생각하는 지구는 어떤 것인가. "地球/大地는 [……] 하나의 탈기관체이다. 이 탈기관체를 관류했던 것은 한정되지 않은 불안정한 물질들, 모든 방향으로 흐르는 와류(flux), 자유로운 강도들 또는 유목적 특이성들, 들뜬 또는 일시적인 입자들이었다."(MP, 53~54/85)**53** 지구는 그 '위'에서 산과 강, 생명체들을 비롯해 무수히 다양한 기관들이 형성·변형·해체·반복되는 탈기관체이다. 지구가 층화되어 기관들이 발생하기 이전에 거기에는 'peras'(한계)를 부여받지 못한, 언제라도 갑작스럽게 에너지 변환을 일으킬 수 있는 물질들, 일정한 방향으로 영토화되지 못한 와류, 에너지 안정을 이루지 못하고 들뜬 또는 (뉴트리노처럼) 일시적으로 형성되었다가 해체되어버리는 입자들이, 그리고 '자유로운 강도들'과 '유목적 특이성들'이 떠올랐다.

시간이 지나면서 지구는 층화되었다(되고는 해왔다).**54** 층화되었다는 것은 무엇을 뜻하는가? 분절, 분절된 세계의 도래를 뜻한다. 파르메니데스의 일자로부터 '다'(多)를 구제하려 했던 플라톤의 노력을 상기하자.(『소피스테스』) 그러나 우리는 시간 속에서 실제 발생했던 분절을 다루고 있

---

53 이 구절의 동사는 'était' 즉 반과거이다. 이 구절을 한글 번역본에서처럼 현재로 번역할 경우, 과거 상태에 대한 들뢰즈/가타리의 묘사를 현재 상태에 대한 서술로 바꾸어버리는 것이 된다. 이 구절은 지구의 과거 상태, 생명체 탄생 이전의 상태를 묘사하고 있는 구절이다. 이것을 현재로 바꾸어버릴 경우, 들뢰즈 존재론에 대한 가장 기본적인 오류, 즉 그것을 배치, 다양체, 추상기계의 사유가 아니라 막연한 생성, 아무 규정도 없는 흐름, 아무 얼굴도 없는 '열림의 철학'으로만 이해하는 오류를 유발하게 된다.

54 이 구절 역시 한글 번역본에서처럼 현재형으로 번역할 경우 큰 오해를 유발한다. 이 구절 역시 세계에 대한 일반적 서술이 아니라 **실제 지구의 역사**에 대해 말하고 있다.

다. 자연의 마디들, 지도리들, 경계선들. 층화를 통해서 "불안정한 물질들"은 형식을 부여받아 개체화되고, "와류"는 일정한 방향을 취하게 되어 흐름들(강, 산맥 등등)이 되며, "들뜬 또는 일시적인" 입자들은 응결되어 몰적인 집합체들로 화한다. 아울러 강도들과 특이성들은 공명과 잉여[55]의 체계들 속에 고정된다. 이로써 '다'(多)의 세계가 도래했다. 여기에서 들뢰즈/가타리는 들뢰즈가 『차이와 반복』에서 공들여 탐색했던 개체화의 문제를 지구과학 차원에서 그리고 좀더 넓은 맥락에서(집합적 개체들의 차원까지 포함해) 재론하고 있음을 확인할 수 있다. 들뢰즈/가타리가 우선적으로 주목하는 것은 거대한 분절의 문제이다. 층화의 문제.

지층 형성의 표면은 두 지층 사이의 좀더 복잡한 혼효면이다. 각각의 층은 안정되어 있다. 변화가 일어나는 곳은 각 층들의 가장자리이다(사회의 경우도 마찬가지일 것이다). 각각의 층 가장자리는 기계적 배치, 다양체가 된다. 즉 탈영토화/재영토화가 반복되는 곳이 된다. 두 지층 사이의 이 배치가 안정되어 굳어지면 두 지층 사이의 또 하나의 지층, 즉 '사이지층'이 된다. 그러나 운동성이 증가되어 탈기관체/혼효면을 향할 경우 이 기계적 배치는 들뜬 상태가 되어 '준안정—지층'이 된다.[56] 이 상태는 어느 한 층으로 안정되지 못하고 두 층의 요소들(원소들)이 섞여 운동하는 '복잡한' 상태이다(당연히 이 표현은 카오스 이론/복잡계 이론을 염두에

---

55 '공명'(résonance)과 '잉여'(redondance)는 잠재성 차원에 점선으로 그려져 있던 존재들(이-것들)이 현실적 존재들, 경험 세계 속의 사물들로 화할 수 있도록 해주는 두 메커니즘이다. 점선으로 불안정하게 존재하던, 즉 **차이의 흔들림**이 고정되지 않고 유동적으로 지속되던 특이성들과 강도들이 공명하거나 잉여적으로 중첩됨으로써(차이의 흔들림이 제거됨으로써) 현실적 존재들이 도래한다.

56 'métastrate'의 'méta'를 '위'로 번역해서는 곤란하다. 'métastable'에서의 'méta'와 같은 뜻이다. 에너지가 안정되지 못해 들뜬 상태를 뜻한다.

둔 표현이다). 분절은 늘 복잡하다. 즉 두 층의 분절은 두 조각으로 분절된 당근처럼 매끄러운 표면을 형성하지 않는다. 두 층 사이, 분절의 공간은 늘 두껍고 복잡하다.

앞에서 기계적 배치가 내용을, 언표적 배치가 표현을 형성함을 말했다. 이것은 『천의 고원』 전반에 걸쳐 나타나는 구도이다. 그러나 자연철학의 맥락까지 포함시킨다면 내용과 표현은 좀더 복잡한 양상을 띤다. 기계적 차원 자체 내에서도 내용과 표현의 구분은 가능하기 때문이다. 브라이언 마수미는 책상을 만드는 목수의 예를 들고 있거니와,[57] 이 경우 나무가 내용을 형성한다면 목수는 표현을 형성한다. 이 경우는 물리-화학적 층이 내용을 형성하고 유기적 층이 표현을 형성하는 경우이다. 그러나 물리-화학적 층 자체 내에서도 내용과 표현을 말할 수 있고, 또 유기층 자체 내에서도 마찬가지이다. 결국 기계적 배치(내용)와 언표적 배치(표현)의 관계를 논하는 맥락, 기계적 배치 내에서 물리-화학적 층(내용)과 유기적 층(표현)의 관계를 논하는 맥락, 두 층 각각에서의 내용과 표현을 논하는 맥락 등 다양한 맥락들이 존재한다.

들뢰즈/가타리에게 내용과 표현은 두 층, 두 배치/다양체, 때로는 두 기계 사이의 관계를 파악하는 데 핵심적이다. 내용과 표현은 실재적으로 구분된다. 그럼에도 밀접한 관계('비관계의 관계')를 맺는다. 이것은 질료-형상적 관계와는 전혀 다른 관계이다. 질료-형상적 관계는 내용과 표현 각각에게서 성립한다. 내용의 실체(질료)와 형식(형상), 그리고 표

57 Brian Massumi, *Ibid*, pp. 10ff.

현의 실체와 형식. 내용과 표현이 **실재적으로** 구분된다면, 실체와 형식은 **형식적으로** 구분된다. 두 구분은 분명히 구분되어야 한다.[58]

들뢰즈/가타리는 자연에서 이중 분절을 읽어낸다. 내용과 표현은 실재적으로 구분되지만 서로 관계 맺는다. 각각은 형식적으로만 구분되는 실체와 형식으로 구성된다. 이러한 이중 분절은 다양한 층위에서 성립한다. 1) 가장 기초적인 층위는 **물리-화학적 층**이다. 첫번째 분절: 불안정한 입자들의 흐름이 분자적 단위들 즉 준안정적인 분자들로 구성되며(실체들) 이 과정은 결합과 계기(繼起)의 통계적 질서에 따라 이루어진다(형식들). 두번째 분절: 몰적 복합체들이 구성되며 이 과정은 안정된, 복잡한, 기능적인/수학적인 구조들에 따라 이루어진다. 첫번째 분절이 내용을, 두번째 분절이 표현을 형성한다. 2) 그 후 **지질학적 층**이 이어진다. 첫번째 분절: '침전작용'. 두번째 분절: '습곡작용'. 여기에서도 마찬가지로 첫번째 분절에서는 통계적 질서에 따라 (지질학적 맥락에서의) 물질들이 집적되고, 두번째 분절에서는 안정된 기능적인/수학적인 구조에 따라 침전물이 암석들로 화한다.

층들은 내용과 표현을 형성한다는 것, 내용과 표현 각각은 실체와 형식의 측면을 가진다는 것, 이것이 들뢰즈/가타리 사유의 기본 구도이다. 우리에게 익숙한 예를 생각해보자. 감옥, 재판소 같은 건물들, 판검사, 변

---

58 들뢰즈/가타리에게서 'substance'가 전통 철학에서 이야기해온 '실체'를 가리키지 않는다는 점에 조심할 필요가 있다. 이들에게 'substance'는 물질이다('chemical substance'를 '화학물질'로 번역하는 것을 상기하자). 그러나 '물질'이라는 번역어도 유보하는 것이 좋다. 들뢰즈/가타리가 'matière'라는 말도 별도로 쓰고 있기 때문이다. 'matière'가 세계가 내용과 표현으로 분절되기 이전의 근본 실체(고전적 의미에서의 실체. 장횡거가 말하는 太虛와 비교된다)라면, 'substance'는 세계가 내용과 표현으로 분절된 후 그 각각에서의 질료를 뜻한다('질료'라는 번역이 가능하다. 질료는 형상과 짝을 이루는 개념이기 때문이다).

호사를 비롯한 사람들, 그 밖에 관련되는 숱한 사물들=기계들은 기계적 배치를 이룬다. 법학, 법의학, 사법 체계 등의 담론적 차원은 언표적 배치를 이룬다. 이 두 배치는 실재적으로 구분된다. 그럼에도 뗄 수 없는 관계를 맺는다. 그러나 내용과 표현은 각각의 실체와 형식을 가진다. 감옥은 그것의 실체(벽돌, 창살 등)와 형식(건축 양식, 공간 배치 등)을 가지며, 법학은 그것의 실체(책, 말 등)와 형식(법학의 내용 자체)을 가진다. 내용과 표현이 각각 변화하는 방식도 구분된다. 기계적 배치들은 영토화, 탈/재영토화를 겪고, 언표적 배치들은 코드화, 탈/재코드화를 겪는다.

들뢰즈/가타리는 지금의 맥락에서는 이 사유 구도를 물리-화학적 층 및 지질학적 층에까지 확대하고 있다(물론 물리-화학적 층에서 내용과 표현은 아직 충분히 분리되어 있지 않다. 둘은 납작 붙어 있다. 표현은 내용의 몰적 배치를 뜻할 뿐이다). 이들의 이런 시도가 물리적 환경의 이해에 얼마만큼 기여하고 있는지는 아직 미지수이다. 한 가지 분명한 것은 이 구도는 전통적인 질료형상설과는 판이한 구도라는 점이다. 그러나 이들이 물리-화학적 맥락을 그리 중요하게 여기는 것 같지는 않다. 이들이 "에너지 층, 물리-화학적 층, 지질학적 층의 방대한 다양성은 건너뛰고 유기적 층들로 가보자"(MP, 55/88)라고 말하기 때문이다. 이들은 '에티카'를 위한 자연철학을 시도하고 있으며, 따라서 물리적 환경은 그 자체로서는 심도 있게 다루어지지 않는다. 중요한 것은 우리의 신체와 직접 관련되는 차원인 생명의 차원, **유기적 층**이다.

생명계에서의 이중 분절은 여러 층위에서 확인된다. 생명체는 분절됨으로써 생명체가 된다. 물리-화학적 층은 분절―가장 상식적인 의미에서의 분절―을 통해서 생물학적 층위로 이행한다. 생명체의 '마디들'

이 형성된다. 이 마디들이 생명체들의 행동 양식을 일차적으로 규정한다. 우리의 손가락에 마디가 하나 더 있거나 하나 덜 있다면 어떤 일이 벌어질까? 우리 다리에 마디가 하나 더 있거나 하나 덜 있다면 어떤 일이 벌어질까? 그러나 생명체의 이런 표면적 형태들은 현상학적 관찰일 뿐이다. 본격적인 이중 분절은 세 층위에 걸쳐 확인된다. 1) **형태발생**의 층위.[59] 우선 우발적 관계들을 가진 분자적 유형의 요소들이 통계학적 질서에 따라 단백질 섬유, 그리고 그 연쇄 즉 절편성으로 형성된다(내용). 그리고 또한 이 섬유/연쇄/절편성이 구조적 안정성을 띠게 된다(표현). 이과정을 통해서 초코드화, 몰적 메커니즘의 조직화가 이루어진다. 지질학에서의 침전작용과 습곡작용에 유비적으로 섬유 형성과 접기(repliement)가 이루어진다. 2) **세포**의 층위. 이것은 '세포화학'이라 부를 수 있는 과정이다. 첫번째 단계에서는 생명체를 구성하는, 수적으로 제한된 화학물질들('CHNOPS' 및 다른 물질들)이 성립한다. 두번째 단계에서는 특히 탄소를 중심으로 중합반응이 성립하며 '고분자'가 등장하게 된다. 첫번째 단계가 내용을, 두번째 단계가 표현을 형성한다. 3) **유전자**의 층위. 단백질은 내용을 형성하고, 핵산 계열은 표현을 형성한다. 이 단계에 이르면 내용과 표현은 좀더 분명하게 실재적으로 구분되기 시작한다. 물리-화학적 층에서 표현은 단순히 내용의 결과를 형성하는 데 그친다(물체는 물질을 표현한다). 유전자 층위에 이르러, 이제 단백질 계열과 핵산 계열은 구분되는 두 층으로 분리되며 핵산 계열은 분명하게 '코드'의 역할을 하

---

59 여기에서 'morphogénèse'는 '형태변이=변신'이 아니라 문자 그대로의 의미에서 '형태라는 것의 출현/등장'을 뜻한다. 즉 지구상에서 생물학적 'morphé'라고 할 만한 존재의 최초의 등장, 달리 말해서 원초적 의미에서의 '조직화'의 등장을 뜻한다.

기에 이른다.

이상 물리-화학적 층, 지질학적 층, (그 자체 여러 층에 걸쳐 설명된) 유기적 층으로 나아가면서 내용과 표현의 복합적인 관계를 확인했다. 들뢰즈/가타리가 이런 설명을 통해서 제시하려는 생각은 무엇일까?

내용과 표현 개념은 특히 층과 층의 관계를 해명해준다. 그렇다면 층과 층의 관계는 정확히 어떤 것일까. 1) **실재적 구분**. 그러나 방금도 말했거니와, 이 실재적 구분이 완벽하게 단절된 구분은 아니다. 이들이 루이 옐름슬레우를 따라서 내용과 표현(과 이것들 각각의 실체와 형식) 외에 '물질'을 따로 언급하는 것은 이 때문이다. 물질 개념을 통해 이들은 층들이 완벽하게 단절되지 않았다는 점을 강조하는 것이고, '실재적 구분' 개념을 통해서는 각 층들이 서로 구분되어야 한다는 것을 강조하는 것이다. 이것은 각 층들 사이에 일방적인 인과관계를 부여하기를 거부하는 것을 뜻한다. 연속과 불연속을 함께 사유하기, 아울러 일방향적인 위계적 사유를 거부하기. 2) **상호 전제**. 내용과 표현은 실재적으로 구분됨에도 불구하고 서로를 전제한다. 기계적 배치와 언표적 배치 사이에서 이 점은 분명하다. 감옥, 재판소 등은 법학, 범죄학 등을 전제하고 그 역도 마찬가지이다. 병원은 의학을 전제하고 그 역도 마찬가지이다. 그러나 더 '물질적인' 차원이 더 근본적이라 해야 할 것이다. 병이 없는 의학은 상상할 수 없어도 의학 없는 병은 상상할 수 있기 때문이다. 아니 차라리 이렇게 말하자. 존재론적인 방향에서 보았을 때 표현보다 내용이 더 근본적이다. 문화보다 정신이, 정신보다 생명이, 생명보다 물질이 더 근본적이다. 그러나 사회적-실천적 방향에서 보았을 때는 거꾸로이다. 우리가 언어와 사유를 통해, 정치와 문화를 통해 사물들을 배치하고 변형해나가기에 말이다(『의미의 논리』에서는 전자의 방향이 두드러지고, 『천의 고원』에서는 후자의 방향이 두드러진다). 3) **일반화된 상대주의**. 이들이 내용과 표현, 실체와 형식의 구도를 통해 세계의 질서를 파악한다 해도 그 파악이 세계의 거대한 총체화도, 근대적인 결정론의 성격을 띤 인과화(因果化)도, 중세적인 거대 위계의 구축도 아니라는 점은 말할 필요도 없을 것이다. 층들의 구분, 내용과 표현 관계의 설정 등은 한편으로 객관적 발견들을 통해서 다른 한편으로 주관적 구성/정돈을 통해서 변해가는 것이며 무한히 복잡한 것이라는 점을 잊어서는 곤란할 것이다.

아리스토텔레스에서 질료와 형상은 모든 사물들에 공통으로 적용되는 개념들이다. 그리고 우주의 위계는 질료와 형상의 위계를 통해 성립한다. 이와 달리 들뢰즈/가타리에게 내용과 표현의 구분은 실체와 형식의 구분보다 더 근원적이다. 더구나 내용과 표현 사이에는 엄격한 일방향성/위계가 성립하지 않는다. 따라서 당연한 일이지만, 이들의 구분은 개념적 구분일 뿐이다. 거듭 말한다면, 이들 사유에서 내용과 표현의 구분이 구체적이고 유용하게 활용되는 맥락은 기계적 배치와 언표적 배치의 관계 해명에 있어서이다. 그러나 자연철학의 맥락에서 이 구분은 일반화되며 매우 복잡하고 상대적인 성격을 띤다.

층과 층의 관계를 내용과 표현, 그리고 각각의 실체와 형식으로 파악한 이제, 들뢰즈/가타리가 제시하는 물음은 층들의 동일성과 차생에 관한 것이다. 혼효면/탈기관체를 향하는 운동과 층화의 운동은 세계의 상반된 두 운동이다. 이들에게는 이 두 운동이 전부이다. 운동하지 않는 것이 존재한다면, 그것은 이 두 운동의 말하자면 '타협'의 결과일 뿐이다(베르그송주의). 그래서 이제 문제는 층들이 혼효면을 향해 가는 생성/되기의 방향과 자체의 통일성을 유지하려는 동일성의 방향, 이 두 방향의 운동성이 층을 어떻게 규정하고 있는가를 밝히는 일이다. 요컨대 "무엇이 한 층의 통일성과 다양성을 만들어 왔는가?" 이 물음에 답하기 위해 이들은 생물학사가 남긴 성과들, 특히 에티엔 조프루아 생틸레르와 (네오)다위니즘이 남긴 성과들을 활용하고 있으며, 그 과정에서 유기층의 통일성과 다양성에 대한 몇 가지 결론들을 이끌어내고 있다. 이 논의는 '되기'의 문제를 이해하기 위한 생명과학적 배경을 형성한다.

생물학사의 맥락에서 한 층의 통일성과 다양성, 그리고 이와 맞물려 있는 층과 층 사이의 관계(각 층의 통일성으로 인한 불연속성과 다양성으로 인한 연속성)의 문제가 전면적으로 제기된 대표적인 논쟁은 퀴비에-조프루아 논쟁이다. 들뢰즈/가타리는 조프루아 생틸레르의 입장에 방점을 찍는다. 그러나 여기에서도 앞에서 강조했던 바를 잊지 말자. 층의 경계선을 넘어 사유하는 것은 층들의 구분을 전제했을 때만 의미를 가진다. 연속을 배제하는 불연속은 **고착화**를 가져온다. 그러나 불연속을 배제하는 연속은 문자 그대로의 의미에서 **아무-'것'도 아니다**. 조프루아 생틸레르의 역동적 사고를 지지하는 것이 층들의 구분 자체의 폐기로 간다면, 그것은 얼굴 없는 생성, 모호한 흐름 외에 아무것도 남기지 않는다. '추상동물'(조프루아 생틸레르) — '추상기계' 개념은 이 개념으로부터 연원한다(그러나 자연철학적 맥락을 즉물적으로 확장하는 것은 곤란하다. 추상동물 자체도 일종의 가설적 개념이지만, 추상기계는 특정한 실체적 존재와는 더더욱 거리가 멀다) — 의 개념이 동물들의 분류를 무의미하게 만들지는 않는 것이다.

실제 해부학, 그것도 '비교해부학'에 종사했던, 더 정확히 말해 이 담론을 창시했던 퀴비에로서는 조프루아 생틸레르식의 '접어-붙이기' (pliage)를 용인할 수는 없었다. 조프루아 생틸레르에게 척추동물과 두족류의 차이는 본질적인 것이 아니다. 접어-붙이기를 통해 하나에서 다른 하나로 이행할 수 있기 때문이다. 퀴비에가 본질주의의 입장에서 구분했던 다섯 가지 면들은 그에게는 '추상동물'의 변형태들일 뿐이다. 퀴비에로서는 이것은 상동기관들 및 상사기관들에 대한 과잉된 해석에 불과하다. 하나의 면에서 다른 면으로 넘어갈 수는 없다. 한 척추동물을 꺾어 접어서 두족류를 만들 수는 없는 것이다. 반면 조프루아 생틸레르에게 퀴비에가 본질주의적으로 갈라놓은 다섯 개의 면들은 더 근본적인 '面'— 'plan de con-sistance'—으로부터 이미 충화가 일어난 결과에 불과했다. 괴테를 열광케 했던 '퀴비에-조프루아 논쟁'은 결국 면을 둘러싼 논쟁이었다.

그래서 이 문제는 필연적으로 발생의 문제로 넘어간다.[60] 연속성의 생물학자인 조프루아 생틸레르에게는 '발생의 정도' 개념이 중요하다. 모든 동물들은 '추상동물'이 **정도의 연속성에 따라** 천차만별로 변형되어간 결과들이다. 따라서 퀴비에가 그어놓은 경계선들을 침범해서 존재하는 '괴물들'—특이성의 구현태들, 이-것들—또한 이해 불가능한 무엇

---

60 'développement'을 '발전'으로 번역하면 곤란하다. 이것은 '발생'으로서, 발생이란 수태된 난이 하나의 개체가 되기까지의 과정을 뜻한다. 이 과정에 있는 존재를 '배아'라 부르고, 이 배아를 다루는 학문을 '발생학'(embryology)이라 부른다. 아리스토텔레스에게서 발생학은 결정적인 학문이었거니와, 들뢰즈/가타리에게도 발생학은 중요하다. '가능태' 개념과 '잠재성' 개념은 친연성(親緣性)을 가진다. 들뢰즈 철학 전체가 "어떻게 생성으로부터 동일성들이 생겨날 수 있는가?"라는 물음을 싸고돈다는 것, 즉 '개체화'(individuation)의 철학이라는 것을 상기하자.

이 아니다. 그러나 카를 폰 바에르가 등장한다. 폰 바에르가 볼 때 조프루아 생틸레르는 발생의 정도들과 **형태의 유형들**을 혼동하고 있다. 그러나 '정도'는 한 '유형' 내에서 성립하는 것이다. 다만 유사한 '정도'가 여러 '유형들'에서 함께 발견될 수 있을 뿐이다. 정도의 연속적 변이로부터 유형들이 마름질되는 것이 아니다. 명확히 구분되는 유형들 각각의 안에서 정도의 연속적 변이가 성립하는 것이다. 비알통이 강조했듯이, "배아발생〔의 연속성〕에 근거해 계통발생〔의 연속성〕을 이끌어낼 수는 없다." 들뢰즈/가타리는 조프루아 생틸레르에 공감을 표하거니와, 이 문제는 여전히 열린 문제로 놓아두어야 할 것이다.

이제 두번째로 들뢰즈/가타리는 다윈 생물학의 성과들을 검토한다. 다윈 역시 퀴비에가 그어놓은 경계선들을 허물면서 종들 '의 기원'을 논한다. 다위니즘은 본질주의로부터 다양체의 과학으로 결정적인 한 걸음을 내디디고 있다(그렇다면 조프루아 생틸레르로부터 다윈으로의 이행에 대한 면밀한 검토가 필요할 것이다). 그러나 그의 방식은 조프루아 생틸레르의 방식과는 판이하다. 그에게서 두 가지 결정적인 변화가 발생한다. "이중의 경향을 따라, 형태의 유형들은 이제 점차로 개체군들, 무리들과 군체들, 집합체들(collectivités) 또는 다양체들에서 출발해 이해되어야 하기에 이르며, 발생의 정도들은 속도들, 율(率)들, 계수들, 차생적 관계들에서 출발해 이해되어야 하기에 이른다. 이중의 심화."(MP, 63/100) 다윈은 개체군들의 통계학을 제시함으로써 본질주의의 그림자를 완전히 떨쳐버렸으며, 고전적인 '정도'의 개념을 미분적 계산으로 대체함으로써 과학화했다. 다윈에 이르러 '종' 개념은 더 이상 본질주의에 입각해 이해되지 않는다. 그것은 통계적 본성을 가진 개체군일 뿐이다. 그것은 우리가 앞에서 다양체의 규정으로서 제시했던 '다질적인 열린 장'의 개념에 부합한다. 개체군은 다양체이다(그것이 '종'을 형성하는 한에서 상대적으로 등질적 성격의 다양체이긴 하지만). 아울러 정도 개념은 전통적인 '완전도'(생물학적 맥락에서는 부분들의 분화와 복잡화의 정도) 개념에서 벗어나 도태압(淘汰壓), 촉매작용, 번식 속도 그리고 성장, 진화, 변이(mutation)의 율 등으로 대체된다. 종/유형을 개체군으로, 정도를 미분비(微分比)로 대체하는 이 다위니즘, 나아가 분자적 개체군과 미생물학적 변화율을 다루는 네오다위니즘을 들뢰즈/가타리는 다양체의 과학으로 향하는 중요한 한 성취로 해석한다. 종개념에 기반하는 본질주의로부터 다양체들의 과학으로.

다윈의 이런 성취는 분자생물학 시대의 네오다위니즘에서도 그대로 재발견된다. 다양체는 '열린', '다질적인' (실사로서의) 장이다. 개체군은 다양체이다. 다양체를 지배하고 있는 코드에는 항상 탈코드화 과정이 흐르고 있다. 달리 말해, 코드화에는 늘 '탈코드화의 여백'이 함께 존재한다(미시생물학의 맥락에서 볼 때, 이 과정에서 비루스는 중요한 역할을 한다). 들뢰즈/가타리는 이런 여백을 또한 "코드의 잉여가치"라고 부른다. 유전자 수준에서도 이 코드의 잉여가치는 '측면 소통'이라는 현상을 가져온다. 들뢰즈/가타리가 퀴비에나 폰 바에르식의 본질주의보다 조프루아 생틸레르의 생각에 동조하는 것도 이런 맥락에서 이해할 수 있다. 들뢰즈/가타리에게 이런 현상은 매우 중요하다. 이런 과정을 통해서 '동물-되기'가 가능해지기 때문이다.

정도에서 미분적 계산으로의 이행도 같은 맥락에서 음미해볼 수 있다. 들뢰즈/가타리는 물리적 입자들을 비롯한 존재들의 '탈영토화의 속도'를 중시한다. 유기체의 경우 '자율성'을 잃지 않으면서(잃을 경우 더 이상 유기체가 아니므로) 탈영토화되는 속도가 중요하다. 그 결과 발달의 정도들은 상대적으로만 이해될 수 있으며, 속도, 미분적 관계/비율 등을 통해서만 이해될 수 있다(이때의 '미분적 관계/비율'은 다위니즘에서의 용법을 가리키기도 하지만, 더 심층적으로는 『차이와 반복』의 4장에서 세공되었던 용법을 가리키기도 한다). 탈영토화는 "전적으로 현동적(現動的=positive) 역능으로 간주되어야 한다"(MP, 71/111)라는 말은 이런 맥락을 담고 있다. 입자, 유기체 등등은 탈영토화되지만 또한 자체의 '내부 환경'에 입각해 재영토화된다. 다양체 쪽에서 말한다면, 다양체들은 서로 탈영토화와 재영토화의 역동적인 관계를 맺으면서 존재한다. 다음 구절은 이런 상황을 일목요연하게 보여준다.

배/배아의 추정된 어떤 조각은 그 문턱/그레이디언트(gradient)를 바꿈으로써 탈영토화되지만, 새로운 주변의 새로운 변양[양태 변화]을 받아들인다. 국소적인 운동들이 바로 질적 변화들을 가져오는 것이다. 예컨대 세포들의 자리-옮김, 늘어남, 접혀-들어감[陷入], 주름 잡힘 같은 현상들. 결국 모든 여행은 강도적이며, 그것이 진화하는 곳 또는 그것이 도약하는 곳인 강도의 문턱들에서 형성된다. 이런 여행이 이루어지는 것은 강도를 통해서이며, 자리-옮김들, 공간적 형태들은 유목적 탈영토화의 강도적 문턱들에, 그래서 결국 미분적 관계들에 의존한다. 물론 이것들이 또한 동시에 정주적인 또 [탈영토화를] 보상하는 재영토화들을 고정시키기도 한다.(MP, 71/111)

들뢰즈/가타리는 생물학사의 성취에 대한 이런 음미를 토대로 층들의 관계에 대해 다음과 같이 정리한다.

1) 어떤 층을 하나의 층으로 만들어주는 것은 '분자적 물질들, 실체적 원소들, 형식적 관계들/특질들'이다. 들뢰즈에게 '物質'(la Matière)은 혼효면이자 탈기관체이다. '物質'은 다양한 층들로 분절되고 층들은 내용과 표현의 관계를 맺는다. 그리고 각 층은 실체와 형식으로 형식적으로 구분된다. 여기에서 들뢰즈/가타리는 'matériaux'와 'substances'를 구분한다. 하나의 층이 꼭 하나의 실체들(질료들)로 구성되는 것은 아니다. 하나의 층이 여러 실체들─구체적으로 말해 원소들─로 구성될 수 있다(이것은 또한 하나의 층이 여러 내용들과 표현들을 포괄할 수 있음을 뜻하기도 한다). 'matériaux'는 이 여러 실체들의 공통된 물질적 기반을 이룬다. 즉 실체들이 원소들의 층위를 형성한다면, 'matériaux'는 여러 원소들의 공통의 바탕, 분자적 수준의 바탕을 형성한다(예컨대 우리 몸은 다양한 분자들로 이루어져 있으며, 다시 이 모두는 원소들의 상이한 집합체들이다). 그 이하는 근본 실재로서의 '物質'을 형성한다.[61] 한 층의 기저실체 자체는 그 층의 외부 환경을 형성하는 **기저층**(substrates)에서 온다. 생명체들의 기저실체를 이루었던 '전(前) 생명적 수프'를 생각하면 되겠다. 이 기저실체와 (막을 통해서) 내부화된 실체들, 막의 형식들로 구성된 조성의 통일성이 하나의 추상기계로서 작동하며, (구체적 분절들 이전의) '潛在界'=Planomène와 구분되는 (이중 분절들을 통해 형성되는) '分節界'=OE-

---

61 1) 'la Matière'는 '질료'가 아닌 '物質'로 번역되어야 한다. '질료'라는 번역어는 이미 형상/형식을 전제한 것이며, 따라서 차라리 'substance'의 번역어로 적절하다. 2) 'matériaux'를 '재료'로 번역하는 것은 의인적인 번역이다. 이 개념은 여러 실체들(질료들)의 공통의 물질적 기반을 뜻하며(실체들이 분자들의 층위라면, 이것은 원소들의 층위이다) '기저실체' 정도가 적당할 듯싶다. 3) 자연철학적 맥락에서의 'éléments'은 '요소들'이 아니라 '원소들'을 뜻한다. 아울러 'composés'는 '합성물'이 아니라 '화합물'이다.

cumène가 성립하게 된다.[62] 한 층에 관련해 외부 환경/기저층은 물질적 층위에서의 하부를 형성한다.[63]

2) 층들은 공통의 외부 환경인 기저층과의 관계와 더불어 상호 간 형성하는 내부 환경인 **방계층**(épistrates)과도 관계 맺는다. 기저층을 공유하는 층들에 있어, 한 층의 여집합을 이루는 층들이 방계층을 형성한다 (따라서 여기에서의 '내부'는 한 층의 내부가 아니라 기저층의 내부를 말한다). "유기층은 내부 환경으로부터 분리될 수 없다. 그리고 이 내부 환경이란 외부의 기저실체와 관련해서는 내부의 원소들이며, 또한 자체의 실체에 관련해서는 그 바깥의 원소들이다."(MP, 66~7/105) 그리고 유기체의 부분들은 그 복잡성과 분화의 정도에 있어 유기적 내부 환경의 영향을 받는다.

3) 층과 다른 층들(방계층)의 관계 그리고 여러 층들과 그것들에 공통되는 기저층의 관계와 더불어, 하나의 층과 다른 층을 갈라주는 막/경계 자체에도 주목할 필요가 있다. 이 경우는 매개적 환경을 형성한다. 나아가 유기체들은 생존을 위해서 자신들의 기저실체가 아닌 '더 낯설고 불편한' 다른 기저실체들과 관계 맺을 수밖에 없다. 이를 위해 유기체들은 자신들의 기저층 및 방계층에 속하지 않는 다른 환경들과 부딪쳐야 한다. 이 환경들은 연합된 환경(또는 확장된 환경)을 형성하며, 이 환경에

---

62 'oecumène'에 대해서는 다음을 보라. 오귀스탱 베르크, 『외쿠메네』, 김웅권 옮김, 동문선, 2007.
63 추상기계는 '잠재계'와 '분절계' 사이에서 작동한다. 그것은 층화의 방향으로 올라가면서 배치들을 낳고, 잠재면/혼효면의 방향으로 내려가면서 디아그람들을 그린다. 때문에 특이성에서 특이성으로 움직이면서 다양한 접속들을 작동시키는 '혼효의 추상기계들'과 잠재면을 분절시키면서 층들을 만들어내는 '층화의 추상기계들'이 구분된다. 아울러 (국가장치와 전쟁기계를 논하는 맥락에서 등장하는) 총체화, 등질화, (포획의) 통접(conjonctions)을 통해서 작동하는 '초코드화하는/공리적인 추상기계들'을 구분해야 한다.(MP, 640/976)

있어 여러 층들은 서로 다른 기저층 위에 존립하면서도 더 복잡하고 넓은 층 즉 **병행층**(parastrates)을 형성한다. 호흡, 지각, 반응의 과정은 병행층의 존재를 필연적인 것으로 요청한다고 하겠다. 나아가 생명체들의 형태 자체가 연합된 환경과의 관계하에서 성립한다. 이렇게 기저층만이 아니라 방계층과 병행층의 개념을 통해서 층들 상호 간의 입체적인 관계가 성립한다. 그리고 이런 관계가 존재함으로써 앞에서 언급했던 '탈코드화의 여백', '코드의 잉여가치', '측면적 소통' 등도 구체적으로 작동한다.

층들 사이의 이런 관계를 배경으로 놓을 때 영토화, 탈영토화, 재영토화 개념, 그리고 코드화, 탈코드화, 재코드화 개념도 좀더 분명해진다. 층들은 입체적 관계 속에 놓여 있으며 때문에 하나의 코드는 필연적으로 그 안에 탈코드화의 여백을 내포한다('유전적 표류'는 바로 이 여백 때문에 발생한다). 우리가 뒤에서 이야기할 '동물-되기' 역시 이런 여백이 존재하지 않는다면 불가능하다. 아울러 다위니즘이 제시한 개체군의 존재 역시 이 여백의 존재가 없다면 불가능하다. 앞에서 우리는 다양체를 "다질적인 열린 장"으로 규정했거니와, 다양체로서의 개체군에 있어 '열림'은 곧 이 탈코드화의 여백을 통해 성립한다고 하겠다. 생명 차원에서의 법칙성을 발견하는 것이 생물학이지만, 역설적으로 생물학이 그 자체 진화해 나가도록 해주는 것은 바로 이 여백이다. 법칙은 생성을 온전하게 가두지 못한다. 그리고 바로 그 때문에 하나의 과학에는 종말이 없는 것이다. 아울러 기저층, 방계층, 병행층의 입체적인 배치는 코드화, 탈코드화, 재코드화의 부단한 과정을 가능케 한다.

유기체들의 구성 원리에서의 코드화, 탈코드화, 재코드화와 맞물려 그것들의 신체들에 있어서도 영토화, 탈영토화, 재영토화가 부단히 발생한다. 그 고유의 층 위에서 유기체는 "그것의 자율성을 확보해주는, 그리고 외부와의 우발적인 관계들에 놓아주는 내부 환경들을 더 많이 확보하면 확보할수록 더 탈영토화된다."(MP, 70/111) 그러나 결국 이 모든 것은 개념적 구분일 뿐, 실질적 판단은 각 상황에 입각해서 상대적으로 이루어질 수밖에 없다. 들뢰즈/가타리는 이렇게 말한다.

코드와 영토성, 탈코드화와 탈영토화가 일-대-일 대응 하는 것은 아니다. 반대로 하나의 코드가 탈영토화일 수도 있고, 또 하나의 재영토화가 탈코드화일 수도 있다. 코드와 영토성 사이에는 거대한 간극이 존재한다. 하지만 두 요인은 한 층 위에서 동일한 '주체'를 가진다. 즉 코드화되고 탈코드화되는 만큼이나 영토화되고 탈영토화되는 개체군들이라는 주체를. 그리고 이 요인들은 환경들 안에서 소통하고 얽힌다.(MP, 71/112)

이러한 파악과 더불어 들뢰즈/가타리는 동물들에 대한 몇 가지의 통찰을 제시하거니와, 그중에서도 '탈주' 개념은 특히 중요하다. 동물들을 바라보는 시선에는 여러 가지가 있지만, 들뢰즈/가타리는 특히 이들이 '탈주하는' 존재들이라고 생각한다. 동물들은 생존을 위해 끝없이 움직여야 하며 외부 환경에 들어설 때마다 위험에 빠지고는 한다. 이 때문에 이들에게는 '탈주선'이 필수적으로 요청된다. 동물들은 끝없이 탈주/도주하며 선을 그리면서 움직인다(따라서 속류 노마디즘이 이야기하듯이 들뢰즈/가타리의 '탈주'를 그저 단순히 무엇인가를 창조해내는 기쁜 활동성으로서만 파악한다면 그것은 이 개념으로부터 그 절박함을 박탈하는 것이 될 것이다. 그것은 들뢰즈/가타리 사유를 일종의 할리우드 청춘영화로 만들어버리는 발상이다). 그러나 반대로 생각해서 탈주/도주는 곧 새로운 영토를 개척하는 과정, 새로운 삶의 양식을 창조해내는 과정이기도 하다. 그런 과정이 막힌다는 것은 동물들에게는 곧 죽음을 뜻한다.

동물이란 공격하는 존재이기보다는 탈주하는 존재이다. 그러나 그 탈주는 또한 정복이기도 하고 창조이기도 하다. 따라서 탈주선들은 영토성들을 여기저기 가로질러 가게 되며, 그로써 그것들이 탈영토화와 재영토화의 운동들을 포함함을 증명해준다. 어떤 면에서는 영토성들은 이차적이다. 영토성들은 그것들을 관류하는 〔탈영토화와 재영토화의〕 이 운동들이 없다면 자체로서는 아무것도 아닐 것이다.(MP, 72/113)

바로 그렇기 때문에 영토성이 일차적인 것이 아니라 탈영토화 운동, 탈주선 그리기가 일차적이다. 세계의 본래적 운동성[64]이 포획되었을 때 비로소 층화, 영토화 등이 성립한다는 사실을 기억할 필요가 있을 것이다.

층과 층의 관계, 잠재면으로의 운동과 층화로의 운동('潛在界'를 향한 운동과 '分節界'를 향한 운동, 그 사이에서 작동하는 추상기계), 달리 말해서 하나의 층에서 변하는 것과 (상대적으로) 변하지 않는 것에 대한 논의를 이어서 이제 한 층에서 다른 층으로의 이행에 대해 논의할 때가 왔다. 물론 이 이행의 양상들은 무한히 복잡해 일반적 논의를 좌초시킨다. 들뢰즈/

---

64 들뢰즈/가타리는 이를 절대적 탈영토화, 절대적 탈주선, 절대적 표류 등으로 표현한다. 이에 대해서는 피어슨, 앞의 책, 373쪽 이하를 참조.

가타리가 하려는 작업은 세 가지의 '거대 층들', 즉 물리–화학적 층, 유기적 층, 그리고 문화적 층의 관계에 대한 논의, 특히 물리–화학적 층에서 유기적 층으로, 유기적 층에서 문화적 층으로의 이행에 대한 논의이다. 결국 들뢰즈/가타리는 지금 '진화'에 대해 이야기하려는 것이다.[65] 앞의 논의가 구조적 논의라면 지금의 논의는 '진화론'적 논의이다. 그러나 이 논의는 통상적인 진화론이 아니라 한 층에서 다른 층으로 이행할 때 내용과 표현에서 무슨 일이 일어나는가, 즉 실재적 구분, 상호 전제, 일반화된 상대주의에서 무슨 일이 일어나는가에 대한 논의이다.

1) 물리–화학적 층에서 유기적 층으로 갈 때 무슨 일이 발생하는가? 물리적 층에서 내용과 표현은 하나로 붙어 있어서 실재적으로 구분된다기보다는 차라리 형식적으로 구분된다고 해야 할 정도이다. 내용은 입자들이고 표현은 그 입자들의 조직체 자체이다. 즉 입자들(내용)이 조합된 결과가 물체(표현)가 된다. 내용이 분자적 층위를 이룬다면 표현은 몰적 층위를 이루며, 몰적 층위는 분자적 층위를 표현하게 된다. 그러나 유기층에 이르면 내용과 표현은 좀더 실재적으로 구분된다. 물리적 층위에서는 별도의 코드가 작동하지 않는다('물리 법칙'은 별개의 문제이다). 그러나 유기층에 이르면 영토성과 코드가, 내용과 표현이 갈라지게 되며, 실재적 구분과 상호 전제가 분명하게 나타난다. 생물학자들이 이 표현의 층위를 '유전 코드'라고 부르게 된 것은 시사적이다. 표현이 그것 자체로서

---

65 들뢰즈는 자신의 저작들에서 종종 'évolution'이라는 말에 따옴표를 붙여 쓰고 있다. 이것은 그가 이 말에 붙어 있는 온갖 인간중심주의적인 뉘앙스들을 경계하고 있기 때문이다. 들뢰즈에게 '진화'는 '進'에 의한 운동이 아니라 차라리 (루크레티우스의 '클리나멘'의 운동에 뿌리를 두는) '折'의 운동을 통해서 이루어진다. 그에게 문제가 되는 것은 '進化'가 아니라 '折化'이다. 들뢰즈/가타리의 '진화론'을 논할 때에는 늘 이 점을 염두에 두어야 한다.

독립적/자율적이 된 것은 유기층에 이르러서이다.

물리-화학적 층에서 분자적 운동의 결과에 불과했던 표현은 이제 유기층에 이르면 선형적인 형태를 띠게 된다. 선형성(線形性)은 우주 진화에 있어 결정적인 역할을 행했다고 할 수 있다. 이제 (내용에 해당하는) 단백질은 핵산의 선형적 계열('시퀀스')에 입각해 조직된다. 여기에서 몰적인 것은 더 이상 분자적인 것의 단순한 결과/표현이 아니다. 내용과 표현은 각각의 분자적인 것과 몰적인 것을 내포하게 된다. "유기적 층을 특징짓는 것은 표현의 이 선형적 배열(alignement), 표현의 선(線)의 이 [내용으로부터의] 일탈, 일차원 선 위에서 발생한 표현의 형식과 실체의 이 접기[선형적 핵산 계열의 둘둘 말림]이다."(MP, 77/120) 이렇게 내용과 표현의 실재적 구분이 이루어진다.

2) 유기적 층에서 세번째의 거대 층(문화의 층)으로 갈 때 무슨 일이 발생하는가? 문화적 층에 도달하면, 내용과 표현은 더욱더 분명하게 실재적으로 구분되기에 이르며, 각각으로서도 변화를 겪는다.

첫째, 내용의 형식은 '동질조형적'(homoplastique) 성격에서 '이질조형적'(alloplastique) 성격으로 이행한다. 들뢰즈/가타리는 내용의 실체를 이야기하고 있지 않으나, 우리는 내용의 실체가 우리의 신체를 포함하는 기계들임을 쉽게 추측할 수 있다. 내용의 형식은 이것들이 만들어내는 기계적 배치일 것이다. 내용의 형식이 '이질조형적'이라 함은 동물들이 자신들의 신체를 도구로 사용해 '본능'에 입각한 행동을 영위하는 데 비해, 인간들은 '내용의 일반적 형식'인 손을 사용해 이질적인/다양한 방식의 기계적 배치들을 만들어나간다는 사실을 뜻한다(들뢰즈/가타리처럼 손을 내용의 형식이라고 하는 것은 맥락을 다소 축소시키는 것이라 해야 할 것이다. 내용의 형식은 인간의 신체와 다른 존재들이 만들어내는 기계적 배치들의 작동 방식들 전체로 보아야 할 것이다). 그리고 손의 이런 탈영토화는 숲이 아닌 스텝에서 가능했을 것이다. 인간과 그 환경의 관계, 신체(특히 손)와 도구들과의 관계에서 발생한 탈영토화의 운동은 인간을 독특한 존재로 만들었다. 그러나 인간이 도래함으로써 이런 새로운 배치들이 만들어진 것이 아니라 새로운 배치들 덕분에 인간이 출현할 수 있었다고 해야 하리라.

둘째, 표현의 형식에서도 커다란 변화가 도래한다. 이제 표현의 형식은 유전 코드 차원에 그치지 않고 언어 차원으로 비상한다. 그렇다면 표현의 실체는 무엇일까? 들뢰즈/가타리는 이 대목에서 가장 독창적인 제안들 중 하나를 제시하는바, 이들은 얼굴을 표현의 실체로 본다(머리가 단지 기계일 뿐이라면, 얼굴은 표현의 실체이다). 다시 말해, 후두, 입과 입술, 얼굴의 모든 움직임, 요컨대 얼굴 전체가 표현의 실체이다. 앞발의 탈영토화가 손을 도래시켰듯이, 후두, 입과 입술 등등의 탈영토화는 얼굴을 도래시켰다.

유전 코드에서 선형성이 중요한 역할을 했듯이, 언어의 도래에서도 선형성은 핵심적인 역할을 했다. 유전 코드에서의 선형성이 공간적 선형성이라면, 언어에서의 선형성은 시간적 선형성이다(따라서 '유전 코드'라는 말과 더불어, 언어학에서 랑그, 문법 등을 '코드'라 부르는 것 또한 시사적이다). 그리고 이 표현의 형식에서의 선형성은 내용과 좀더 실재적으로 구분되는 선형성이다. 즉 그것은 초-선형성이라 할 것이다. 이것은 곧 언어라는 표현의 형식이 유전 코드와는 구분되는 초코드화를 요구한다는 점을 함축한다. 이제 매우 다양한 크기와 질을 가지는 존재들이 언어라는 표현 형식으로 번역되기에 이른다. 언어에서의 이 번역(飜繹=traduction) 이라는 초코드화는 물리—화학적 층에서의 내역(內繹=induction)이나 유기층에서의 관역(貫繹=transduction)과는 또 다른 형태의 역(繹) 즉 질서—지움(코드로서 작용하는 표현의 활동)을 도래시킨다.[66] 번역을 통해 인간은 모든 사물들을 언어로 환원시킨다. 인간은 언어의 그물을 통해서 사물을 대하게 된다. 오늘날 우리는 사물들을 이름 붙이는 것이 아니다. 우리는 언제나 이름 붙여진 사물들만을 본다. 오늘날의 사유가 실재계에서 상징계로 가는 방향이 아니라 **거꾸로** 상징계에서 실재계로 가는 방향을 취하는 것은 이 때문이다.

결국 오늘날에 이르러서는 표현의 형식(언어)과 실체(얼굴)가 있기 전에 **우선** 사회적인—집단적인 기호체제가 존재하게 된다. 이와 더불어 내용의 형식(손의 활동 등)과 실체(기계들)가 있기 전에 우선 거대한 기술적—사회적 기계가 존재하게 된다. 전자는 언표적 배치를, 후자는 기계적 배치를 형성한다. 두 배치는 실재적으로 구분되지만, 좀더 추상적인 차원에서 추상기계를 형성한다. 추상기계는 혼효면 위에서 디아그람들을 그림으로써 층들이 형성될 수 있도록 해주며, 또 층들을 가로지르면서 디아그람들을 작동시킴으로써 그것들을 심층에서 혼효시킨다. 추상기계의 이런 활동은 특히 '뇌—신경 환경'을 통해서 작동한다고 하겠다.

그러나 내용과 표현의 관계를 기의와 기표의 관계와 혼동하지 않는

---

66 '내역'으로 번역한 'induction'은 흔히 '유도'(誘導)로 번역된다. 들뢰즈/가타리 용어법의 일관성을 위해 '내역'으로 번역했다. '관역'으로 번역한 'transduction'은 질베르 시몽동의 용어이다. 다음을 보라. Jacques Garelli, "Transduction et information", *Gilbert Simondon*, Albin Michel, 1994, pp. 55~68. 언어와 언어 사이에서의 'traduction'은 '飜譯'이거니와, '飜譯'은 '飜繹'의 한 경우로 볼 수 있을 것이다. 이 세 용어는 표현이 점차 독립성을 획득해가는 정도를 말해주고 있다.

것이 중요하며, 또 하부구조와 상부구조의 관계와도, 나아가 물질과 정신의 관계와도 혼동해서는 안 된다. 1) 우선 내용과 표현의 관계는 기의와 기표의 관계와는 다르다. 여기에서 문제는 '기호'와 '기표'의 관계, 기호들의 '기호론'과 기표의 '기호학'의 관계이다.[67] 모든 기호들이 본래부터 기표화를 함축하는가, 기호들의 기호론이 필연적으로 기표의 기호학에 근거해야 하는가 하는 것이다. 이 물음에 관련해 들뢰즈/가타리는 내용-표현 구도를 기의-기표 구도와 혼동하지 말 것을 강조한다. 구조주의의 기표중심주의(기의-기표 관계의 자의성, 차이들의 놀이를 통한 의미 형성, 기호체계 속에 포획되는 사물들, '말과 사물'이라는 단순 구도 등등)는 내용과 표현이 함축하는 두께를 납작하게 만들어 기표들의 체계와 사물들의 체계를 대응시키는 것에 불과하다. 표현은 기표가 아니라 그 자체 실체와 형식을 함축한다. 아울러 기표화는 표현이 띨 수 있는 한 형태에 불과하다. 내용 역시 기의가 아니다. 그것은 기표에 의해 자의적으로 지시될 수 있는 존재가 아니다. 내용 자체도 그 실체와 형식을 함축한다. 내용과 표현은 일-대-일 대응 하지 않으며 실재적으로 구분된다. 그러나 푸코가 그의 저작들에서 잘 보여주었듯이, '담론적 실천'과 '비담론적 실천'('신체적 실천'이라 할 만하다)은 서로를 전제하면서 (추상기계가 그리는) 복잡한 디아그람들을 통해서 작동한다. 이 점에서 내용-표현 구도는 구조주의의 기의-기표 구도에 대한 한 극복이라고 할 수 있다.

---

67 여기에서 물론 기호론은 찰스 퍼스의 이론을 가리키고 기호학은 페르디낭 드 소쉬르의 이론—넓게는 구조주의—을 가리킨다. 들뢰즈/가타리는 기호의 세 종류로서 지표(영토적 기호), 상징(탈영토화된 기호), 도상(재영토화의 기호)을 제시하거니와, 이것은 퍼스의 분류를 따른 것이다. 다음을 보라. 찰스 퍼스, 『퍼스의 기호사상』, 김성도 편역, 민음사, 2006, 155쪽 이하.

2) 아울러 내용과 표현의 구도는 하부구조와 상부구조의 구도와도 혼동되어서는 안 된다. 기표중심주의도 거부해야 하지만, 동시에 하부구조와 상부구조에 인과관계를 설정하는 시도들 또한 거부해야 한다. 이것은 (알튀세의 경우에서처럼) 상부구조에 일정한 자율성을 부여하면서도 '최종 심급'에서는 하부구조=경제의 결정성을 인정하는 방식에 대해서도 마찬가지이다. 표현은 내용을 '반영'하지 않는다. 표현은 내용의 이데올로기적 표현이 아니다. 표현은 그 자체 실체와 형식을 가지며, 내용도 그 자체 실체와 형식을 가진다. 이데올로기 개념은 표현이 자체의 실체와 형식을 가진 배치라는 것을 가려버린다. 내용이 반드시 경제적인 것이 아니다. 내용은 기계적 배치이며 그것 자체가 일정한 형식을 가진다. 마찬가지로 표현이 반드시 경제적인 것이 아닌 것은 아니다. 언표적 배치가 경제적 맥락에서 작동할 수 있기 때문이다(예컨대 리처드 닉슨의 태환〔兌換〕거부). 들뢰즈/가타리는 알튀세의 마르크시즘을 이렇게 비판한다. "하부구조에 기표를 집어넣거나 반대로 기표에 하부구조를 집어넣는다고 해서, 정치경제학에 약간의 팔루스나 거세를 집어넣는다고 해서, 정신분석학에 약간의 경제나 정치를 집어넣는다고 해서, 사회 형성체들의 위상을 정교화할 수 있는 것이 아니다."(MP, 88/136) 이 점에서 내용—표현 구도는 마르크시즘의 하부구조—상부구조 구도에 대한 한 극복이라고 할 수 있다.

3) 나아가 내용—표현의 구도를 물질과 정신 사이에 위계를 설정하는 목적론적 진화론, '드라마'로서의 진화론, 위계적 진화론으로 착각해서도 곤란하다. 내용과 표현의 관계는 중세적인 '완전도'의 논리와는 상관이 없다. 테야르 드 샤르댕으로 대변되는 진화론, '생명권'(biosphère)이나 '정신권'(noosphère)의 진화론은 우스꽝스러운 것이다. 오직 기계권(Mé-

canosphère)이 있을 뿐이다(오해를 피하기 위해서는 'Machinosphère'라 표현하는 것이 좋을 것 같다). 고도의 기술 문명이 곤충, 박테리아, 세균 등의 기저층이 될 수도 있고, 심지어 새로운 물리적 입자들의 출현을 위한 기저층이 될 수도 있다. 중요한 것은 층들 사이의 위계가 아니라 잠재면과 층들 사이의 관계이다. "기호론적 파편이 화학적 상호 작용과 인접하고, 전자(電子)가 언어와 충돌하고, 흑공(黑호)이 유전적 전언을 포획하고, 결정체화가 열정을 만들어내고, 말벌과 양란이 하나의 문자를 횡단하는"(MP, 89/137) 이런 현상들은 층들이 결국 잠재면 '위'에서 성립하는 것들이며(이 모든 혼효들은 상상적인 것들이 아니다. 실재적인 것들이다), 궁극적인 것은 층들 사이의 구분이나 위계가 아니라 층들을 향하는 운동과 잠재면을 향하는 운동의 영원한 투쟁일 뿐이라는 사실을 알려준다. 그래서 내용-표현 구도는 모든 형태의 목적론적/위계적 진화론에 대한 한 극복이라고 할 수 있다.

우리는 물리-화학적 층에서 유기층으로, 유기층에서 문화적 층으로 이행하는 과정을 보았지만, 이러한 논의가 기표와 기의에 대한 논의, 하부구조와 상부구조에 대한 논의, 물질에서 정신으로 향하는 목적론적/위계적 진화와 혼동되어서는 곤란한 것이다.

이제 지금까지의 논의를 정리하면서 앞에서 이미 이야기했던 주요 개념들을 다시 한 번 분명히 해보자.

혼효면과 추상기계　　　　잠재면은 잠재계이기도 하며, 맥락에 따라서 혼효면, 탈기관체이기도 하다. 층들로 화하기도 하지만 그 자체는 다양한 층들/기관들이 그 '위'(말할 필요도 없이 공간적 위가 아니다)에서 형성되기도 하고 해체되기도 하는 면/지평이다. 이 '面'은 추상적인 면이 아니라 물질로 채워져 있는 면이다. 이 '物質'이란 곧 강도적 연속체들, 기호-입자들인 방출들, 와류의 통접들 등으로 이루어진, 절편화되지 않은, 특이한 다양체들이다. 이 '面'은 곧 절대적 탈영토화의 면이다. 조심할 것은 이 잠재면이 단순히 형식 없는 물질들의 미분화된 전체가 아니라는 것, 나아가 형태를 갖춘 물질들의 카오스도 아니라는 것이다. 잠재면은 "카오스적인 하얀 밤도 미분화된 검은 밤도 아니다."(MP, 90~91/139)[68] 혼효면은 일차적으로 강도들의 연속체이다. 불연속적으로 마름질될 내용들 및 표현들은 몰적으로 작동한다. 그러나 동일성으로 보이는 이 층들에서는 항상 분자들[69]이 흘러 들어가거나 흘러나오고 있다. 이런 흐름들은 불연속적 층들이 아니라 연속적인 강도들의 지평에서 움직인다. 때문에 잠재면 위에서 성립하는 가장 기초적인 운동들 중 하나는 방출이다. 그리고 잠재면 위에서 성립하는 탈영토화된 흐름들은 통접을 통해서 기존의 기관들에 대해 탈-기관을 이루는 새로운 존재들을 만들어낸다(혼효면이 탈-기관-체인 것은 이 때문이다).

---

68 『차이와 반복』에서 잠재성의 차원을 세 단계로 해명해나갈 때(미규정, 상호 규정, 누층적 규정), 잠재성이 처음부터 완전한 카오스로서가 아니라 '차생소들'=발생적 요소들에서 출발함을 상기. 잠재성은 카오스의 세계가 아니라 차라리 역동적으로 변해가는 점선들의 세계라 해야 할 것이다. 달리 말해 이런 세계가 들뢰즈적 의미에서의 '카오스'이다.
69 들뢰즈/가타리에게서 '분자'라는 말은 상대적인 방식으로 사용된다. 허파에서의 분자란 각각의 허파꽈리를 말하고, 가족에서의 분자란 가족 성원들 각자이고, 국제사회에서의 분자란 개별적인 국민국가들이다. 그래서 (예컨대 이종영 같은 자가) 이들이 '분자', '기계', '기관' 등등을 논한다고 해서 '속류 유물론'이라고 매도하는 것은 이들의 기본 용어조차 잘 이해하지 못하고서 내뱉는 췌언에 불과하다.

층들은 형식들과 실체들에 사로잡힌 불연속적인 강도들만을, 내용의 입자들 (particules)과 표현의 항(articles)으로 분할된 '입자-항'(particles)만을,[70] 이 접적이고 재영토화된 탈영토화된-흐름만을 안다. 반대로 (추상기계를 통해 작동되는 한편 탈층화를 구성하는) 잠재면에 고유한 세 요인은 강도들의 연속체, 입자-항들(입자들-기호들)의 조합된 방출, 탈영토화된 흐름들의 연접이다.(MP, 90/139)

결국 혼효면과 그것을 채우고 있는 '物質'은 '태허'와도 같은 '內在面'이다.[71] 그것을 스피노자의 '神＝自然'으로 보아도 크게 무리가 없을 듯하다. 그러나 들뢰즈가 스피노자를 神→속성들→양태들로 나아가는 연역적 구도가 아니라 오히려 양태들 중심으로 이해한다는 사실을 기억하자. 때문에 그에게 실제 중요한 것은 이 혼효면이 아니라 층들의 형성과 와해, 기계들의 영토화와 탈/재영토화, 연속적 강도들의 운동을 비롯한 구체적인 운동들이다. 혼효면은 그러한 운동을 논리적으로 밑받침해주는 것으로서 설정된 지평일 뿐이다. 바로 그렇기 때문에 내재면의 사유를 존재의 일자성으로 이해하는 것은 일자성과 일의성을 혼동하는 것이

---

70 'particules'는 내용에서의 '입자들'을 뜻하며, 'articles'은 표현에서의 '항들'(표현이 언표적 배치일 경우 '관사들'이라 할 수 있다)을 뜻한다. 'particles'은 이 두 단어를 합한 신조어로서 내용과 표현을 가로지르는 추상기계-입자를 뜻한다. '입자-항들'로 번역했다. '미립자들'이라는 번역어는 곤란하다. 미립자들은 물리학 용어로서 내용의 층위에만 관련되는 말이기 때문이다.

71 여기에서는 혼효면을 주로 구체적 실재에 관련해서 논했지만, 다른 한편으로 그 추상적 구조, 수학적 구조에 입각해서도 논할 수 있다. 이 점은 Manuel DeLanda, *Intensive Science and Virtual Philosophy*, Continuum, 2002(마누엘 데란다, 『강도의 과학과 잠재성의 철학』, 김영범/이정우 옮김, 그린비, 근간)에서 빼어나게 논의되었다. 본 저작이 구체적-사회적 맥락에서 논의한 기초 개념들을 데란다는 수학적-과학적 맥락에서 논의하고 있으며, 양자를 비교해서 이해하는 것이 들뢰즈/가타리의 개념들을 포괄적으로 이해하는 데 도움을 줄 것이다.

다. 들뢰즈/가타리에게 중요한 것은 모든 양태들(의 변화)의 존재론적 평등이지 그것들의 근원적 동일성이 아니다. "하나는 모든 여럿에 대해서 유일하고 동일한 의미로 말해진다. 존재는 상이한 모든 것들에 대해 유일하고 동일한 의미로 말해진다. 여기에서 우리가 말하고 있는 것은 실체의 통일성이 아니라 삶/생명의 이 유일하고 동일한 면 위에서 서로의 일부가 되어주는 변양들(modifications)의 무한함이다."(MP, 311/483) 우리는 뒤에서 다시 이 문제를 다루게 될 것이다.

혼효는 이질적인 것들, 잡다한 것들을, 리좀적인 다양체들을 혼효시키는 운동이다. 이것은 통합도 총체화도 아니며 오로지 혼효일 뿐이다. 이 혼효의 면에서 무엇이 일차적으로 생성하는가? 이-것들, 사건들, 비물체적 변형들이다. 그리고 유목적인, 모호하지만 엄연한[72] 본질들, 강도의 연속체들, 연속적 변이들이다. 아울러 또한 되기들, 매끄러운 공간들이다. 지금 열거한 개념들이 들뢰즈/가타리 철학 전체를 관류하는 핵심 개념들이라는 점을 생각한다면, 결국 들뢰즈/가타리의 사유는 이런 개념들로 특징지어지는 잠재성의 철학이라 할 수 있다.

우리는 매번[『천의 고원』의 각 고원에서] 탈기관체(들) 즉 고원(들)이 작동되

---

[72] 유목적인, 즉 모호하지만 엄연한(rigoureuse) 본질들은 비정확한(anexacte) ― '부정확한'이 아니다 ― 본질들이라고도 할 수 있다. 이-것들, 사건들, 비물체적 변형들, 강도의 연속체들, 연속적 변이들, 특질공간들도 모두 비정확한 본질들이다. '비정확한'은 잠재적 차원의 성격이다. 잠재적 차원은 단순한 카오스가 아니라 오히려 본질들로 차 있다. 기(氣)는 리(理)들로 차 있다. 그러나 이 본질들은 현실적 차원의 개체들처럼, 또는 다른 일정한 규정성들처럼 좀더 분명하게 분절된 존재들이 아니다. 그것들은 점선으로 그려진 본질들이다(라이프니츠의 '모호한 아담'을 상기하면 되겠다). 실선으로 그려지기 이전의 본질들은 비정확한 본질들이고, 그래서 이 비정확한 본질들을 서술하는 들뢰즈/가타리의 언어들은 불성실한 독자들에게는 '부정확한' 것으로 보인다.

고 있음을 말해왔다. 이-것에 의한 개체화를 위해, 강도=0에서 출발하는 강도들의 생산을 위해서, 변이의 물질, 생성=되기/변형의 매체, 공간의 매끄러움을 위해서. 층들을 벗어나고, 배치들을 가로지르며, 윤곽 없는 추상선, 유목적 기술/예술과 이동하는 야금술의 선을 그리는 탈유기적인 생명=역능(puissante vie)을.(MP, 633/965~966)

혼효면이 "카오스적인 하얀 밤도 미분화된 검은 밤도" 아니라는 것은 거기에 일정한 질서들이 생겨날 수 있는 움직임이 존재한다는 것을 함축한다. 전통 사유의 틀로 말한다면, '氣'는 단순한 무규정의 실재가 아니라 그 안에 '理'들이 발생할 수 있는 움직임이 점선으로/유동적으로 그려져 있는 것임을 뜻한다. 들뢰즈/가타리는 구체적인 층들, 배치들, 기계들로 굳어지기 이전에 가장 추상적인 차원에서 작동하는 이 기계를 추상기계라 부른다. 추상기계는 이중적이다. 한편으로 층들, 배치들, 기계들 같은 구체화된, 개별화된 존재들에 비해서는 혼효면을 향하는 역동적인 존재이지만, 다른 한편으로 혼효면에 대해서는 층들, 배치들, 기계들을 향하는 잠정적인 질서, '기계'의 역할을 하는 존재이다. 추상기계는 강도들의 연속체, 입자-항들의 방출, (탈영토화된) 흐름들의 통접이 일어나고 있는 혼효면 위에서 디아그람들을 그린다. 그리고 이 디아그람들은 구체적인 맥락에 따라서 배치들로 현실화된다. 역으로 말해서 배치들은 이 추상기계를 효과화함으로써(effectuer) 작동한다.

들뢰즈/가타리에게 '기계'의 가장 일차적인 의미는 이질적 요소들의 연동(連動)을 통해 작동하는 모든 존재들이다. 메카닉(일상어에서의 기계)은 비교적 단순한 형태의 기계들이다. 유기체들은 매우 복잡한 기계들이다. 기계적 배치들은 메커닉, 유기체를 비롯한 다양한 기계들의 좀더 복합적인 연동장치들이다. 기계적 배치들[73]은 언표적 배치들과 내용―표현의 관계를 맺음으로써 더 일반적인 배치들을 구성하며, 이 배치들은 그 자체 거대한 기계들이고 또 사건들이다. 물론 사건 개념은 훨씬 미세한 방식으로 사용되기도 한다. 때문에 들뢰즈/가타리에게서 기계, 배치, 사건 세 개념은 일관된 집합 관계를 형성하지 않는다. 맥락에 따라 기계가 배치의 구성 성분을 이루기도 하지만(기계적 배치는 기계들로 이루어진다) 또한 배치가 기계의 일부분을 이루기도 한다(공장, 시장, 상법〔商法〕 등등의 배치가 '자본주의'라는 거대한 기계의 구성 성분을 이루기도 한다). 언표 하나가 사건을 이루기도 하고(예컨대 합격 통지서) 기계 하나의 움직임이 사건을 이루기도 하지만(예컨대 깃발의 흔들림), 배치 전체, (복합적인 맥락에서의) 기계 전체가 하나의 사건이기도 하다(야구 경기, 결혼식, 공황 등등). 이런 상호 포함 관계를 세심하게 주의해 읽을 필요가 있다.

추상기계는 현실 차원에서 실선으로 존재하는 기계가 아니라 잠재 차원으로 점선으로 존재하는 기계이다(수학적으로 유비해 말한다면 '위상

---

73 '기계적 배치'는 때로는 '욕망의 기계적 배치'로 표현된다. 이 표현은 『안티오이디푸스』에서의 욕망과 기계의 관계를 잇고 있다. "욕망은 기계, 기계들의 종합, 기계적 배치이다―욕망하는 기계들."(Deleuze et Guattari, *L'Anti-Oedipe*, Les Éditions de Minuit, 1972, p. 352. 이하 'AO'로 약함) 이 구절은 『천의 고원』에 비추어 보면 다소 혼란스럽다. 욕망은 기계적 배치가 아니라 기계적 배치가 표현하고 있는 근본 생명/에네르기로 보아야 할 것이다. 기계적 배치를 살아 있게 만들고 탈영토화를 겪으면서 변형해가게 해주는 에네르기(이 에네르기는 탈기관체의 에네르기이다). "욕망하는 것은 이러한 '탈기관체'이며, 욕망이란 '탈기관체'의 진동, 흐름, 긴장, 확대의 과정에 다름 아니다."(宇野邦一, 『ドゥルーズ 流動哲學』, 講談社, 2001, 137頁. 우노 쿠니이치, 『들뢰즈―유동의 철학』, 김동선/이정우 옮김, 그린비, 근간) 그래서 '욕망'의 '기계적 배치'라는 『천의 고원』의 표현이 좀더 정확하다고 보아야 한다. 물론 욕망은 추상적인 것이다. 그것은 배치로 표현됨으로써만 구체화된다. 아마 이 점 때문에 『안티오이디푸스』의 주인공이었던 욕망이 『천의 고원』에서는 배치에 자리를 내주었을 것이다.

학적 기계=topological machine'이라 할 수 있겠다. 이 추상기계가 구체화해 감으로써 결국 유클리드 기계가 성립한다). 따라서 현실적 기계들이 이 질적인 요소들의 연동을 통해 작동한다면, 추상기계는 잠재적인 특이성들의 연동을 통해서 작동한다. 좀더 상세히 말한다면 추상기계는 "형식화되지 않은 물질들과 비-형식적인 함수들"(MP, 637/971)로 구성되어 있다. 추상기계는 물질들과 함수들이 혼효되어 있는 기계이며, 이 물질들은 곧 '필룸'[門]이고 함수들은 '디아그람'이다. 층들이 실체와 형식을 가진다면, 추상기계는 필룸과 디아그람을 가진다.

층들과 배치들　　　잠재면은 '층화'된다. 층들은 세계를, 말하자면 띠들로 구성한다. 그러나 띠들이 각각 병치되기만 한다면 아무 일도 일어나지 않을 것이다. 각 층들에 속한 기계들/개체들이 접속함으로써 배치가 형성되는 것이다. 감옥이라는 배치는 땅, 벽돌, 창살, 나무 같은 물리-화학적 층에 속하는 기계들, 죄수들과 교도관들을 비롯한 유기적 기계들로 구성되며, 다시 이 배치는 법전, 판결, 판례 등등으로 구성되는 문화층의 기계들로 구성되는 언표적 배치와 (실재적으로 구분되지만 상호 전제하는) 비관계의 관계를 맺음으로써 '감금'이라는 추상기계를 작동시킨다. 층들이 띠를 형성한다면, 배치는 그 띠에 속하는 기계들을 가로지르는 접속을 통해서 성립한다. 그래서 배치는 다질적이다. 그러나 배치는 다질적일 뿐만 아니라 또한 열린 장이다. 즉 탈영토화를 겪는 장이기도 하다. 이것은 달리 말해 층들과 배치들이 혼효면 위에서 성립한다는 것을 뜻한다. 역으로 말해 혼효면은 층들과 배치들이 고착된 존재로서 존재할 수 없게 만드는 지평이다. 층들 자체가 혼효면 위에서 움직인다. 그러나 더 핵심적으로는 배치란 일정한 외연을 가진 고정된 보편자가 아니라 층들을 가로지르면서 기계들을 접속시키고, 탈영토화를 통해서 계속 변해나가는 역동적인 다양체라는 점이다(그래서 배치는 그 자체 매우 역동적인 하나의 기계이고, 또 더 중요하게는 하나의 사건인 것이다).

추상기계는 '탈영토화의 첨점들'로 구성된다. 추상기계는 배치로 하여금 혼효면을 향하게 만들며, 하나의 배치에 가능한 '되기'의 역능을 규정한다. 말하자면 추상기계는 실선으로 그려진 배치-기계 바로 아래에 점선으로 그려져 있는 기계, 그 배치-기계가 '될' 수 있는 잠재력의 범위를 그려주고 있는 기계이다. 이 기계는 점선으로 그려져 있지만 아무렇게나 무한히 유동적인 존재는 아니다. 그렇게 된다면 기계이기를 그치고 물질로 화할 것이다. 그것은 점선으로 그려진 하나의 본질이다(앞에서 말한 '비정확한 본질'). 하나의 배치가 일정한 실체들과 형식들로 구성되어 있다면, 그 아래의 추상기계는 퓔룸과 디아그람으로 구성되어 있으며, 배치의 실체는 퓔룸의 지평 위에서 변화를 겪고, 배치의 형식은 디아그람의 지평 위에서 변화를 겪는다(추상기계가 '탈영토화의 첨점들'로 구성된다고 할 수 있는 이유). 들뢰즈/가타리가 추상기계를 "추상적이고 특이하고 창조적이며, 지금 여기에서 작동하고 있고, 구체적이지는 않지만 실재하며, 효과화되어 있지는 않지만 현동적인"(MP, 637/972) 것으로 묘사하는 것은 이 때문이다. 추상기계는 점선으로 그려져 있다는 점에서 추상적이며, 특이성들, 이-것들('괴물'들)로 구성된다는 점에서 특이하며, 현실화되어 있는 기계들로 하여금 다른 방식으로 변화할 수 있게 해준다는 점에서 창조적이다("일반적인 규칙으로서, 하나의 배치는 사물들 사이를 가로질러 가는 윤곽 없는[점선으로 그려지는] 선들을 보여주는 그만큼, 물질-함수에 일치하는 형태변이(변형, 실체변이)의 역량을 발휘하는 그만큼 추상기계에 가깝다고 할 수 있다"). 이 추상기계는 기계들 아래에서 늘 작동하고 있다는 점에서 '지금 여기에서' 작동하고 있다고 할 수 있다(따라서 플라톤적 이데아와는 판이한 존재이다). 또 추상기계는 구체적이지는 않지만 즉 현실적 기계들(體)에 갖추어져(具) 존재하지는 않지만(구현되어 있지 않지만) 엄연히 실재하는 존재이며, 다른 한편 현실로 '효과화'되어 있지는 않지만 어디까지나 생생하게 작동하고 있는 존재인 것이다. 추상기계는 혼효면 위에서 움직이며 '탈기관체' 및 '고원'과 유사한 역할을 한다.[74]

추상기계는 크게는 세 가지로 구분된다. 1) 특이하며 변모하는(mutantes), 다양한 접속들을 가지는 **혼효**의 추상기계들. 2) 혼효면을 다른 어떤 면으로 둘러싸는 **층화**의 추상기계들. 3) 총체화, 등질화, 폐쇄의 통접[75]을 작동시키는 **초코드화/공리계**의 추상기계들. 이제 이런 추상기계들이 작동하는 더 구체적인 맥락들을 다루어야 할 때이다.

---

74 추상기계와 배치의 관계를 수학적으로 유비시키면, 유클리드기하학과 위상기하학의 관계와 같다. 유클리드기하학 공간을 가능케 하는 조건들(형태, 크기, 또는 합동과 닮은꼴 등등)의 상당 부분이 파기될 때 위상기하학의 공간이 등장하게 되며, 역으로 유연한 위상기하학에 다른 조건들이 부가됨으로써 유클리드기하학이 성립한다(그 사이에 다른 공간들, 예컨대 아핀기하학, 사영기하학, 미분기하학 등등도 생각할 수 있다). 들뢰즈는 『차이와 반복』의 4장에서 리만, 푸앵카레(를 비롯한 다양한 수학자들)의 기하학을 다룬 바 있으며, 『천의 고원』의 개념들의 상당수(혼효면, 탈기관체, 추상기계, 매끄러운 공간 등등)가 이런 수학적 논의를 배경으로 깔고 있다고 볼 수 있다. 그러나 수학이 다루는 추상공간과 존재론이 다루는 (종합적 성격을 띠는) 시공간은 분명히 구분되어야 한다. 들뢰즈의 수학은 들뢰즈 존재론의 여러 버전들 중 하나라고 할 수 있으며, 바디우의 경우에서처럼 특권을 가지는 것이 아니다.
75 '폐쇄의 통접'(conjonction de fermeture)은 곧 '통합'(congugaison)이다.

2

기호체제들

들뢰즈/가타리에게 세계는 현재 삶의 띠들을 형성하고 있는 층들과 이 층들이 항구적으로 고착될 수 없게 만드는, 층들이 그것으로부터 분절되어 나왔고 또 그것으로 되돌아가기도 하는 어떤 근본적인 면(혼효면) 사이에서 벌어지는 생성이다. 혼효면은 그 극한에서 볼 때 어떤 동일성도 실체화될 수 없는 생성면(生成面), 절대적 탈영토화의 면이다. 따라서 들뢰즈/가타리에게서는 이항 대립이 성립하지 않는다. 이항 대립은 두 가지 상태를 전제하기 때문이다. 이들에게 '상태'란 본질적인 것이 아니다. 이들에게 세계는 근본적으로 생성/화(化)이다. 가령 수목형과 리좀형의 '대립'(opposition) 같은 것은 없다(더 정확히 말해, 대립이 있다면 개념적 대립일 뿐이다). 어떤 다양체가 수목형을 향해 가는 생성과 리좀형을 향해 가는 생성이 존재할 뿐이다. 좀더 수목적인 방향으로 화하는 운동과 좀더 리좀형의 방향으로 화하는 운동이 있을 뿐이다. 어떤 다양체는 다른 다양체와 항상 상대적으로, 그 운동을 참조함으로써만 수목적/리좀적이라고 말할 수 있다. 존재하는 것은 이런 생성들뿐이다. '수목형'과 '리좀형'은 이 생성을 개념화하기 위한 장치들일 뿐이다. 이 개념적 장치들을 어떤 본질들로서, 상태들로서, 존재들로서 혼동할 때,[76] 이들이 이원적 사고를 거부하면서도 스스로는 이원적 개념들을 지치지 않고 제시한다는 피상적인 이해[77]가 생기게 된다.

이들에게 **생성**이란 무정형의 흐름이 아니라 언제나 **배치의 생성('연속적 변이'**)이다. 생성이 없다면 배치는 고착화될 것이다. 그러나 배치가 없다면 생성은 아무것도 아니다. 『천의 고원』은 처음부터 끝까지 배치에 관한 책이다. 배치는 층들을 가로질러 형성된다. 배치의 원초적 형태는 유기체들의 영토화에서 발견된다. 수달은 물, 돌을 비롯한 물리-화학적 층, 나무, 물고기를 비롯한 유기층을 가로지르면서 자신의 독자적인 영토

---

76 "또 이 이항적 개념 가운데 어느 하나가 '좋은 것'이고 다른 하나가 '나쁜 것'이라는 가치 평가를 하고 있음 또한 분명합니다. 수목적인 것은 나쁜 것이고 리좀적인 것은 좋은 것이며, 정착적인 것은 나쁜 것이고 유목적인 것은 좋은 것이라고 생각하는 게 틀림없으니까요."(이진경, 앞의 책, 117쪽) 이런 식의 가치론적 이분화야말로 들뢰즈/가타리의 이해에 치명적인 것이다. 예컨대 하나의 배치가 다른 배치들과의 관계에 따라 동시에 정주적일 수도 있고 유목적일 수도 있으며, 더 근본적으로 이런 개념적 구분들은 반드시 생성/화(化)를 전제하고서 이해되어야 하기 때문이다. 지젝 역시 이런 식의 가치론적 이분법으로 들뢰즈/가타리를 독해한다.(예컨대 『신체 없는 기관』, 63쪽) 존재에 대한 생성의 우위를 이야기하고 있고 이것은 의미 있는 지적이지만, 더 중요한 것은 **생성 없는 존재는 고착화를 불러오지만 존재 없는 생성은 문자 그대로 아무것도 아니라는 점이다.**

77 예컨대 가타리의 다음 언급을 보라. "그들은 이항 대립을 사용합니다. 유목성과 정주성, 무리와 군중, 분자적과 몰적, 마이너리티와 머조리티, 전쟁기계와 국가장치, 평활공간과 조리공간 (······) 이것들은 철학이 시작된 이래 제각각 한쪽 편이 종속적인 위치에 놓이고 있습니다. 철학을 전도하는 것은 그 같은 이항의 자리를 바꾸는 것이 아닙니다. 전체의 배치 그것을 바꾸지 않으면 안 됩니다. 종속적인 것이 이항 대립 내의 근저에 놓이는 형태로 다른 구조를 만드는 것입니다."(『언어와 비극』, 조영일 옮김, 도서출판 b, 2004, 362쪽) 들뢰즈/가타리가 극복하려 한 사유를 오히려 이들 자신의 사유로 규정하고 있다. 그리고 이런 식의 문제의식은 이미 한 세대 전(예컨대 알튀세)에 충분히 논의된 것이다.

를 확보한다. 수달의 영토화. '산다'는 것은 어떤 형태로든 이런 식의 영토성/배치를 확보하는 데에서 시작된다. '산다'는 것은 여러 층들에서 끌어낸 파편들을 일정하게 배치하면서 영토를 확보하는 것이며, 그것이 '사는 방식'이다. 인간에게 이 사는 방식은 (유기층에 속하는) 자신의 신체=기계를 다른 기계들에 접속시켜 만들어내는 기계적 배치와 자신의 영혼/정신을 매개시켜 작동시키는, 그리고 사회적-집단적 지평에서 성립하는 언표적 배치를 (실재적 구분, 상호 전제, 일반화된 상대주의를 매개한 '비관계의 관계'를 통해서 성립하는) 일정한 관계에 놓음으로써 성립한다. 기계적 배치는 내용을 형성하고 언표적 배치는 표현을 형성한다. 내용은 그 자체의 실체와 형식을 가지며, 표현 역시 그 자체의 실체와 형식을 가진다. 이 내용과 표현 사이에서 사건들이 발생한다. 더 정확히 말해 배치 자체가 일종의 사건이다. 한편으로 사건들은 기계적 배치들의 운동에서 발생하며, 언표적 배치에 의해 표현된다(나폴레옹의 머리에 왕관이 얹힐 때 하나의 사건이 발생하고, 그 사건은 교황의 언표를 통해서 표현된다). 그리고 이 복합적 운동 전체가 다시 하나의 사건이 된다. 그러나 또한 다른 한편으로 언표적 배치는 기계적 배치에 언표들을 삽입시키며, 그로써 '비물체적 변형'으로서의 사건이 발생한다(합격 통지서는 영희를 한순간에 대학생으로 만든다. 주례의 선언은 한순간에 두 연인을 법적인 부부 관계로 만든다).

배치는 늘 변화를 겪는다. 들뢰즈/가타리의 세계에서 모든 것들은 잠재면/혼효면에서 움직이며 항상 생성한다. 이 생성의 방식을 들뢰즈/가타리는 '탈영토화' 개념을 통해서 파악한다. 모든 배치들은 '탈영토화의 첨점들'을 가지며 여기에서 배치는 관련되는 추상기계를 작동시키고 그 요소들, 선들이 탈영토화를 겪는다. 탈영토화는 분자적 운동을 통해 이루어진다. 몰적 전체로서의 배치 아래에는 항상 분자들의 운동이 존재하며, 이 분자들이 탈영토화될 경우 그것들은 지표공간(홈 패인 공간)을 빠져나와 특질공간(매끄러운 공간)에 들어서게 된다. 그러나 탈영토화의 운동은 이내 재영토화를 통해서 다시 다른 지표공간에 들어가 몰적 전체 속에 편입된다. 이렇게 탈영토화 운동과 재영토화 운동은 서로 맞물려 있다. 배치는 선들과 속도들로 구성되거니와("선들과 측정 가능한 속도들이 하나의 배치를 형성한다"라고 했던 것을 상기), 탈영토화 운동은 이 선들과 속도들을 타고서 이루어진다. 절편화하는 선들은 홈을 파지만, 탈주선들이나 도약선들은 매끄러운 공간으로 움직여간다. 그러나 절편선들만이 우리를 억압하는 것은 아니다. 분자적 선들이 공명을 통해 다시 홈을 파기도 하고, 탈주선들이 죽음과 파괴의 선으로 폭주(暴走)할 수도 있다.

이제 우리가 하려는 작업은 배치에 대해 좀더 구체적으로 논하고 그 기초 위에서 우리의 이야기를 사회와 역사에 대한 이야기로 끌고 가는 것이다. 지금까지의 논의는 존재론(과 자연철학)이라는 가장 추상적이고 원리적인 지평에서 움직였다. 이제 우리는 사회와 역사의 지평으로 옮겨 감으로써 우리 작업의 핵심 과제인 소수자 윤리학에 대한 이야기로 한 발자국 더 다가갈 수 있을 것이다. 논의는 유기화=조직화에서 이제 기표화와 (예속)주체화로 넘어간다. 들뢰즈/가타리가 기표화와 주체화를 파악하는 방식은 기호체제를 통해서이다. 기표화와 주체화가 이루어지는 방식들이 곧 기호체제들이기 때문이다. 그래서 우선 이야기해야 할 주제는 기호체제이다. '기호체제'(régime de signes)란 무엇인가.

들뢰즈/가타리에게 언어는 '언표적 배치' 즉 '언표의 집단적 배치'라는 개념으로 파악된다. 그리고 이 배치는 '기계적 배치' 즉 '욕망의 기계적 배치'와 내용과 표현의 관계를 맺는다. 이미 언급했듯이, 이 구도는 담론적 실천과 비담론적 실천을 이야기하는 푸코의 구도와 일치한다. 여기에서 푸코가 '실천'이라는 표현을 쓴 것에 유의할 경우, 우리는 배치 역시 실천으로서 파악할 필요가 있다. 배치는 '사건'이자 '실천'이다. 기계적 배치는 우리의 신체가 다른 신체들/물체들과 관계 맺으면서 만들어져 가는 실천이며, 언표적 배치는 우리의 언어가 집단적으로 만들어져 가는 실천이다. 두 배치는 내용과 표현의 관계를 맺는다.[78] 이런 한에서, 즉 언어를 언표적 배치로서 또는 언어적 실천으로서 보는 한에서 들뢰즈/가타리는 '기호체제'라는 표현을 쓴다. 이 말은 '기호체계'라는 구조주의적 개념과 맞선다. 달리 말해, 기호들의 장은 언제나 정치적(넓은 의미) 장이며 화용론적 장이다. 이것은 곧 언표적 배치가 기계적 배치에 삽입된다는 것, 그렇게 함으로써 시간을 분절하고 사건─비물체적 변형─을 성립시킨다는 것, 역으로 말해 기계적 배치는 언표적 배치의 효력을 보장하거나 기각시킨다는 것을 뜻한다(누구나 "총동원령을 내린다"고 말할 수 있지만 기계적 배치가 뒷받침되지 않는다면 그것은 유치한 말장난일 뿐이다).

언표가 기계적 배치에 삽입되어 하나의 사건으로서의 비물체적 변형

---

78 들뢰즈/가타리 신체론의 중요한 한 의미는 속류/통속적 유물론이나 생물학적 환원주의를 극복한 점에 있다. 이들에게 신체는 다른 것들을 그것으로 환원시켜야 하는 원리도 아니며(여성지 뒤쪽에 등장하는 '성격 읽기'로부터 몸으로 모든 것을 설명하려는 몸 페티시즘적 사고까지), 또 문화의 가능 근거도 아니다(에드워드 윌슨의 사회생물학에서 리처드 도킨스의 유전자 환원주의까지). 그것은 다른 기계들과 무한히 새롭게 접속해가는 '기계'이며(따라서 이들이 말하는 '기계'는 '유기체'보다 오히려 더 역동적이고 유연한 존재이다. 기계는 유기체의 탈기관체이다), 다른 한편 언표적 배치와 내용-표현의 관계를 맺으면서 새로운 사건/의미를 창출해가는 존재이다. 언표적 배치를 사상한 채 신체 자체로부터 의미를 설명하려는 속류 유물론은 거부된다.

을 일으킨다는 것은 1) 한편으로 언어란 집단적=사회적 배치에 입각해 이해되어야 함을 뜻하며, 2) 다른 한편으로 언표적 배치가 기계적 배치의 표현을 형성함을 뜻한다. 첫째, 모든 언표는 언표-장에 입각해 이해되어야 한다. 이 언표-장은 랑그가 아니라 랑그의 가능 조건을 이룬다. 그것은 규칙을 규칙으로서 성립하게 만들어주는 장이다. 이 언표-장에서 모든 말들은 '발화 수반 행위'를 전제한다. 달리 말해 모든 말들은 정보 전달이나 의사소통, 감정 표현의 도구이기 이전에 어떤 행위들의 장 위에서 이루어진다(존 오스틴의 고전적인 예들을 들 수 있을 것이다). 둘째, 말할 필요도 없이 이런 행위들은 기계적 배치를 내용으로 삼아 이루어진다. 언표가 함축하는 행위는 기계적 배치들에 삽입되며 비물체적 변형으로서의 사건을 만들어낸다(이렇게 비물체적 변형을 야기시킬 수 있는 능력은 차별적이다. 그래서 비물체적 변환의 문제는 또한 권력의 문제이다). 사건들은 한편으로 물질적 차원에서 솟아오르는 것이지만, 다른 한편으로 언표를 통해서 창조되기도 한다.

바로 이 때문에 들뢰즈/가타리는 언어와 정치는 분리해서 생각될 수 없다고 본다. 이것을 달리 말한다면 언어란 기본적으로 기표화와 (예속) 주체화와 관련되는 정치적 체제라고 할 수 있다(말할 필요도 없이 여기에서 '정치'라는 말은 가장 넓은 의미로 사용되고 있다. 사회학적 환원주의는 생물학적 환원주의만큼이나 위험한 사고이다). 이 체제는 기본적으로 잉여/반복의 성격을 띠고 있으며, 기표화는 빈발(頻發=fréquence)에, 주체화는 공명(共鳴=résonance)에 연계된다. 들뢰즈/가타리의 이런 생각은 기본적으로 언어란 의미의 미묘한 뉘앙스들을 소거함으로써 사회성/공통성을 만들어내는 장치라는 베르그송의 생각을 잇고 있다. 그러나 들뢰즈/

가타리 사유의 의미는 언어의 이런 부정적 성격을 베르그송식으로 지적하는 데 그치기보다는 그 성격 자체를 상세하게 파고듦으로써 더 적극적인 실천적 사유를 전개한 데 있다 하겠다. "언표행위가 어떻게 그 자체 집단적 배치들[행위와 언표의 잉여적 복합체들]에 근거하는지를 증명할 때에만 그것의 사회적 특성이 내재적으로(intrinsèquement) 정초된다." (MP, 101/156) 따라서 들뢰즈/가타리에게 중요한 것은 행위(언표행위)와 언표가 어떻게 연관되는지를 구체적으로 보여주는 일이 된다.

사건들은 기계들의 표면에서 솟아오른다. 칼에 손을 베었을 때, 칼과 손이라는 기계들(과 이것들의 능동-수동의 운동)의 표면에서 '피가-남'이라는 사건이 솟아오른다. 다른 한편 사건들은 기계들에 삽입된다. 판사의 판결, 합격 통지서, 주례의 결혼 서약은 기계들에 삽입되어 그 기계들을 비물체적으로 변형시킨다. 이렇게 사건들은 기계들과 언표들 사이에서 발생하며, 자연적 사건들이 자연에서 문화로 가면서 발생한다면 문화적 사건들은 문화에서 자연으로 가면서 발생한다. 전자의 경우 자연으로부터의 사건 발생이 문화에서의 의미 체계에 변화를 가져온다면, 후자의 경우 문화로부터의 사건 발생이 자연에서의[79] 배치들에 변화를 가져온다. 특히 지금 문제가 되고 있는 언표행위라는 개념은 결국 "주어진 한 사회를 가로지르는, 이 사회의 체(體)들[기계들]에 귀속되는/삽입되는 비물체적 변형[행위]들의 집합"(MP, 102/157)이다. 's'attribuer à'라는 표현을 기억하자. 언표행위 및 그것이 발생시키는 사건들은 한편으로 기계들에

---

79 더 정확히 말해 '기계들에서의'라고 말해야 할 것이다. 들뢰즈/가타리에게서는 이미 자연적 기계들과 기술적 기계들, 유기체들, 인간의 신체들 등이 모두 기계들로서 사유되고 있기 때문이다.

'귀속'되며, 다른 한편으로 그것들에 '삽입'된다. 사건들은 기계들의 표면 효과들이지만, 그 표면효과들은 단순히 자연적으로 발생하(고 문화적으로 '해석'되)는 것만이 아니라 문화(/정신)에서 유래해 기계들에 삽입되기도 하는 것이다. 's'attribuer à'라는 표현에는 이런 이중성이 깃들어 있다. 이렇게 언표행위는 기계들의 비물체적 변형과 그것을 가져오는 언표들 사이에 존재하며, 그런 점에서 앞에서 이야기한 발화 수반 행위이기도 하다. 아울러 우리는 이들의 언표 이론이 왜 강한 정치적 함축을 띠는지 이해할 수 있다. 언어적 행위는 바로 사건을 발생시키는 행위이기 때문이며, 사건의 발생이란 곧 기계들을 비물체적으로 변형시키는 행위이기 때문이다.[80]

이제 기호체제 개념을 정의해보자. 들뢰즈/가타리는 기호체제를 다음과 같이 규정하고 있다.

1. 말이란 기본적으로 명령어(mot d'ordre)이며, 명령어는 행위의 맥락을 함축한다.
2. 명령어는 비물체적 변환을 표현한다.
3. 명령어들을 변수로서 포함하는 배치가 언표행위의 배치이다.

---

80 이미 언급했듯이, 들뢰즈/가타리의 이런 사유 구도의 의미는 단순한 형태의 유물론을 극복한 점에 있다. 나아가 이들은 알튀세의 사유도 비판적으로 바라본다. 레닌의 「슬로건에 관하여」(1917)는 프롤레타리아트가 신체적으로 성립하기 이전에 그것을 언표행위의 배치로서 대중으로부터 마름질해냈다. 레닌의 언표행위는 대중(의 일부)을 비물체적으로 변형시킨 것이다. 레닌은 슬로건=명령어의 역할을 누구보다도 잘 알았던 사람들에 속한다. 들뢰즈/가타리의 이런 관점은 지젝(『혁명이 다가온다』, 이서원 옮김, 길, 2006)과 바디우(『사도 바울』, 현성환 옮김, 새물결, 2008)에 의해서도 나름의 맥락에서 활용되고 있다.

4. 어느 순간 이 변수들이 규정 가능한 관계들에 들어갈 때, 배치들은 결합되
   어 기호체제 또는 기호계적 기계(machine sémiotique)로 화한다.

   언어란 일차적으로 명령어라는 이들의 생각은 모든 말들은 일정한
언표-장, 발화 수반 행위 안에서 일어난다는 것을 함축한다(이 점에서
'명령'이라는 표현은 오해의 여지가 있다. 명령은 언표-장, 발화 수반 행위
의 한 종류일 뿐이기 때문이다). 다시 말해 언어란 기본적으로 행동의 장
에서 발생한다는 것이다. 이 행동의 장이란 곧 비물체적 변환들이 발생하
는 장이다. 사람들은 명령어들을 발하고 그 명령어들은 비물체적 변환을
야기한다. 주례의 선서는 두 남녀를 부부로 만든다. 한 사물의 전시는 그
사물을 예술품으로 만든다. 한 선생의 선언은 한 학생을 득의양양하게 또
는 의기소침하게 만든다. 우리 삶에서 언어란 이렇게 기본적으로 비물체
적 변환과 관련된다. 이것은 달리 말해 언어란 늘 사건과 더불어 작동한
다는 것, 사건이란 기계적 배치들에서의 변화로부터 솟아오를 뿐만 아니
라(물체적 변양들) 명령어를 통해, 비물체적 변환으로서 발생한다는 것을
뜻한다(비물체적 변환들). 이런 명령어들은 무작위적이고 자의적으로 존
재하는 것이 아니다. 몸에 좋은 음식물에 대해 누구나 말할 수 있다. 그러
나 특정한 의사가 TV에 나와 말했을 때 그 언표는 적지 않은 반향을 불러
일으킨다. 우리는 언표행위의 배치 속에서 발화하는 것이다. 거꾸로 말해
언표행위의 배치는 명령어를 그 변수로서 포함한다(발화 수반 행위 각각
이 하나의 변수를 형성한다). 그러나 언표행위의 배치는 기계적 배치와의
관계하에서만 유효하게 작동한다. "너를 사랑해"라는 말은 그 말을 뒷받
침해주는 행동이 뒤따르지 않을 때 씁쓸한 거짓으로 판명될 뿐이다.

비물체적인 부대물(l'attribut)을 표현함으로써, 동시에 그것을 물체에 귀속시킴으로써(attribuant), 우리는 표상하는 것도 지시하는 것도 아니다. 우리는 말하자면 개입하는(intervient) 것이며, 그것이 언어의[언어적] 행위이다. 이로써 표현의 형식과 내용의 형식, 두 형식의 비의존성이 부정되는 것이 아니다. 오히려 더 분명해지는 것이다. 표현들과 표현된 것들은 내용들에 삽입된다. 또는 개입한다. 그것들을 표상하기 위해서가 아니라 그것들을 기대하기, 저지하기, 지연시키기, 가속시키기, 분리시키기, 결합하기, 분할하기……위해서이다. 순간적인 변환들의 연쇄는 언제나 연속적인 변양들의 그물에 삽입되곤 한다.(MP, 110/169)

사건이란 물체들의 표면에서 발생하는 비물체적인 부대물이고 의미는 그것을 표현한다. 그러나 반대 방향에서 말해, 우리는 언표행위를 통해서 비물체적 사건들을 물체들(기계적 배치)에 귀속시키기도 한다. 이것은 곧 언표, 사건을 물체들에 개입/삽입시키는 것이다. 내용과 표현은 실재적으로 구분되면서도 이렇게 밀접한 관련을 맺는다. 표현이 내용을 표상하거나 지시하는 것이 아니다. 내용과 표현은 무엇보다도 이렇게 물체들의 연속적 변양과 언표들에 의한 순간적 변환들(사건들)로서 관계 맺는다. 내용도 탈영토화를 겪어나가고 표현도 탈영토화를 겪어나간다. 때로는 내용의 탈영토화가 표현에 영향을 주기도 하고, 때로는 반대의 일이 벌어지기도 한다. 병원의 개축이나 새로운 기기의 발명이 의학을 바꾸기도 하고, 의학의 새로운 학설이 병원의 구조나 새로운 기기를 발명케 하기도 한다. 이런 실재적 구분, 상호 전제, 일반화된 상대주의의 관계를 통해서 우리는 신체적 경험을 통해 새롭게 언표하게 되고, 또 언표함으로써 신체적 경험을 바꾸어나간다.

언표행위의 배치는 극히 복잡하고 다채롭다. 여기에서 복잡하다는 것은 명령어, 비물체적 변환, 언표행위의 배치가 맺는 관계가 일의적이지 않다는 것을 뜻하며, 다채롭다는 것은 언표행위의 양태가 극히 다양하다는 뜻이다. 그러나 하나의 사회는 이 복잡함과 다채로움을 다스릴 수 있을 때 성립한다. 명령어들=변수들이 일정한 규정을 부여받음으로써 정보의 차원에서 기표화가 그리고 의사소통의 차원에서 주체화가 성공적으로 수립될 때 배치들은 결합되어 어떤 안정된 기호체계를 이룬다. 이렇게 안정된 기호체계를 들뢰즈/가타리는 기호'체제'라 부른다. 기표화와 주체화는 근본적으로 정치적인 차원에서 성립하는 것이기 때문이다.

살아가면서 우리는 사물들과 관계 맺기보다 기호들과 관계 맺는다. 사물들과 맞닥뜨리기보다는 기호들과 맞닥뜨린다. 사물들은 아무런 낯섦도 없이 하나의 기호로서 우리에 의해 해독된다. "저것은 자동차", "저것은 가게", 우리는 이런 식으로 말한다. 그래서 일상생활에서 우리는 어떤 바깥도 없는, 완벽하게 기호화된 세계를 살아간다. 우리는 기호들에 둘러싸여 있고 그 사실 자체를 잊어버린다. 기호들은 범주로서 작동한다. 바지, 양말, 윗도리, 모자, 목도리 등등은 옷의 범주로서 파악되며 하나로 묶여 이해된다. 또 기호들은 연쇄로서 작동한다. 칠판, 백묵, 지우개, 책상, 의자 등등은 서로가 서로를 지시하면서 일정한 체계를 형성한다. 기호들은 범주들로 묶이기도 하고 계열들로 이어지기도 한다. 우리를 둘러싼 환경도 모두 기호체제들로 환원되어 있다. 땅은 도, 군, 면, 리/동 등의 기호들로 체계화되어 있고, 하늘까지도 모두 방위 체계로 구성되어 있다. 우리 모두에게는 주민등록번호가 부여되어 있고, 거주지에는 주소가 붙어 있다. 모든 직장은 위계적인 이름-자리들로 구성되어 있고, 사람들은 위계=사다리 한 칸 위로 올라가려고 발버둥친다. 우리의 삶은 이렇게 철저하게 기호화되어 있고 기호체제들로 구성되어 있다. 기호들은 체제를 통해서 작동하며 따라서 기표들이다. 결국 기호체제는 사물들을 기표화한다. 이것은 표현이 내용과 가지는 연관성을 희박하게 만들며, 표현이 그 자체의 구조에 입각해 돌아가게 만든다. 그래서 우리는 사물을 기호화하기보다는 이미 이루어져 있는 기표체제를 투영해 사물들을 능숙하게 다룬다. 기호들은 사물들을 지시하기보다는 다른 기호들을 지시한다.

기호들의 체계는 인식의 측면에서 만들어지기도 하고 정치의 측면에서 만들어지기도 한다. 정치의 측면에서 만들어진 기호체계를 특히 기호체제라 할 수 있다. 우리들은 이미 만들어진 기호체제 안에 던져지며 마치 그 체계가 '자연스러운' 것인 양 여기면서 살아간다. 그러나 기호들을 체계화하고 그 체계를 삶에 부과하는 작업은 모종의 권력을 함축한다. 이 때문에 기호체계는 결국 기호체제이다. 우리의 삶은 우리가 만든 것이 아니다. 우리에게 '주어진 것'은 어디까지나 역사적으로 '만들어진 것'이다(푸코는 이 만듦을 추적해 폭로하고 그렇게 함으로써 현재 우리의 삶을 해명하는 작업을 '계보학'이라 불렀다. 우리의 작업도 계보학적 성격을 띠지만, 현재의 논의는 구체적인 역사적 작업보다는 원리적인 존재론적 해명에 초점을 맞춘다). 이 체제는 그것을 만든 인간들보다, 또 그것 안에서 살아가야 하는 인간들보다 오래 산다. 만일 윤리학을 인간과 인간의 관계의 모색으로, 정치학을 기존 관계들의 체제를 새롭게 바꾸어나가는 담론적 행위로 규정한다면, 윤리학과 정치학이 겨냥해야 할 일차적인 대상은 곧 기호체제이다.

들뢰즈/가타리는 자신들의 기호체제론을 가지고서 역사를 해명한다고 말하지는 않는다. 기호체제론이 제시하는 여러 형태의 기호체제들은 일종의 모델들일 뿐이다. 즉 기표화와 주체화가 이루어지는 틀들일 뿐이다. 더구나 이들은 이 모델들이 단독으로/순수하게 작동하는 일은 거의 없다고 말한다. 그러나 물론 이 모델들은 실제 역사를 참조해서 구성된 것들임에 틀림없다. 나아가 역사의 어떤 시대와 권역이 특정한 기호체제=기호계를 주로 한다는 것도 사실이라고 본다. 그래서 이제 우리가 해야 할 일은 역사를 놓고서 이 기호체제들이 작동하는 방식들을 해명하는 일이다. 즉 이제부터의 논의는 기표화와 주체화가 이루어지는 다양한 방식들, 즉 기호체제들을 분류하고, 역사 속에서 그 모델들을 예증하는 일이다.

들뢰즈/가타리가 기표체제(기표작용적 기호체제)라 부르는 것은 대체적으로 전통 사회에 해당한다. 즉 기표체제가 가장 전형적으로 나타나는 것은 전통 사회의 구조에서이다(중앙집권 체제와 지방분권 체제〔封建制〕 사이의 구분은 지금의 맥락에서 중요하지 않다). 그러나 전통 사회만이 기표체제를 잘 보여주는 것은 아니다. 어느 시대이든, 어느 영역에서이든 전통 사회와 유사한 기호체제가 작동할 경우 그것은 기표체제의 작동이라 볼 수 있다. 기표체제의 앞에는 전(前)기표적 체제가 있다. 그리고 시대적으로 전통 사회에 속하지만, 전형적인 기표체제를 보여주는 사회와는 다른 사회를 설명하기 위해 반(反)기표적 체제를 언급한다. 이 반기표 체제가 전형적으로 등장하는 곳은 유목민 사회이다. 아울러 기표화보다는 주체화를 통해서 작동하는 사회가 존재한다. 자본주의가 등장한 이후에 성립한 이 사회를 들뢰즈/가타리는 후(後)기표적 체제라 부른다. 결국 들뢰즈/가타리는 기표화와 주체화가 작동하는 여러 방식들을 역사 속에서 실증하고 있다고 볼 수 있다.

다음 세 가지에 주의하면서 이들의 논의를 따라가야 한다. 1) 이들은 단지 역사의 어떤 국면에 하나의 기호체제를 대응시키고 있는 것은 아니다. 모든 역사적 국면들은 혼합된 기호체제를 통해 작동한다. 그러나 분명 어느 국면이 어느 기호체제를 두드러지게 작동시키는 것은 사실이다. 2) 이들은 진화론을 쓰고 있는 것이 아니다. 즉 이들의 논의는 '진화'나 대(大)역사를 쓰고 있는 것이 아니다. 3) 기호체제는 배치를 전제로 할 때에만 의미를 가진다. 즉 언표적 배치는 기계적 배치를 전제로 해서만 의미를 가진다. 이것은 기계적 배치 위주의 '유물론'도 언표적 배치 위주의 '구조주의'도 아니다. 그것은 배치(와 그 변화를 가능케 하는 추상기계)를 전제한 한에서의 기호체제론이다.

기호체제가 기표체제로 초코드화되기 이전의 사회 즉 전-기표체제를 잘 보여주는 사회는 물론 원시사회이다. 여기에서 기호의 탈영토화는 억제되고 삶의 초코드화는 저지된다. 원시사회가 **절편들**의 사회인 것은 이 때문이다. 원시사회에서 기호들은 아직 사물들로부터 전적으로 탈영토화되어 있지 않으며, 따라서 기호가 기호를 지시하는 기표체계는 아직 도래하지 않았다. 절편성은 원환을 구성하기보다는 선들을 긋는다. 여기에는 다선형적인(plurilinéaire), 다차원적인, 절편적인 기호학만이 존재한다.

원시사회의 기호계가 전기표적 체제라는 것은 이 사회가 국가의 도래를 저지하는 메커니즘을 가지고 있었다는 것을 뜻한다. 그러나 이것은 기표의 거부라기보다는 차라리 국가의 도래에 대한 불길한 예감 때문이었다고 들뢰즈/가타리는 말한다(레비-스트로스에 대한 데리다의 비판과 관련시켜볼 수 있을 것이다). 이 불길한 예감이란 곧 "보편화하는 추상화, 기표의 정립, 언표행위의 형식적이고 실체적인 균일화, 언표들 및 그 상관자들의 순환성, 국가장치, 군주의 즉위, 사제들의 카스트, 희생양"(MP, 148/229) 같은 것들에 대한 예감이다. 피에르 클라스트르는 원시사회에 대한 진화론적 관점을 거부하고 원시사회가 어떻게 국가 형성의 저지 메커니즘을 작동시키는지를 밝혀주었다. 원시사회에서의 '수장들'과 전통사회에서의 '왕/황제들'의 차이, 원시사회에서 전쟁이 가지는 의미 등에 주목할 필요가 있는 것이다.

들뢰즈/가타리는 '국가의 탄생'에 대한 여러 가설들을 논박한다. 예컨대 대토목 공사, 잉여생산물들의 축적, 공적 직능들의 조직화, 통치자와 피치자의 구별 등등으로 국가의 탄생을 설명할 수는 없다. 이것들 자체가 국가장치를 전제하기 때문이다. 마찬가지로 전쟁을 통해서 국가를 설명하는 것도 곤란하다. 클라스트르가 밝혔듯이 원시사회에서는 오히려 전쟁이 국가 형성을 저지하기 때문이다. 때문에 국가는 애초에 존재했다는 것이 이들의 생각이다. 그러나 정말 중요한 것은 기원의 문제가 아니라 국가라는 존재 방식에 대한 구조적 이해이다. 즉 국가라는 것이 정확히 무엇에 대비적으로 성립하는가의 물음이다. 국가장치가 기표체제를 통해 작동한다면, 이 물음은 곧 기표체제가 무엇에 대비적으로 성립하는가의 물음이기도 하다. 여기에서 문제의 본질은 탄생에 있기보다는 국가의 내부와 외부라는 구조에 있다. 국가의 외부성을 형성하는 존재를 이들은 '전쟁기계'라 부른다. 따라서 정말 중요한 문제는 국가**의 탄생**이 아니라 국가장치**와 전쟁기계의 관계**이다. 전쟁기계는 기본적으로 국가장치=

기표체제의 바깥으로 움직인다.[81] 말할 필요도 없이 내부와 외부가 실체적으로 단절되어 있는 것은 아니다. 때로 전쟁기계가 국가장치에 흡수되기도 하고 또 때로 국가장치가 전쟁기계로 해체되기도 하며, 더 나아가 각각의 내부에 이미 타자로 화할 수 있는 잠재성이 들어 있다고 해야 할 것이다. 그럼에도 국가장치와 전쟁기계라는 개념적 구분은『천의 고원』전체를 관류하는 핵심적인 구분으로서 작동한다.

원시사회는 단지 '미개'했던 것이 아니며 국가장치에 대한 의식적, 무의식적 대항을 실행했다. 이 점에서 원시사회는 전쟁기계의 성격을 띤다. 그러나 원시사회는 지금도 현존하는 기표체제들과의 명시적인 대결을 통해 도래한 사회가 아니며, 때문에 국가장치-전쟁기계의 구도에서 적극적으로 논의되지는 않는다. 그럼에도 클라스트르가 논한 원시사회의 성격들은 현대사회로부터의 탈주를 모색하는 과정에서 일정한 암시를 줌에 틀림없다.

기표체제는 초코드화를 통해서 성립한다. 절편들이 초코드화를 통해서 중심기표를 가지게 될 때, 기표화(와 예속주체화)를 겪을 때 기표체제가 성립한다. 기표체제는 발생하는 모든 기호들을 기표화한다. 이 점에서 기표체제는 넓은 의미에서 제국적이다. '천하통일'은 기표체제 성립의 좋은 예를 제공해준다. "명분(名分)이 정해지지 않으면 요, 순, 우, 탕조차

---

81 들뢰즈/가타리는 오늘날의 상황에서 볼 때 두 종류의 전쟁기계를 구분할 수 있다고 본다. 그 하나는 주어진 순간에 모든 '분절계' 위에서 가지 쳐 나가는 세계적인 거대 기계들로서 "초국적 기업들, 산업 복합체들, 기독교나 이슬람교 같은 종교의 단체들, 어떤 예언주의 또는 메시아주의 운동들" 등을 들 수 있다. 이와 대조되는 두번째 종류의 전쟁기계는 국소적인 메커니즘들로서 "무리들, 주변인들, 소수인들"을 들 수 있다. 이들은 국가의 권력 기관들에 대항하면서 절편적 사회들의 권리를 지치지 않고 주장한다.(MP, 445/689) 물론 이 두 흐름은 때로 교차한다.

도 모두 그것〔토끼〕을 잡으려 난리를 칠 것입니다. 그러나 명분만 정해진다면 욕심 많은 도적일지라도 그것을 탐하지 않을 것입니다. 〔……〕 그래서 명분이 정해지는 것은 곧 세치(勢治)의 도이고, 명분이 정해지지 못하는 것은 곧 세난(勢亂)의 도인 것입니다."(『商君書』, 「定分」) 여기에서 명분이란 바로 기표체제의 확립을 통해서 분자들을 몰적으로 구성하는 초월성을 의미한다. 한(漢) 시대에 구축된, 공사(公士)로부터 철후(徹候)에 이르는 '20등(等) 작위' [82]는 이런 체제의 전형적인 예를 보여준다.

근본적으로 볼 때 문자의 발명과 역사의 기록은 초코드화를 통한 기호체제 구축의 대전제이다. 사물들에 이름을 붙인다는 것은 그것들을 인간의 세계, 문화의 세계로 끌어들임을 함축한다. 그리고 그런 이름들은 반드시 체계로서 성립한다. 다시 말해 사물들에 이름 붙임은 곧 사물들을 분류함을 함축한다(특히 한자는 부수 자체가 이미 사물들의 분류를 함축하고 있다). 기호들을 통해서 사물들은 계열화되며 일정한 체계로서 연관성을 맺게 된다. 그리고 이런 기호체계가 (각 언어권에 있어) 교육을 통해 모든 사람들에게 부여되고 일종의 강제성을 띠게 될 때 그 체계는 정치적 체제의 일부가 된다. 이런 체제 속에 들어 있는 사람들은 사물들을 보기보다는 사실상 기호들을 본다. 사물들을 조작하기보다는 기호들을 조작한다. 저것은 '책상', 그것은 '의자', 이것은 '책'이다. 저것은 '나무', 그것은 '개', 이것은 '벌레'이다. 아무런 신기할 것도 특별할 것도 없다. 우리는 기호들을 바라본다. 사물들은 기호들의 연쇄의 한자리에서 나타난다. 오늘날 우리는 세계가 완벽하게 기호화된 그런 시대를 살고 있다.

---

[82] 西嶋定生, 『秦漢帝國』, 講談社, 2001, 138頁 이하를 참조.

기표체제는 흔히 하나의 중심기표를 전제한다. 중심기표를 핵으로 하는 이 기표체제를 유지하기 위해서는, 즉 기표화를 유지하기 위해서는 해석화(interprétance)가 요청된다. 해석화는 기표체제 아래에 사는 사람들에게 사물들을 기표화하는 법을 가르친다. 지중해 세계에서의 사제 계층이나 동북아 세계에서의 관료 계층(에티엔 발라즈가 말한 "문사-관료들")은 해석화를 담당하는 대표적인 계층으로서, 이들이 만들어낸 기표들은 기의들과 사물들을 장악해 그것들을 모두 기표로 만들어버린다. 결국 기표가 기표를 참조하게 되고 해석화 또한 이미 존재하는 기표화에 종속된다. 사제들/관료들은 해석화를 통해서 기표체제가 흔들릴 때 평형을 회복시켜주며, 가끔씩 구멍을 내면서 체제를 뒤흔드는 요소들을 진정시킨다. 물론 기표체제를 떠받치는 장치들은 이 외에도 많다. 세금을 거두기 위해서 발명되었다고 하는 화폐, 사람들 사이에 공간적 위계를 부과하는 성(城), 경제적 위계를 부과하는 토지 분배를 비롯해서 다양한 장치들이 기표체제의 보존을 위해서 작동한다.

기표체제의 형식에 대해 말했거니와 그렇다면 기표체제의 실체는 무엇일까? 들뢰즈/가타리의 대답은 무척이나 흥미롭다. 내용의 실체가 물질(형식을 부여받은 물질)이라면 표현의 실체는 얼굴이다. 사실 이 규정은 다소 좁은 규정이다. 표현의 실체는 목소리, 글자, 몸짓, 색깔(예컨대 신호등의 경우) 등등 매우 다양할 수 있다. 그러나 '기호체제'를 논하는 맥락에서 이들은 특히 얼굴, 더 정확히 말해 얼굴성(visagéité)을 표현의 실체로서 지목한다.

언어가 언제나 얼굴성의 특질들을 동반할 뿐만 아니라 얼굴이 잉여들의 전체를 결정화(結晶化)한다. 얼굴은 기표적인 기호들을 내보내고 받아들이며, 느슨하게 풀기도 하고 다시 죄기도 한다. 얼굴은 견고한 중심으로서 존재하며, 따라서 기표화의 중심체와도 같다. 모든 탈영토화된 기호들이 그것에 걸리며, 따라서 그것은 기호들의 탈영토화의 극한/한계를 형성한다. 목소리가 나오는 것은 얼굴로부터이다. 그리고 제국적 관료 체제에 있어 글쓰기 기계가 근본적인 중요성을 가지는 것이 사실이지만, 쓰인 것은 바로 얼굴로 인해 결국 글의 성격이 아니라 목소리의 성격을 담게 되는 것이다. 얼굴은 기표체제에 고유한 거대한 도상(Icône)이며 체계 내부적인 재영토화이다. 기표는 얼굴 위에서 재영토화된다. 기표의 실체를 제공하는 것은 얼굴이며, 해석이 그것의 실체(얼굴)에 기표를 다시 부여하고자 할 때 재해석을 강요하고, 변화를 겪으며, 그 특질들을 바꾸는 것은 바로 얼굴이다.(MP, 144~145/223~224)

결국 얼굴은 기표체제가 그것에 걸려 있는 중심이며, 기표체제의 불확실성이 그것을 통해서 교정되는 기준이기도 하다. 왕조(王朝) 체제는 얼굴이 표현의 실체로서 작동하는 전형적인 경우일 것이다. 여기에서 기표체제는 곧 '명-분'(名-分)을 통해서 작동한다(여기에서 명-분은 '대의명분'의 뜻이 아니라 문자 그대로 이름들의 분할, 이름들의 분절체계를 뜻한다). **왕의 얼굴**이라는 표현의 실체는 이 명-분을 떠받치는 중심이다.[83] 기표체제의 관건은 무엇보다도 그 체제의 유지이다. 기표체제는 그 본성상 보수적(保守的)이며 보수적인 체제는 끝없는 보수(補修)를 필요로 한다.

---

83 들뢰즈/가타리에게서 얼굴은 두 가지 의미로 사용된다. 한편으로 그것은 실제 누군가의 얼굴을 가리키고, 다른 한편으로는 백면(白面)과 흑공(黑卒)으로 이루어진 추상기계를 가리킨다. 용어를 좀더 일관되게 사용하려면 전자를 '얼굴'로 후자를 '얼굴성'으로 고정시켜야 할 것이다.

이 보수는 곧 해석의 체제이기도 하다. 그 체제를 떠받치는 힘은 중심으로부터 뻗어 나오는 힘이다. "군자의 덕은 바람이고 소인의 덕은 풀이다. 풀 위로 바람이 불면 풀은 반드시 눕는다."(『論語』,「顔淵」) 덕이란 한 인간의 힘이 바깥으로 표현되는 것이며, 타인들과의 관계에서 한 인간이 행사하는 그러한 힘이다. 윤리적인 맥락에서 덕은 한 인간의 내면의 힘을 말하며 그의 인격과 매력을 말한다. 그러나 현실적인 맥락에서 한 인간이 가지는 힘은 결국 명-분에서 그가 차지하는 이름-자리이며 그의 위치와 권력을 말한다. 특히 관료적인 체제나 군대 등등의 체제에서 한 인간의 힘은 곧 그의 이름-자리에서 나온다. 공자의 생각은 이중적이다. 그가 말하는 덕은 인격과 매력이고, 그가 생각하는 군자는 명-분이라는 기호체제에 있어 상위의 이름-자리를 차지하는 존재만이 아니라 '실제' 그 이름-자리에 걸맞은 인격과 매력을 갖춘 존재이다("귀족〔人〕이라 할지라도 인〔仁〕하지 못하다면 예〔禮〕가 무슨 소용이랴, 귀족이라 해도 인〔仁〕하지 못하다면 악〔樂〕이 무슨 소용이랴?"「八佾」). 그러나 공자의 이런 생각은 애초에 군자-소인(귀족/상급 관료와 하급 관료)의 기호체제를 전제하고 있으며, 공자의 노력은 이 기호체제의 유지를 전제한 채 그 위에서의 정명(正名)을 추구하는 것이었다.

이런 일방향적 기호체제를 거슬러 올라갈 때 그 극한에서 왕을 만나게 된다. 왕은 기표체제의 중심을 형성하며 따라서 일종의 무(無)이기도 하다. 그것은 다른 것들을 움직이지만, 그 힘의 행사는 직접적 작용을 통해서가 아니라 표현의 실체로서의 얼굴을 통해서 이루어진다. '남면술'(南面術)이라는 말은 시사적이다. "아무 일도 하지 않으면서〔無爲〕 잘 다스린 분이 바로 순임금이 아닌가? 도대체 무슨 일을 하였던가? 단지 공경스러운 태도로 남쪽을 바라보았을 뿐이다."(「衛靈公」) "덕으로써 정치를 펴는 사람은 북극성에 비유할 수 있다. 북극성은 제자리에 있을 뿐이지만 뭇별들이 그것을 둘러싸고서 돈다."(「爲政」)

이런 식의 논의 구도는 천하통일이 임박했을 때 더욱 분명하게 나타난다. "큰 국가는 아래로 흘러 천하의 암컷이 되고 천하의 매듭[交]이 된다. 암컷은 늘 고요함으로써[靜] 수컷을 이긴다. [암컷은] 고요함으로써 마땅히 아래에 거한다. 그렇게 함으로써 대국은 소국을 굴복시킨다."(『老子』, 백서본 24장, 왕필본 61장) 작은 동그라미들의 체제는 더 큰 동그라미의 체제로 흡수되며 이 누층적 흡수는 결국 '천하'의 차원에서 성립되어야 한다. 그러한 성립을 가능하게 해주는 것은 대국이 아래에 서고 고요함으로써 가능하다. 그렇게 할 때에만 기호체제가 정립되기 때문이다. 중심기표가 일종의 무(無)여야 한다고 말함으로써 노자는 중심기표가 유(有)일 때 초래될 결과를 예방하려 하고 있다. 따라서 이런 정치를 가능하게 하는 것은 무의 존재론이며, 이 무의 이름 아닌 이름은 도(道)이다. "도에는 이름이 없다. [······] 처음부터 통치체제에는 이름이 있다. 과연 이름이 있을진대 멈출 줄 알게 되지 않겠는가. 멈출 줄 알게 된다면 위태롭지 않을 것이다. 천하에 도가 있는 것은 마치 작은 계곡들이 강, 바다와 함께하는 것과 같다."(백서본 76장, 왕필본 32장) 이름들의 체계가 굳건히 설 때 크고 작은 국가들/집단들은 분수를 알고 멈출 것이다. 그때에만 전체 기호체제는 안정을 구가할 수 있다. 그러나 그러한 안정의 뿌리 그 자체는 이름이 없는 도이다. 모든 이름들을 지배하는 도에는 이름이 없어야 한다("天下萬物生於有 有生於無"). 무수한 강들과 바다들이 작은 계곡들에서 유래하듯이, 모든 이름/질서는 도에서 유래한다.

왕조 체제에서 무엇보다 중요한 것은 바로 왕조 체제 그 자체를 유지하는 일이다. 그 유지를 유가 아닌 무를 통해서 이루려 했다는 점에서 공자와 노자의 정치철학은 빼어난 사유들이다. 그러나 그 사유들은 결국 왕조의 기호체제를 전제하는 한에서, 그것을 유지하려 한 점에서 기표체제의 사유들이었다.

전통 시대의 왕조들이 기표체제의 전형적인 예를 보여주지만 그런 것은 과거의 일일 뿐이라고 말한다면 천만의 말씀이다. "정당, 문학 운동, 정신분석협회, 가족, 부부 관계 등 중심화된, 위계화된, 수목형에 따라 조직된, 예속주체화된 모든 집단들"(MP, 146/226)에서 기표체제를 확인할 수 있다. 들뢰즈/가타리는 모든 형태의 기표체제들에서 발견되는 특징들을 다음과 같이 정리해주고 있다.

1. 기호는 기호를 참조하며, 그 과정은 무한히 이어진다(기호를 탈영토화시키는[84] 기표화의 무제한성).

2. 기호는 기호에 의해 되돌려 보내지며, 끊임없이 되돌아온다(탈영토화된 기호의 순환성).

3. 기호는 하나의 원환에서 다른 원환으로 건너뛰며, 하나의 중심과 관계 맺으면서도 끊임없이 그것을 이동시킨다(기호들의 은유 또는 히스테리).

---

[84] 기호들이 물체들로부터 탈영토화되는 것과 얼굴이 머리로부터 탈영토화되는 것은 나란히 이해될 수 있다. 물체들로부터 탈영토화된 기호들은 표현의 층위를 이루고 얼굴은 이 표현의 층위의 실체가 된다. 물론 이런 탈영토화가 얼굴만은 아니다. 목소리도 탈영토화되어 의미를 담게 되고, 몸 자체도 탈영토화되어 특정한 기호체계를 형성할 수 있다. 따라서 얼굴보다는 얼굴성이 문제가 된다고 해야 할 것이다. 얼굴성은 표현의 실체로서 표현의 유동성을 고정시킨다("얼굴성-기계는 기표와 주체의 [……] 연결 장치이다"[MP, 220/343]). 아울러 얼굴이 머리로부터 탈영화되듯이, "풍경"은 자연으로부터 탈영토화된다.(MP, 211/329 이하를 참조)

4. 원환들의 확장은 기의를 주고 또 기표를 다시 주는 해석들에 의해 보장된
   다(사제의 해석증=interprétose).
5. 기호들의 무한한 집합은 과잉으로서 등장하는 만큼이나 결핍으로서도 등
   장하는 중심기표를 참조한다(군주적 기표, 체계의 탈영토화의 극한/ 한계).
6. 기표의 형식은 하나의 실체를 가진다. 또는 기표는 '얼굴'이라고 하는 하
   나의 신체를 가진다(얼굴성의 특질들의 원리. 이것이 재영토화를 구성한다).
7. 체계의 탈주선은 부정적인 가치로 받아들여지며, 기표체제의 탈영토화의
   힘을 초과하는 것으로서 단죄된다(희생양의 원리).
8. 기표체제는 보편적인 기만의 체제이다. 도약들, 규제된 원환들, 신성한 것
   에 대한 해석들의 규칙들, 얼굴화된 중심의 공공성, 탈주선의 취급, 이 모
   두에 있어 그렇다.

　　기표체제는 전통 사회에서 가장 뚜렷하게 나타나지만 인간 삶의 가
장 기본적인 방식이라고도 할 수 있다(그 '기본적인'에 어떤 아프리오리한
이유가 있는지는 말할 수 없지만). 따라서 다른 기호체제들은 바로 이 기표
체제와의 차이를 통해서 이해된다. '전기표적' 체제, '반기표적' 체제, '후
기표적' 체제 등으로 이야기되는 것은 이 때문이다.
　　말할 필요도 없이 기표체제는 완전하지 않다. 기표체제에는 늘 누수
가 발생한다. 그러나 기표체제가 있고 그것으로부터의 일탈이 있기보다
는 차라리 존재/세계 자체가 (베르그송적 뉘앙스에서의) 생성이며 기표체
제는 늘 이 리좀적 생성을 가둠으로써 성립한다고 말하는 것이 더 적절할
것이다. 탈영토화는 탈코드화를 요구하게 되며, 때문에 기표체제는 늘 보
수를 필요로 한다. 권력의 가장 기본적인 존재 방식은 기표체제를 창안,

유지, 보수하는 데에 있다. 그러나 권력이 욕망을 완전히 잠재운 적은 없으며 따라서 권력(그러나 권력은 결국 기표체제를 향한 욕망, 더 정확히 말해 이름-자리 체제를 주도하려는 욕망이다. 역설적인 욕망)과 욕망의 투쟁이 '역사'를 생성시켜왔다. 세계사는 욕망의 세계사이다.

권력은 기표체제의 유지를 위해서 이 체제에 끼어드는 이물질들을 참조해 스스로를 변형시키거나 그것들을 제거한다. 이 제거는 그 존재들을 기표체제 바깥으로 추방시키는 것이며 따라서 그 존재들의 죽음은 신체적 죽음의 형태를 띠거나 상징적 죽음의 형태를 띠게 된다. 수형자의 공개 처형은, 푸코가 빼어나게 묘사했듯이, 왕의 자리의 반대편에 선 수형자를 만천하에 공개함으로써 기표체제의 공고함을 민중들의 무의식에 각인시키기 위해 치러진다. 왕의 신체와 수형자의 신체는 정확히 대척점에 존재한다. 반면 유배/추방은 수형자가 소유하고 있던 이름-자리를 박탈하고 그를 기표체제의 바깥으로 내몲으로써 기표체제에 대한 위협을 제거한다(유배/추방 역시 민중에게 공개됨으로써 기표체제의 위반에 대한 본보기로서 전시된다). 상징적 죽음의 부여를 통한 기표체제의 공고화. 유배는 근대적인 형태의 감금 제도가 도래하기 이전에 존재했던 대표적인 감금 형태이다. 반면 추방은 수형자를 열린 공간에 던져놓음으로써 새로운 역사의 잉태를 가능하게 하기도 한다. 그 상징적 죽음의 공간에서 수형자는 (콜로노스의 오이디푸스처럼) 영원히 떠돌기도 하지만 (저잣거리의 이하응처럼) 때로 역전의 역사가 펼치기도 한다. 이러한 기표체제에서 "탈주선은 기표화의 원환들에, 기표의 중심에 접하는 접선과도 같다." (MP, 146/226)

기표체제를 중심으로 전개되는 삶의 양식은 전통 왕조들에서 가장 전형적으로 나타난다고 했거니와, 시기적으로는 '전통 시대'에 속하면서도 '전통 사회' 개념을 떠올릴 때 대개 배제되는 삶의 양식이 존재한다. 이것은 곧 유목민들의 삶이다. 이 삶의 양식에 대해 들뢰즈/가타리는 '반기표적 체제'라는 개념을 부여하고 있다. 여기에서의 '반'은 물론 정주적인 왕조 체제에 대한 반(反)이다(들뢰즈/가타리는 '수렵하는 유목민들'과 '가축들을 기르는 살벌한 유목민들'을 구분한다. 전자의 경우는 전기표적 체제에 속한다. 이들이 반기표적 체제를 주로 하는 집단으로 보는 것은 후자의 경우이다). 이런 유목적 삶의 양식을 이들은 '노마디즘'이라 부르며, 이 노마디즘에 대한 해명을 '노마돌로지'라 부른다. 때로 노마디즘/노마돌로지는 좀더 넓은 맥락에서 사용되며, 역사적 유목민들에 대한 논의를 넘어 유목'적' 삶의 방식에 대한 논의를 가리키기도 한다. 전자는 역사적 노마돌로지라 부를 수 있고 후자는 철학적 노마돌로지라 부를 수 있다. 이들은 철학적 노마돌로지를 위해 역사적 노마돌로지를 참조한다고 할 수 있다(그러나 현재 우리의 논의는 주로 역사적 노마돌로지에 관련된다). 두 맥락을 세심하게 구별하면서 읽을 필요가 있다.

유라시아의 중앙부와 주변부는 서로 다른 역사를 겪었다. 대체적으로 주변부들은 국가를 형성했고 정주적 삶을 구축했다. 그리스를 비롯한 지중해 지역에서 오리엔트 지역과 이란 등을 거쳐 인도와 동아시아로 이어지는 주변부들에는 거대한 왕조 국가들이 섰다. 이와 대조적으로 중앙아시아에서는 스키타이, 흉노, 돌궐, 위구르, 거란, 여진, 몽골 등등 각종 유목민들의 '역사'가 펼쳐졌다. 유목민들은 무시로 왕조 국가들로 쳐 내려와 문명의 성과들을 산산조각 내곤 했으며, 흉노족과 한족의 투쟁에서 볼 수 있듯이 유목민들과 정주민들의 대대로 내려오는 대결이 펼쳐졌다. 타림분지를 포함한 동서를 잇는 길은 두 세계의 경계를 이루었다. 이 홈 패인 길 위쪽으로는 무수한 매끄러운 길들이 점선으로 그려졌다. 르네 그 루세가 말하듯이, "이 가느다란 문명의 길 북쪽에 있는 초원은 유목민들 에게 전혀 다른 성격의 길을 제공해주었다. [……] 오르콘 강이나 케룰렌 강에서부터 발하슈 호에 이르기까지 천둥이 치듯 시끄러운 야만군단의 이동을 막을 만한 것은 어디에도 없었고, [……] 몽골고원에서 달려온 기 마병들은 그곳에서부터 끝없이 펼쳐져 있는 카자흐 초원과 러시아 초원 을 바라볼 수 있었다."[85] 그곳은 기표체제의 동그라미들이 그려지기에는 너무나도 미끄러운 길이었다.

　　노마디즘은 기본적으로 전쟁기계의 성격을 띤다. 이때의 전쟁기계는 원시사회라는 전쟁기계와는 의미를 달리한다. 유목적 전쟁기계들은 국가 장치, 그것도 그 가장 웅장하고 전형적인 형태라 할 왕조들의 성립과 대 비되어 성립하는 개념이기 때문이다. 전쟁기계는 기본적으로 다음과 같 은 성격을 띤다.

1. 전쟁기계는 국가장치의 외부성을 형성한다('전쟁기계'의 정의).
2. 전쟁기계는 순수한 척도 없는 다양체,[86] 무리, 홀연한 출몰, 변신의 역능 이다.
3. 전쟁기계는 척도가 아닌 광열(狂熱=furor)을, 무게/중력이 아닌 빠름/신

---

85 르네 그루세, 『유라시아 유목제국사』, 김호동 외 옮김, 사계절, 2001, 25쪽.
86 "척도 없는 다양체"라는 개념은 원래 수학적 개념이다. 다음을 보라. Manuel DeLanda, *Ibid*, ch.1.

속함을, 공공적인 것이 아닌 비밀을, 주권이 아닌 역능을, 장치가 아닌 기계를 내세운다.

4. 전쟁기계는 때로는 이해하기 힘든 잔혹함을 또 때로는 신비스러운 연민을 보여줌으로써 전혀 다른 종류의 정의가 존재할 수 있음을 증명한다.

5. 전쟁기계는 동물-되기 및 여성-되기와 각별한 관련성을 가진다.

6. 국가장치가 장기의 기호학처럼 움직인다면, 전쟁기계는 바둑의 전략처럼 움직인다.

7. 전쟁기계는 내면적 감정이 아니라 감응(affectio)[87]을 통해서 움직인다.

전쟁기계에 대한 들뢰즈/가타리의 논의는 이중적이다. 한편으로 이들이 논하는 전쟁기계는 유목민들의 발명품으로서 역사적 유목민들에 대한 논의이다. 중앙아시아의 유목민들은 유라시아 주변의 왕조 국가들의 기표체제와 대비되는 반기표적 체제들을 살았다. 다른 한편으로 들뢰즈/가타리의 전쟁기계는 일종의 철학적 성격을 띤 윤리학적-정치학적 개념이기도 하다. 이 경우 전쟁기계는 긍정적인 형태이든 부정적인 형태이든 국가장치의 바깥을 형성하는 존재를 가리킨다. 예컨대 과학이나 철학에서조차도 우리는 국가장치에 복속된 관제적인/제도권 학문과 전쟁기계의 성격을 띠는 학문을 구분할 수 있는 것이다. 들뢰즈/가타리가 긍정적인 형태의 전쟁기계들에 어떤 일반적 의미를 부여하는지는 다음 구절에 잘 나타나 있다.

---

[87] 스피노자의 개념과 연계된다. 'affectus/affect'는 '감응태' 또는 '감정'으로, 'affectio/affection'은 '감응'으로 옮긴다.

〔역사적인〕 전쟁기계가 국가장치에 복속되어 더 이상 존재하지 않는 오늘날 그것이 과거 그랬던 것 이상으로 〔국가장치로의〕 환원 불가능성을 증명하고 그래서 사유기계, 사랑기계, 죽음기계, 창작기계 등으로 꽃필 수 있을까? 정복자인 국가장치에 도전할 수 있는 활력 넘치고 혁명적인 힘들을 발할 수 있을 것인가?(MP, 441/682)

들뢰즈/가타리가 여러 기호체제들을 상대적으로 파악하고 또 서로 섞여 있는 것으로 파악한다 해도 이들에게 기표체제가 논의의 출발점을 이룬다는 것은 사실이다. 아마도 기표체제는 인간의 무의식을 형성하는 것이고 레비-스트로스의 말마따나 우리의 뇌에 관련된 것일지도 모른다. 바로 이 때문에 기표체제 이전의 전기표적 체제나 기표체제 바깥의 반기표적 체제가 이들의 흥미를 끄는 것이리라. 물론 전기표적 체제나 반기표적 체제는 역사적으로 이미 지나간 체제들이며 어느 정도 현존한다 해도 이제 '인류학'의 대상이 되는 미약한 존재들로서 머물러 있다. 그럼에도 이들이 전기표적 체제나 반기표적 체제에 관심을 가진다면 이 체제들에서 기표체제 바깥을 추구할 수 있는 일종의 암시를 발견할 수 있다고 보기 때문일 것이다. 이것을 문자 그대로 이 체제들을 추구하는 것과 혼동하면 우스꽝스럽게 희화화된 '유목주의'로 전락하게 된다. 이들이 원하는 것은 이 체제들에서 '전쟁기계' 개념을 구체화할 수 있는 단서들을 찾는 것일 뿐이다(더구나 앞으로 보겠지만 전쟁기계 그 자체가 이들의 대안은 아니다. **어떤** 전쟁기계냐가 중요하다). 즉 기표체제 바깥을 형성했던 이런 체제들에서 전쟁기계의 개념화를 위한 실마리들을 찾아내고, 결국에는 그것들을 오늘날의 사유기계, 사랑기계, 죽음기계, 창작기계의 구성을 위한 디딤돌로 삼는 것, 이것이 이들이 전기표적 체제와 반기표적 체제에 주목하는 이유이다.

이들이 유목민들의 삶에서 찾아낸 전쟁기계의 속성들이란 어떤 것들일까? 공간, 수, 감응태가 가장 핵심적인 역할을 하고 있다.

이들이 반기표적 체제로서의 유목적 삶에서 이끌어내는 첫번째 요소는 공간에 관한 것이다. 정주적 삶과 유목적 삶은 지표공간과 특질공간이라는 개념 쌍으로 포착된다. 기표체제에서 공간은 기표체제에 의해 아프리오리하게 장악되어 있다. 여기에서 공간의 기하학화와 연역적 사고는 중요한 역할을 한다. 공간들은 기표들('지표들')로 환원되고 기표체제에 따라 파악된다. 아울러 지표공간은 대부분 외연의 논리에 따라 형성된다. 국가장치에서 측량이 중요한 역할을 수행하는 것은 이 때문이다. 이러한 공간은 지표화된 공간이다. 이에 비해 특질공간은 아프리오리한 기하학적 규정들, 기표체제적 규정들을 전제하지 않는다. 이 공간은 **강도들의 공간**이고 **특질들의 공간**이다. 따라서 특질공간을 사는 사람들은 (데르수 우잘라처럼) 지도에 따라서가 아니라 자신의 신체적 변양과 정신적 감응에 따라 길을 찾는다. 여기에서 공간은 아프리오리한 추상적인 공허-형식으로서가 아니라 강도들/특질들과 신체의 기화(氣化)에 따라 연속적 변이를 겪으면서 등장한다. 이러한 차이생성은 기계들=사물들로 하여금 기표체제에 복속되지 않도록 해주며, 따라서 기표체제가 초월적으로 작동할 수 없게 만든다. 나아가 이 점은 언표적 배치 자체 내에서도 성립한다. 학문의 분과 체제는 곧 학문 세계에 파인 지표들(~대학, ~과, ~전공)의 체제이다. 『천의 고원』 자체가 잘 보여주듯이, 유목적 사유는 이 지표들을 가로지르면서 특질들의 공간을 움직인다(따라서 이것은 '박식'과

는 아무 상관이 없다).[88]

두번째의 요소는 수와 관계된다. 국가장치의 수가 '소산적(所産的) 수'라면, 전쟁기계의 수는 '능산적(能産的) 수'이다. 유목민들은 전기표적 체제나 기표체제에 핵심적인 혈연과 지연(피와 땅)이라는 두 방식이 아닌 다른 방식의 조직을 선호했다. 이집트사에 수적 조직을 끌어들인 힉소스 인들, 광야의 유대인들을 수적으로 조직했던 모세(『舊約』,「民數記」), 칭 기즈칸의 수적 군대 조직을 비롯한 다양한 유목적 조직들에서 수는 공간 의 속성으로서의 수('소산적 수')가 아니라 탈영토화를 가능케 하면서 또 특질공간을 구성하면서 능동적으로 작동하는 능산적 수이다. "수가 주체 가 된다."(MP, 484/749) 이 능산적 수는 더 이상 계량적 규정에 종속되지 않으며, 지리적 방향과 관계 맺는 수, 자리바꿈을 가능하게 하는 수이다. 능산적 수의 중요한 두 특징은 작은 단위들로 분절되어 유연하게 움직인

---

88 지표화된 공간에서 길을 찾는 것은 지표들에 의거해서 찾는 것이다. 차를 몰고 갈 때 지표들(안내 판들)이 결정적인 역할을 하는 것은 이 때문이다. 그러나 예컨대 냄새라는 특질에 강한 개는 지표 들 없이 자신의 신체적 감응에 따라 놀라울 정도로 먼 거리의 길을 찾아낸다. 따라서 'le lisse'는 매 끄러움과는 오히려 정반대되는 것을 뜻한다고 보아야 한다. 예컨대 지표를 근거로 길을 찾을 때는 x를 가리키는 지표를 볼 경우 '이 길로만 가면 x에 도착한다'는 생각으로 차를 본다. 그 중간의 특 질들은 전혀 관심을 끌지 않는다. 이 점에서 오히려 지표화된 공간이야말로 '매끄럽다'고 할 수 있 다. 반면 특질공간에서는 특질들 — 특이한 질들(qualités singulières) — 에 의거해 길을 찾기 때문 에 다질적(多質的)인 공간을 헤쳐 가야 하고, 그래서 그런 공간은 오히려 울퉁불퉁하고 구불구불 한 공간이다. 이 때문에 '홈 패인 공간'과 '매끄러운 공간'이라는 역어와 더불어 '지표공간'과 '특 질공간'이라는 역어를 택했다. 일본에서는 '조리(條理) 공간'과 '평활(平滑) 공간'이라 번역했는데 이것은 그야말로 '궁여지책'이라 할 수 있다. 들뢰즈/가타리가 'lisse'라는 형용사를 선택한 것은 아마 이 말을 '미끄럽다'라는 뉘앙스로 썼기 때문일 것이다(이것은 또한 위상기하학의 공간 — 쉽 게 설명하기 위해 흔히 예로 드는 무한히 유연한 고무판을 상기해보라 — 과도 연관되며, 실제 이 개념 쌍을 다루는 고원에서 들뢰즈/가타리는 리만을 비롯한 수학자들의 작업을 다루고 있다). 특 질공간에서는 지표에 의거해 직선으로 뻗어서 가기보다는('쭉 뻗은 대로'라는 말이 지표화된 공간 을 잘 표현해준다), 특질들에 의거해 미끌미끌하게 즉 복잡하게 가야 하기 때문이다. 이 개념 쌍은 논의의 맥락에 따라 여러 가지로 달리 번역될 수 있을 것이다.

다는 것, 그리고 (칭기즈칸의 '노코르=맹우단'이나 모세의 레위족에게서 볼 수 있는) 수에 입각한 (피와 땅에서 탈영토화된, 혈통적 귀족주의와 제국적 관료제를 벗어나는) 별도의 편성을 가능케 하는 것이다. 유목민들의 수는 부동산이나 거기에 붙는 세금이 중요한 역할을 하는 정주적 공간 개념과 판이한, 독창적인 형태의 토지 분배와 세제를 수립할 수 있게 해주기도 했다. 여기에서도 역시 수는 소산적 수가 아니라 능산적 수이다. 때문에 들뢰즈/가타리는 역사가들이 유목민들에게 부여했던 '군사 민주제'나 '봉건제'는 유목민들의 능산적 수를 설명해주지 못하며 단지 "정주적 체제들에 잔존해 있는 〔유목적인〕 것"을 증명해줄 뿐이라고 말한다.

세번째 요소는 '감응태들'(affects)과 관련된다. 들뢰즈/가타리는 폴 비릴리오의 논의들을 참조하면서 유목적 전쟁기계의 세번째 속성으로서 감응태들을 제시한다. 이들에 따르면, 유목적 삶은 전쟁기계의 무기를 그 감응태로서 가진다. 도구와 연관되는 노동기계와 무기와 연관되는 전쟁기계의 대비에 입각해(그러나 항상 일차적인 것은 배치이다. 도구이든 무기이든 결국 배치의 효과인 것이다), 감응태는 '무술'과 연관되는 것으로 이해된다. 그러나 무술의 목적은 무기를 "사용하지 않는 법"까지도 포함한다. "전사의 무위(無爲)."(MP, 498/768) 더불어 국가장치가 전유하고자 하는 도구는 방향에 있어 투사가 아닌 내향(introception)을, 벡터에 있어 속도보다는 중력/무거움을, 모델에 있어 자유 행위가 아닌 노동을, 표현에 있어 보석들보다는 기호들을, 열정적/욕망적 음조에서는 감응태가 아닌 감정/정서(sentiment)를 특질로 가진다. 대조적으로 전자를 형성하는 다섯 항은 전쟁기계가 전유하는 무기의 특질이라 할 수 있다. 물론 당연히 실제 역사는 이런 이분법에 따라 진행되지는 않았다. 전쟁기계로부터 국가장치로의 이행은 '전사'로부터 '군인'으로의 이행 및 '직공'으로부터 '노동자'로의 이행이다. 들뢰즈/가타리는 전사와 직공은 부활한다고 말한다. 물론 이것은 어떤 형태로든 회귀/복구가 아니며 다만 '역사-횡단적인'(trans-historique) 배치 속에서 부활할 뿐이다. 그러나 이런 부활은 때로 우리를 우울하게 만드는 "희화적 인물들"(용병, 순회 군사고문, 테크노크라트, 또 CIA, 또 IBM 같은 이동 프로그램 분석가)을 출현시키기도 한다. 따라서 (들뢰즈/가타리의 개념들 모두가 그렇거니와) 전쟁기계는 그 자체로서 가치론적 실체를 가지는 것이 아니며, 또 복고적인 개념은 더욱 아니다. 중요한 것은, 다시 한 번 인용한다면, "〔역사적인〕 전쟁기계가 국가장치에 복속되어 더 이상 존재하지 않는 오늘날 그것이 과거 그랬던 것 이상으로 〔국가장치로의〕 환원 불가능성을 증명하고 그래서 사유기계, 사랑기계, 죽음기계, 창작기계 등으로 꽃"피는 것, "정복자인 국가장치에 도전할 수 있는 활력 넘치고 혁명적인 힘들을 발"하는 것이다.

마지막으로 논의할 기호체제는 '후기표(작용)적 체제'이다. 이것은 말 그대로 전통 사회를 지배했던 기표체제 이후에 등장한 기호체제로서, 일반적으로 말해 '근대적' 기호체제라 할 수 있다. 들뢰즈/가타리는 이를 기표체제에 특징적인 기표화에 대립하는 한편 새로운 과정인 '주체화'에 의해 특징지어지는 체제로 규정한다. 그리고 이들은 편집증적이고 해석적인 기표화의 관념적 체제와 열정적이고 후-기표적인 주체적 체제를 구분한다.

기표화가 중심기표, 방사적인 조직화, 개인의 기표화, 이 기표화를 유지하는 해석화로 특징지어진다면, 주체화는 정서, 노력, 활동 등을 통해 스스로를 '표현'하는 것, 한 문화의 보편적 기표화보다는 제한된 영역에서의 기표들의 별자리에 입각해 살아가는 것, 각자의 '입장'에서 출발해 일정한 선형적 계열(과정)을 그리는 것, 이 계열이 늘 잠정적인 끝 지점들에 이르는 것을 특징으로 한다. 요컨대 주체화는 "제한 없이 뻗어가는 원환들의 동시성에 의해서가 아니라 유한한 과정의 선형적이고 시간적인 계기에 의해" 특징지어진다. 주체화는 기표화의 동심원들 중 어디에선가("주체화의 점") 떨어져 나옴으로써 성립한다. 이 존재는 더 이상 기표화의 원환 위에서 움직이는 것이 아니라 자신의 존재 이유/목적에 따라 선형적으로 움직인다. 물론 탈주선(탈영토화의 선)은 항상 존재하며 기표화 역시 그 위에서 성립하지만, 그 전에 그런 선은 늘 부정적인 가치를 부여받곤 했고 때로는 '속죄양'이 걸어가는 길이 되기도 했다. 아울러 탈주한 집단들은 결국 이전의 거대한 기표체제를 흉내 내서 조직됨으로써 또 다른 작은 기표체제로 화하곤 했다. 그러나 주체화에서의 선은 적어도 그 스스로에 의해서는 긍정적인 가치를 부여받게 되며 고유한 길을 걸어간다. 그러나 이 길은 또한 수난의 길이기도 하다. 'passion'이라는 말이 정념이자 열정인 동시에 또한 수난을 뜻하기도 한다는 사실은 매우 시사적이다.

무엇이든 주체화의 점이 될 수 있다. 주체화의 점이 된다는 것은 곧 언표행위의 주체가 된다는 것을 뜻한다. 기표체제의 한 자리에서 주어진 언표를 발하는 것이 아니라 자신의 언표를 발함으로써 언표행위의 주체가 되는 것. 이 주체는 개인일 수도 있고 집단일 수도 있다(예컨대 파라오를 중심으로 하는 기표체제로부터 탈주한 유대인들). 그러나 이 과정이 단적인 주체를 낳는 것은 아니다. 허공에 선 절대 주체 같은 것은 없다. 언표행위의 주체의 탄생은 또한 동시에 언표되는 주체의 탄생을 뜻하기도 한다. 언표행위의 주체인가 언표의 주체인가, 누가 "A는 'B는 ~이다/한다'라고 말한다"에서 앞의 주체가 될 것인가, 이 문제는 주체들 사이에서 벌어지는 인정투쟁의 시발점을 이룬다. 그래서 주체화는 늘 'subjectivation' 또는 'assujettissement'의 과정이다.

중요한 것, 따라서 후-기표적인 열정적 선을 (예속)주체화의 선으로 만드는 것은 두 주체의 구성, 양분(兩分)이며, 또 한 주체를 다른 주체 위에 즉 언표행위의 주체를 언표되는 주체(언표의 주체) 위에 포갬으로써(rabattre) 성립한다. 〔……〕 기표화는 언표행위의 실체적인 통합을 통해 작동하지만, 이제 주체성은 언표행위로부터 (개인적이건 집단적이건) 하나의 개별화를 행함으로써 작동한다. 사람들이 말하듯이, 실체는 주체가 되었다. 언표행위의 주체는 언표의 주체 위에 포개진다.[89] 하지만 이것은 늘 그 자신도 다른 언표행위의 주체에 의해 포개져 언표의 주체가 될 수 있음을 전제해서이다.(MP, 162/250~251)

이 구절은 근대적 주체들 사이의 인정투쟁을 현대적으로 표현하고 있다. 근대적 주체는 기표체제에서 벗어나는 주체이지만, 또한 동시에 언표행위의 주체냐 언표의 주체냐를 둘러싼 인정투쟁이라는 새로운 장에 들어선 주체이기도 하다. 이러한 형식들 중 특히 중요한 것은 "나는 '나

---

89 여기에서 "~ 위에 포개진다"(se rabattre sur)라는 것은 "철수는 밥을 먹는다" 위에 "영희는 ~라고 말한다"가 포개져 "영희는 '철수가 밥을 먹는다'라고 말한다"가 되는 과정을 말한다. 영희는 언표행위의 주체가 되고 철수는 언표의 주체가 된다.

는 〜이다'라고 말한다/생각한다"라는 형식이다. 이것은 이른바 '정체성'의 문제이다. 그러나 사실 이러한 형식도 항상 특정한 배치들 위에서 성립한다. 들뢰즈/가타리의 사유에서는 항상 배치가 일차적이며, '주체와 대상'이나 '기표와 기의' 등등은 이 배치에 입각해 이해되어야 할 것들이기 때문이다. 그래서 지금의 주체는 세계를 대상화하는 근대적 주체가 아니라 '호명'(알튀세)이나 '훈육'(푸코)을 통해서 (예속)주체화되는, 그러나 그 과정을 다시 '자기화'함으로써 주체화되는 주체, 수동성과 능동성이 겹쳐진 이중적 존재로서의 주체이다. 그래서 기표체제로부터 후-기표체제로의 이행을 추상적인 선험적 주체로 이해할 수는 없다. 이 주체는 근대 이후의 배치들에서 성립하는 주체일 뿐이다.

들뢰즈/가타리는 이 주체를 '의식-사유'와 '열정-사랑'이라는 두 요소를 통해서 이해한다. 이것은 '이성'과 '정념/열정'(Ratio et Passio)이라는 오래된 이분법의 변양으로 보인다. 기표체제에서 잉여는 빈도를 통해 나타난다. 반면 후-기표체제에서 잉여는 주체적 공명을 통해 나타난다(이 경우 '我=我'라는 형식의 자기의식의 최대 공명과 '트리스탄…… 이졸데……'라는 형식의 이름들의 비교 공명이 구분된다). 들뢰즈/가타리는 기표화와 주체화 각각의 잉여를 구분하는 핵심적인 규준으로서 탈영토화의 운동에서의 차이를 든다. 기표화는 자연으로부터 탈영토화된 문화 세계를 이루지만, 무의식적 구조로서의 기표화는 주체들을 각각의 이름-자리에 복속시키고 빈도를 잉여로서 가진다. 반면 주체화는 기표화 자체로부터의 탈영토화 운동을 포함하며 도주/탈주를 통한 새로운 존재 양식을 보여준다. 물론 그렇다 해도 주체화는 또 다른 잉여의 형식을 가지며 그것은 곧 주체들 사이의 공명이다. 주체적 공명을 통한 예속주체화. 때문에 탈주선은 도처에서 끊기며 절편화된다. 기표화와 마찬가지로 주체화 역시 층화의 한 방식이기 때문이다. 기표화가 백면(白面)을 이룬다면 주체화는 흑공(黑空)을 이루고 두 요소는 함께 얼굴성(visagéité)을 형성한다. 기표화와 주체화는 얼굴성에 응축된다.

유기화와 더불어 기표체제의 기표화와 후-기표체제의 주체화는 우리의 삶을 혼효면, 탈기관체로부터 떼어내 층화한다. 그러나 층화라는 현실성이 '존재'의 전부가 아니라는 것, 혼효면, 탈기관체라는 잠재성/생명이 항상 존속한다는 것이 중요하다. 그래서 우리의 삶에서 배치, 다양체, 추상기계는 층화된 현실성과 잠재성으로서의 혼효면 사이에서 늘 구성되고 해체되면서 이어진다.

동물-되기를 위해 '나는 사유한다'를 선용하고, 남성의 여성-되기를 위해 사랑을 선용하는 것. 의식과 정념/열정〔사랑〕을 탈주체화하는 것. 기표화에도 주체화에도 빠지지 않는 디아그람적인 잉여들은 존재하지 않는 것일까? 더 이상 수목형의 노드(node)들이 아니라 리좀에서의 반복(reprises)과 약동일 뿐인 잉여들은.(MP, 167~168/259)

지금까지 층화(유기화, 기표화, 주체화)를 주로 논했지만 이제 그로부터의 '탈주'에 대해 생각해보자.

탈주선 긋기

앞에서도 언급했지만 기호체제론은 역사가 아니다. 그것은 (기계적 배치와 함께 배치를 형성하는) 언표적 배치의 몇 가지 핵심적인 양태들을 짚어본 것이다. 실제 역사에 등장한 각종 문명들은 대개 여러 종류의 기호체제들을 혼합해서 작동시키고 있음을 확인할 수 있다. 기표체제가 전통 사회에서, 후-기표체제가 근대 이후의 사회에서 전형적으로 나타나는 것은 사실이지만, 지금도 기표체제는 강고하게 우리 삶을 지배하고 있으며 기표화와 주체화는 삶을 층화하는 기본 기작(機作)들로서 항시 작동하고 있다. 아울러 전-기표체제와 반-기표체제는 이제는 거의 소멸해가고 있는 기호체제들이지만, 지금도 삶의 잠재성으로서 존속하고 있으며 (예컨대 반-기표체제에서 등장하는 '전쟁기계'의 경우처럼) 현재의 삶을 바꾸어 나가는 데 암시를 줄 수도 있다.

더구나 기호체제들은 서로 번역되기도 한다. 이런 번역이 가능한 것은 인간의 삶이 기호체제를 통해서 사물들의 차원으로부터 탈영토화되어 있고, 기호체제의 변환은 그에 따른 사물 차원의 변환을 유도해내기 때문이다(사건으로서의 '비물체적 변환'이 전형적인 예이다). 법규의 새로운 개발은 기계적 배치를 바꾸어놓는다. 들뢰즈/가타리는 전-기표체제에서의 "유비적 변형", 기표체제에서의 "상징적 변형", 반-기표체제에서의 "투쟁적/전략적 변형", 후-기표체제에서의 "의식적/모방적 변형"을 언급한다. 이런 변형들은 곧 "기호계 변형"(transsémiotique)의 양태들이다. 기독교가 '미개인들'에게 전파될 때, 또는 흑인 음악이 미국화될 때, 유대인들이 파라오로부터 탈주하고 다시 국가를 세울 때, 몽골 유목민들이 중원에 제국을 건설할 때, 다양한 방식의 기호계 변형이 발생한다. 이와 같이 기호체제들의 유형, 혼합, 변형, 작동 방식 등등을 연구하는 담론을 들뢰즈/가타리는 'pragmatique', 즉 "철학적 화용론"이라 부르고 있다. 결국 이것은 마르크스/엥겔스식의 생산양식론에서 출발해 레비-스트로스식의 구조주의를 거친 이후 가능한 하나의 사회유형론이라 할 수 있을 것이다. 이것은 역사이기보다는 구조론이며 따라서 실제 역사와 간단히 상응하지 않지만, 우리는 이 모형들을 활용해 실제 역사를 바라보는 시선을 다듬을 수 있을 것이다.

이제 지금까지 이야기한 네 가지의 기호체제들, 즉 기표화와 주체화의 양식들(특히 기표체제와 후-기표체제)[90]에 갇히지 않고 다른 삶의 양식을 찾아가는 과정을 이들은 '디아그람적 변형'이라 부르고 있다. 배치를 창조적인 방향으로 변형시켜나가는 것은 곧 디아그람적 변형이다. 전-기표체제, 기표체제, 반-기표체제, 후-기표체제와 구분되는 탈-기표체제= '탈기표적 디아그람'의 방향으로 향하는 변형(리좀의 네번째 원리가

'탈기표[작용]적 도약'의 원리였음을 기억하자). 이는 뒤에서 전개될 소수자 윤리학을 향한 논의의 첫걸음을 이룬다. 우선은 가장 추상적이고 원리적인 수준에서 시작해보자.

기호체제는 언어의 존재 방식들(존재 기능들)이다. 달리 말해, 기호체제는 언표적 배치이다. 그러나 이 배치는 기계적 배치와 맞물려서만 의미를 가지며 순수 언어학의 대상이 아니라 역사학적, 정치학적, 사회학적……분석의 대상이기도 하다. 우리는 기호체제들의 발생적 측면과 변형적 측면을 탐구할 수 있다. 그러나 실천의 맥락에서 디아그람적 측면과 추상기계적 측면으로 나아가는 것이 중요하다. 이들에게 일반 언어학보다 화용론이 결정적인 중요성을 띠는 것은 이 때문이다. 그래서 언표들은 (비물체적 변환들을 가져오는) 언표행위들의 화용론에 입각해 이해되어야 한다. 하나의 언표("사람들이 없다")는 그것이 어떤 기호체제 안에서 발화되는가에 따라 상당히 다른 함의를 띠게 된다. 따라서 기표도 주체도 일차적이지 않다. 배치가 일차적이다. 기표나 주체는 배치를 전제하는 언표행위의 변항(變項)들인 것이다. 역으로 말해, 기계적 배치는 기의도 대상도 아니다. 기의나 대상이 기계적 배치의 변항들일 뿐이다. 들뢰즈/가타리에게 일차적인 것은 배치이다(이미 말했듯이, 기계적 배치와 언표적 배치 사이에는 기표-기의 관계도, 주체-대상 관계도, 인과관계도 성립하지 않

---

90 들뢰즈/가타리에게 전-기표체제와 반-기표체제는 기표체제나 후-기표체제와는 다른 위상을 부여받는다. 이들이 전자의 기호체제들에 환상을 가지는 것은 아니지만(예컨대 전-기표체제를 그리워하는 '자연으로 돌아가자'라든가 반-기표체제를 그리워하는 '초원으로 돌아가자'라는 식의 생각들), 이 두 기호체제는 지금 우리의 삶을 강고하게 지배하고 있는 기표체제와 후-기표체제를 극복해나가는 데 일정한 암시들을 줄 수 있다고 본다. 그러나 어디까지나 '암시'—이들 자신들의 표현에 따르면 "역사적 예우"—일 뿐이다. 이에 대한 과장된 해석은 빗나간 패러디를 낳을 뿐이다.

는다. 실재적 구분, 상호 전제, 일반화된 상대주의의 관계를 맺을 뿐이다).
따라서 이들의 실천철학이 겨냥하는 일차적인 방향 역시 배치를 바꾸어
나가는 것이다. 이것은 곧 배치를 혼효면 쪽으로 가져가는 것이다.

　여기에서 디아그람/추상기계 개념은 핵심적인 역할을 한다. 현실성
으로서의 배치를 바꾸어나가는 것은 잠재성으로서의 디아그람/추상기계
를 경과함으로써 가능하다. 여기에서 들뢰즈의 '잠재성의 존재론'은 들뢰
즈/가타리의 '배치의 윤리학/정치학'으로 전환된다.

배치 자체에 있어 이 얼굴들[언표적 배치와 기계적 배치]보다 더욱 심층적인
어떤 것에 도달해야 한다. 이 어떤 것이야말로 그것을 전제하고 있는 두 형
식―표현의 형식 즉 기호체제들(기호계적 체계들)과 내용의 형식 즉 물체들
[기계들]의 체제(물리적 체계들)―을 동시에 설명해준다. 이것이 바로 우리
가 **추상기계**라 부르는 것으로서, 이 추상기계는 배치의 모든 탈영토화의 첨점
들을 구성하고 통합시킨다.(MP, 175/269~270)

　추상기계는 표현-면과 내용-면이 분리되기 이전의 기계이다. 그것
은 내용과 표현이 분리된 현실성 이전의 잠재성이다. 그것은 혼효면에서
존립하는 기계이다. 혼효면이 층화되면서 내용과 표현이 갈라진다. 추상
기계는 층화되기 이전의 기계이다. 그래서 추상기계는 물체적이지도 않
고 기호적이지도 않다. 그것은 디아그람으로 되어 있다. 추상기계는 형식
에 의해 포획되기 이전의 실체 즉 '물질'과 실체에 의해 포획되기 이전의
형식 즉 '기능'(수학적으로는 함수)만으로 구성되어 있다. 추상기계는 순
수한 '물질-기능/함수'로 즉 디아그람으로 구성된다. 우리는 무수한 현

실적인 감금 장치들을 본다. 푸코는 담론적 실천(언표적 배치)과 신체적 실천(기계적 배치)의 상호 연관성을 통해 역사상 현존했던 또는 계획되었던 감옥-배치들을 연구했다. 들뢰즈/가타리의 추상기계는 각종 감금-배치들의 잠재성으로서의 감금-기계이다. 마찬가지로 우리는 전시-추상기계, 결혼식-추상기계, 야구경기-추상기계 등등을 구분할 수 있다. 글을 쓸 때 연필을 사용하듯이, 아이들을 놀릴 때 놀이터를 사용하듯이, 우리는 전시, 결혼식, 야구 경기 등을 사용해 삶을 살아간다. 배치를 바꾼다는 것은 곧 현실성-배치에서 출발해 잠재성-추상기계를 거쳐 다시 새로운 현실성-배치로 돌아옴을 뜻한다. 여기에서 『차이와 반복』의 이론적 잠재성 개념은 『천의 고원』의 실천적 잠재성 개념으로 변환된다.

디아그람작용(diagrammatisme)에 의해 정의되는 추상기계는 최종 심급에서의 하부구조가 아니며 그렇다고 지고한 심급에서의 초월적 이데아도 아니다. 그것은 차라리 실험적인/이끌어가는(pilote) 역할을 행한다. 달리 말해 추상기계 또는 디아그람적인 것은 재현/표상의 역할을 하는 것이 아니라(그 대상이 실재적 것이라 해도 마찬가지이다) 도래할 실재적인 것, 새로운 유형의 실재를 구성한다. 따라서 그것은 역사 바깥에 존재하는 것이 아니다. 차라리 그것은 창조의 또는 잠세성(潛勢性)의 점들을 구성하는 매 순간 언제나 역사 '앞에' 존재한다.(MP, 177/273)

하나의 추상기계는 '抽象的-實在的인 기계'(un Abstrait-Réel)이며, 우리는 이 표현에서 추상기계란 결국 해당 배치의 잠재성에 다름 아니라는 사실을 알 수 있다. 이것은 플라톤과 정확히 대조된다. 플라톤에게 현

실의 말들에 말-이데아가 상응하듯이, 들뢰즈에게는 현실의 여러 감금-
배치들에 감금-추상기계가 상응한다. 플라톤의 경우 현실을 바꾸기 위
해 영원한 이데아를 참조하고 다시 내려와야 하듯이, 들뢰즈의 경우 현실
을 바꾸기 위해 유동적인 추상기계를 참조하고 다시 올라와야 하는 것이
다. 이데아들의 세계와 잠재면=혼효면은 정확히 대칭된다. 플라톤에게
서 형상들의 세계가 '본래적인' 것이듯이, 들뢰즈에게는 혼효면이, 그곳
에서의 탈주선들이 '본래적인' 것이다. "모든 것이 탈주하며, 모든 것이
창조된다. 그러나 홀로가 아니라 늘 추상기계와 더불어. 강도의 연속체
들, 탈영토화의 통접들, 표현과 내용의 추출/추상화들을 이끄는 추상기
계와 더불어."(MP, 177/273)[91] 특정한 추상기계가 '물질' 층위에서 직접
적으로 '기능'하면 거기에 디아그람이 존재하게 된다.

디아그람 작용의 층위 즉 혼효면 위에서는 엄밀한 의미에서 기호체제들이 존
재하지 않는다. 거기에는 아직 내용의 형식과 표현의 형식 사이의 실재적 구
분이 존재하지 않기 때문이다. 디아그람에는 특질들과 첨점들만이 존재한다.
물질적인 한에서 내용을 그리고 기능적인 한에서 표현을 형성하기는 하지만,
결국 그것들은 [실재적으로 구분되기보다는] 서로 얽혀 있으며, [상호 전제된
다기보다는] 공통의 탈영토화 운동 속에서 새로 결합되어 있고 섞여 있다. 이

---

91 추상기계는 고유명사를 가지기도 한다. 그러나 이 고유명은 특정한 인물을 가리키기보다는 그 인
물이 현실성으로 끌고 나온 잠재성 자체를 가리킨다. '세잔-추상기계'나 '베베른-추상기계'는 폴
세잔이나 안톤 폰 베베른 자신들보다는 이들이 잠재성으로부터 길어 올린 '특질들'(traits)―기존
의 형식화된 질료로서의 질이 아니라 특이한 질들―을 또는 '탈영토화의 첨점들'을 가리킨다. 추
상기계의 발견(혼효면/탈기관체의 새로운 현동)은 하나의 '사건'이며 따라서 거기에는 날짜가 붙
는다. '탄생'의 날짜가.

층위에는 다만 기호-미립자들(signes-particules)만이, 〔말을 만든다면〕 'particles'만이 존재한다.(MP, 178/273~274)

배치의 변화는 이 추상기계/디아그람의 층위를 경과함으로써 가능하다.

반대의 방향에서 말한다면, 추상기계는 층화됨으로써 내용과 표현으로 이중 분절된다. 물질은 형식화됨으로써 실체/질료로 화하고, 기능은 구체화됨으로써 형식으로 화한다. '진화'는 내용과 표현의 이중 분절의 역사이며, 그 극한에서 확인할 수 있는 것은 표현의 면이 언어의 면으로 화한 경우이다. 내용은 자체의 면을 만들어내면서 물체들, 사물들, 대상들을 구성하고, 표현은 지표들, 도상들, 상징들을 구성한다. 들뢰즈/가타리에게 잠재면/탈기관체는 강도-연속체의 연속적 변이의 세계이다. 잠재성의 차원은 (『차이와 반복』에서 논의되었듯이) 미규정적인 차생소(差生素)들의 상호 규정을 통해, 그리고 상호 규정들의 누층적 역능을 통해 차이생성과 분화를 겪는 연속적 변이의 차원이다. 그러나 층들은 이 강도-연속체를 부수어 일정한 조직화들을 병치시킨다. 나아가 탈주선들의 통접들을 가로막고, 탈영토화의 첨점들을 와해시킨다. 여기에서 추상기계들과 층들이란 결국 잠재성과 현실성을 새롭게 개념화한 것이라는 점이 다시 한 번 확인된다(혼효면과 층들, 혼효면의 디아그람들과 층들의 프로그람들, 혼효면의 추상기계들과 층들의 구체적 배치들).

잠재성과 현실성 사이에 선을 긋는 것, 두 개념을 대립 개념으로 보는 것은 잠재성을 물자체로 곡해하는 것이라는 점은 잘 알려져 있다. 현대 사상가들이 '실재적인 것'을 찾아 (소쉬르 이후 언어상대주의로 변형된)

칸트적 구성주의를 벗어났다고 해서, 그들이 (독일 관념론에서처럼) 물자체를 이성의 운동 속으로 끌어들이려 했던 것은 아니다. 잠재성은 현상 저편의 물자체도 아니고 이성에 의해 정복된 이법도 아니다. 그것은 타자성이지만 현실 속에 내재해 있고 끝없이 생성하는 타자성이다. 여기에서 현실 속에 내재해 있음은 추상기계들이 배치들 바로 아래에 또는 그것들 사이에서 함께 존재하는 타자성임을 뜻하며, 끝없이 생성함은 추상기계들이 배치들로 화하고 더 나아가 층화되는 운동과 배치들이 추상기계들로 화하고 다시 새로운 배치들로 변형됨을, 즉 잠재성과 현실성의 가르는 경계선('마주침=rencontre'들의 선)은 계속 생성한다는 점을 뜻한다.

"혼효(consistance)는 총체화하는 것도 구조화하는 것도 아니다. 그것은 탈영토화한다."(MP, 180/277) 혼효란 내용과 표현을, 기계적 배치와 언표적 배치를 더 상위의 존재로 총체화하는 것이 아니다. 나아가 혼효는 이 두 면을 좀더 추상적인 면으로 구조화하는 것도 아니다. 혼효면/잠재성은 '추상적인' 존재이지만 이 추상은 위로의 추상이 아니라 차라리 아래로의 추상이다. 혼효면/잠재성의 결정적인 역할은 현실적인 배치들을 탈영토화한다는 점에 있다. 가장 핵심적인 것은 '탈영토화의 첨점들'을 잡아내는 일이다. 생물학적 진화를 해명하는 작업은 개체군의 통계학 못지않게 정확히 어떤 지점에서 탈영토화가 발생했는가를 잡아낼 것을 요청한다. 전시-배치, 결혼식-배치, 시위-배치 등등에서도 마찬가지이다.[92] 이런 혼효면을 매개해서 배치를 변형시켜나가기 위해서는 무엇보다 탈주선들을 이어가는 것, 점선들을 실선들로 바꾸는 것, 탈영토화의 과정들을 통합하는 것이 중요하다. 탈주선들은 늘 끊어지고 다시 포획되고 갈수록 마모되어버린다. 탈주선들을 계속 이어가는 것이야말로 중요하며,

들뢰즈에게서 그 가능성은 바로 혼효면/잠재성=생명에 근거한다.[93] 또 혼효면/잠재성으로 내려가 점선으로 그린 새로운 배치를 실선으로 바꾸는 것이 중요하다. 새로운 배치를 점선으로 그리는 것이 이론적 작업이라면 그것을 실선으로 바꾸는 것은 실천이다. 잠재성과 현실성은 서로를 이음으로써만 의미를 가진다. 나아가 서로 흩어져서 이루어지고, 다른 방향으로 나아가는 탈영토화의 과정들을 통합하는/결집시키는 것이 무엇보다 중요하다. 우리는 소수자-되기를 논하면서 이런 생각들을 구체화할 것이다.

---

92 탈영토화는 재영토화를 함축한다. 탈영토화는 허공을 향해 탈주하는 것이 아니기 때문이다. 때문에 재영토화의 첨점들을 잡아내는 것 또한 중요하다. 나아가 들뢰즈/가타리는 지적하고 있지 않지만, 재영토화의 첨점을 잡아내는 것이 핵심적인 경우도 있다. 예컨대 2002년의 한국에서 광화문은 상이한 배치-사건들(시위, 응원, 정치 집회 등등)에서 탈영토화된 흐름들이 집결하면서 재영토화된 장소가 되었다(그러나 이 재영토화는 재'영토'화라 하기에는 극히 역동적인 현상, 새로운 방식의 배치-사건을 태동시켰다). 장 보드리야르처럼 '탈영토화'를 덮어놓고 일방향적으로만 이해하고 게다가 그것을 (사실상 공리계를 지향할 뿐인) 자본의 운동과 동일시하는 것(『시뮬라시옹』, 하태환 옮김, 민음사, 2001)은 피상적인 생각이다.

93 앞에서 이야기했지만, '탈주'라는 말의 양면성을 늘 염두에 둘 필요가 있다. 동물행동학적 맥락에서 탈주란 '도망가는 것'이다. 그것은 동물적 삶의 필연적인 한 요소, 어쩌면 가장 본질적인 요소이다. 그러나 그러한 탈영토화는 또한 새로운 영토화, 새로운 삶의 양식의 출발점이기도 하다. 전자만 생각할 경우 들뢰즈/가타리의 실천철학을 정초할 수 없고, 후자만 생각할 경우 낭만적인 낙관주의에 빠진다. 탈주는 절박한 도주와 창조적인 일탈을 동시에 뜻할 수 있으며, 항상 양면성에 입각해 이해되어야 한다.

3장
'되기'의 윤리학

1장에서 우리는 들뢰즈/가타리의 기본 개념들을 해명하고, 이들의 사유가 현실의 배치들에서 출발해 한편으로 그것들이 층화되는 운동과 다른 한편으로 탈영토화되는 운동, 이 두 운동이 길항(拮抗)하는 구도를 가지고 있음을 논했다. 2장에서는 이들이 보는 자연과 사회/역사의 기본 구도, 자연에서의 유기화와 사회/역사에서의 기표화·주체화가 이루어지는 방식들 그리고 기존의 배치로부터 탈주할 수 있는 방식들을 논했다. 이상의 논의를 통해 이제 우리의 핵심 주제에 좀더 가까이 다가갈 수 있는 기반이 마련되었다. 이 핵심 주제란 한편으로 탈영토화 운동의 방향, 탈주선 긋기의 방향을 존재론적 맥락에서 구체화하는 것이고(유기화로부터의 탈주 및 탈주 일반), 다른 한편으로 윤리와 정치의 맥락에서 탈주선 긋기를 좀더 구체화하는 일이다(기표화와 주체화로부터의 탈주).

들뢰즈/가타리의 사유는 생성존재론에 기반한다. 이들의 어떤 논의를 다루든 이 점은 근저에서 작동하고 있다. 이들에게 생성존재론은 마르크스에서의 계급투쟁론이나 푸코에서의 지식-권력론처럼 기본적인 역할을 하고 있다. 그러나 어떤 생성인가? 들뢰즈/가타리가 말하는 생성이 **정확히 어떤 생성인지**를 분명히 하지 않는다면, 우리는 이들의 사유를 (실제 적지 않은 사람들이 그렇게 하듯이) 그야말로 막연하고 혼돈스러운 '흐름'의 사유로서 받아들이는 것으로, 다시 말해 개념의 수준에서 인식하는 것이 아니라 인상/이미지의 수준에서 느끼는 것으로 그칠 것이다. 들뢰즈/가타리의 윤리학이 좁은 의미에서의 '윤리학'이 아니라 어디까지나 스피노자적 의미에서의 '에티카'이거니와, 이들의 생성/되기 개념을 분명하게 이해하지 못하는 한 이 에티카를 논하는 것은 어렵게 된다.

현대 사상이 이룩한 근본적인 공헌은 '존재에서 생성으로'의 전환을 이룬 점에 있지만, '생성'에 대한 개념화는 매우 다양하다. 힘에의 의지와 영원회귀를 통해 생성을 설명한 니체, 의식의 흐름, 기억, 생명의 약동 등으로 지속을 설명한 베르그송, 카오스, 혼돈의 가장자리, 창발, 비선형성 등으로 새로운 질서의 탄생을 설명한 복잡계 이론 등을 비롯해 생성에 대한 사유는 매우 풍부하다. 그래서 우리가 물어야 할 것은 이것이다. 들뢰즈/가타리에게 생성은 구체적으로 어떻게 이해되는가? 이에 답하는 것은 쉽지 않다. 들뢰즈/가타리의 사유 세계 전체가 생성에 대한 사유이기 때문이다. 그러나 『차이와 반복』에서 사유된 차이 자체, 시간의 종합, 차이생성과 분화, 강도의 연속적 변이 등, 그리고 지금부터 이야기될 『천의 고원』에서 사유된 '되기'의 존재론과 윤리학이 들뢰즈/가타리 생성론의 결정적인 두 지도리를 형성한다는 것은 분명하다.[94]

되기의 존재론은 존재의 존재론에 대한 의문에서 생겨난다. "나는 왜 나인가?", "나는 왜 바로 이렇게 존재할까?", "저 사람은, 새는, 지구는 왜

---

94 따라서 이하에서 논의되는 **되기의 에티카**는 『차이와 반복』에서 논의된 **차생의 존재론**과 (『천의 고원』의 전편을 이루는) 『안티오이디푸스』에서의 **욕망의 형이상학**을 전제한다는 점을 염두에 두어야 한다.

꼭 저렇게 존재할까?", "세계는 왜 꼭 이렇게 존재할까?" 현실성보다 더 많은 존재, 실존하는 세계보다 더 큰 세계를 사유할 수 있는 운명을 타고난 존재인 인간은 늘 이렇게 묻는다. 현실과 가능이 꼭 들어맞도록 일치한다면, 있음과 있을-수-있음(그리고 있어야-함)이 구분되지 않는다면, 우리의 삶에는 기쁨도 슬픔도, 희망도 절망도, 기대도 후회도 없을 것이다.

나는 인간이다. 척추가 있고, 직립해 걸어 다니며, 오장육부가 있고, 큰 뇌를 가지고 있다. 나는 내 의지와 관계없이, 사회적으로, '무의식'적으로 나다. 그래서 내게는 무수한 기호들이, 아니 ('관계들의 놀이'를 통해서 작동한다는 점에서) '기표들'이 붙어 있다. 나는 '한국인'이고, '여자'이고, '경기도' 사람이고, 'A 학교'를 나왔고, 'B라는 회사'에 다니고 있고, '불교도'이고 등등. 이 기표들 하나하나는 어떤 가능성이요 욕망이요 권력이요 질곡이기도 하다. 그리고 나는 '나는 ~이다'라고 생각한다. 나의 '존재'. 나는 못생겼다, 나는 야구보다 축구가, 김치찌개보다 부대찌개가, 레드 제플린보다 핑크 플로이드가 좋다, 나는 정치적으로 민주노동당을 지지한다 등등. 나는 나를 어떤 특정한 '주체'라고 생각한다. 아니 어쩌면 그런 모든 생각들은 타인들의 눈길이 내 머릿속에 박아놓은 그물 같은 것일지도 모르겠다. 어쨌든 나는 스스로를 하나의 주체로 여기고서 살아간다. 생물학적 유기화를 통해서나, 사회적 기표화를 통해서나, 내면적 주체화를 통해서나, 우리는 일정한 존재 방식을 통해서 존재한다. 그러나 '存在'는 일정한 존재 방식을 넘쳐흐른다. 그래서 우리는 다른 삶, 다른 존재 방식, 지금의 나를 규정하고 있는 울타리 바깥을 꿈꾸게 된다. 내가 그것에 속해 있고, 그것을 통해 내가 나로서 존재하고 있는 배치, 그 배치를 바꾸고 싶은 욕망. 그 욕망은 우리의 삶을 지탱해주는 생명의 불꽃과도 같은 것이다. 다른 삶으로의, 바깥으로의 이행을 들뢰즈/가타리는 '되기'(devenir)로 부른다. 되기의 몇 가지 갈래를 미리 개관해보자.

동물-되기(탈유기화)　　　　층화의 세 가지 중 첫번째 것은 유기화=조직화이다. 우리는 '신의 심판'에 따른 신체를 가지고 살아간다. 그래서 탈층화의 첫번째 길은 탈유기화/탈조직화이다. 이것은 곧 내 신체를 변형시켜나가는 것, 특히 다른 신체들 즉 동물들과의 관계하에서 변형시켜나가는 것이다.

나를 '나'로 이해할 때, 그 가장 기본적인 규정은 내가 '인간'이라는 것이고, 그것은 곧 내가 개나 벌레, 새, 물고기, 꽃 등이 아니라는 것이다. 그리고 인간인 한에서 나는 다른 인간들과 보편적 지평에서의 '우리' — 무수한 의미론적 층차(層差)들을 함축하는 '우리' 개념이지만, 여기에서는 인류 전체로서의 '우리' — 이다. 생명체라는 지평은 모든 인간의 보편적이고 근본적인 지평이다. 하지만 꼭 그런가? 왜 '우리'가 개, 새, 물고기 등으로 확장될 수는 없는가? 확실히 '그(것)들'과 '우리'는 다르다. 우리는 새처럼 날 수 없고, 물고기처럼 바다 속에서 살아갈 수 없고, 벌레들처럼 생식 능력이 왕성하지도 못하다. 누군가가 꽃처럼 가만히 서 있다면 그는 죽은 것(과 마찬가지)이다. 반면 '그(것)들'은 글을 읽을 수도, 정치활동을 할 수도, 철학적 사유를 할 수도 없다. '그(것)들'과 '우리' 사이에는 깊은 심연이 존재하는 것 같다.

그래서일까. 사람들은 동물들을 그리고 때로는 식물들을 인간세계로 끌어들여 곧잘 의인화하곤 한다. 디즈니의 애니메이션들은 쥐나 오리, 사자 등에 인간적 모습들을 부여해 그들로 하여금 사람처럼 말하고 행동하게 한다. 그래서 〈도널드 덕〉의 새끼 오리들은 장난꾸러기 사내아이들 같고, 〈라이온 킹〉의 사자들은 셰익스피어의 비극에 등장하는 인물들을 닮았다. 이런 애니메이션들에서 대개 하이에나나 표범, 늑대 등은 악당으로 묘사된다. 〈밤비〉에서는 사슴과 토끼와 스컹크가 친구가 된다. 과학적인 견지에서 볼 때는 우스꽝스러운 이런 설정들이 대중들의 호응을 얻어 막대한 부가가치를 창출하곤 한다. 이런 상상적 묘사를 넘어, 사람들은 실제 동물들을 인간계로 끌어들여 '가축'이나 '애완동물'로 기른다. 개나 고양이를 비롯한 애완동물들은 소나 말을 비롯한 '가축들'과는 전혀 다른 의미를 가진다. 이 동물들은 기능적 존재가 아니라 상징적 존재로서 본래 인간이 차지해야 할 어떤 자리를 대신 차지하는 그런 존재들이다. 애완동물들은 어른들에게는 아이들을, 아이들에게는 친구들을 대신하는 또 다른 형태의 인간들이다. 동물들의 인간-되기. 가축들은 친구들/노예들로서의 동물들이지만, 애완동물들은 동물들로서의 친구들이다. 애니메이션이나 가축, 애완동물은 인간세계에 억지스럽게 끌려 들어온 동물들을 보여준다.

동물들의 인간-되기는 허다하게 발견되지만, 왜 인간들의 동물-되기는 없는 것일까(또 식물-되기는 어떤가)? 인간이 동물이 된다는 것은 타락을 의미한다. 우리는 못된 인간을 가리켜 "짐승 같은 놈", "금수(禽獸)만도 못한 놈", "개, 돼지만도 못한 놈"이라고 부른다. 비천하고 약삭빠른 인간에게 우리는 "쥐새끼 같은 놈", "벌레 같은 놈"이라고 부른다. '개새끼'는 가장 흔한 욕이다. 더러운 세상은 '개 같은 세상'이다(가장 가까이 있는 존재가 가장 많은 욕을 뒤집어쓴다). 늘 그런 것은 아니지만—예쁜 여자 아이가 앙증맞은 짓을 하면 어른들은 "요, 여우!"라고 하며, "곰 같이 우직한"이라는 묘사는 때로는 긍정적인 함의를 띠기도 한다—동물 들은 늘 '짐승들'의 뉘앙스를 띤 채 경멸당하곤 한다. 나아가 동물들의 세 계는, 특히 서구 문화사에서, 늘 어두움, 광기, 광폭함, 괴물, 공포 등의 세계이다. 그래서 인간의 동물−되기는 드물다. 하지만 정말 드물까? 좀 더 세심히 살펴보면 인간의 동물−되기(나 식물−되기)는 도처에서(특히 비서구 문화에서) 발견된다. 뱀이나 전갈이 되려 하는 무술인들, 학이 되 려 하는 무용수들, 9년 동안 스스로 식물−인간이 된 달마 도사, 새가 되 려 하는 무당들……. 인간에게서 동물로 이행하려는 무수한 노력들을 우 리는 여기저기에서 볼 수 있다. 이 모든 동물−되기들은 도대체 무엇을 의미하는가? 동물−되기란 무엇인가? 그것은 동물을 흉내 내는 것인가? 곰의 자태를 흉내 낸다고 곰−되기가 이루어지는 것일까? 새처럼 날갯짓 을 한다고 새가 되는 것일까? 들뢰즈/가타리는 그런 것들은 오히려 되기 의 장애물들일 뿐이며 차라리 되기의 중지일 뿐이라고 말한다. 그렇다면 동물−되기란 무엇일까?

분자−되기(탈기표화와 탈 '주체'화)　　　　　층화의 두번째, 세번째 요소는 기표화와 예속주체화이다. 그래서 이 각각에 해당하는 탈층화는 곧 탈기 표화와 탈 '주체'화이다. 늘 그랬듯이, 둘은 함께 논의된다. 이것이 소수자 윤리학을 구성하며, 본 저작의 핵을 구성한다.
　　화학자들은 분자들[95]을 통계적으로 처리한다. 기체−입자들 하나 하나를 추적하는 대신(물론 불가능하다) 통계적 방법을 통한 접근을 제시했 던 루트비히 볼츠만에게서 볼 수 있듯이, 근대 화학은 통계적 연구를 이

어갔고 그 과정에서 '몰'(mole)의 개념을 창안해냈다. "온도와 압력이 같을 때 모든 기체는 같은 부피 안에 같은 수의 분자를 포함한다"라는 '아보가드로의 법칙'에 따라, 22.4리터의 부피 안에 들어 있는 일정 수(아보가드로수=6.02×10²³)의 기체들은 1몰로서 규정된다. 즉 하나의 단위/덩어리로서 취급된다. 그러나 폐쇄계의 테두리를 걷어냈을 때 분자들은 각각 따로 움직인다. 마찬가지로 한 직장은 하나의 몰로서, 즉 그 안의 분자들(사원들)을 평균화/균일화하는 방식으로 이해되지만, 다른 한편 그 안의 분자들은 각각의 욕망을 가지고서 따로 움직인다. 한 가족, 한 마을, 한 직장, 한 국가, 한 학회, 한 연구소 등은 모두 하나의 몰이다. 그 안의 성원들 각각은 분자들이다. 몰들의 관점에서 사회를 볼 때와 분자들의 관점에서 사회를 볼 때 전혀 상이한 사회학이 도래한다. 가브리엘 타르드의 분자적 사회학을 재평가할 수 있는 대목이다.

몰은 덩어리로서, 평균화되고 균일화된 전체로서 존재한다. 그러나 늘 누수가 있다. 늘 탈주선이 도래한다. 더 정확히 말해, 본래적인 것은 탈주선이다. 탈주선이 존재론적으로 일차적이다. 거기에 분절선과 절편선이 도입되고, 영토화와 코드화가, 층화가 작동함으로써 비로소 몰적인 계(系)가 형성된다. 몰적인 구획 아래에는 늘 분자들의 우글거림이, 탈주가 존재한다(따라서 '탈주'라는 말은 세계의 본연의 성격인 생성과 이미 형성된 배치 '로부터의' 탈주라는 이중적 의미를 가진다. 이 이중적 의미를 염두

---

95 자연과학에서 입자들, 분자들, 미립자들, 원자들, 전자들 같은 개념들은 모두 의미를 달리한다. 들뢰즈/가타리가 사용하는 '분자' 개념은 정확히 자연과학적 맥락에서의 분자를 가리키지는 않는다. 일반화된 의미에서의 '분자'이며, '몰'과 상대를 이루는 개념이라는 것이 중요하다. 굳이 '분자'를 쓴 것은 기체를 원자들이 아닌 분자들로 파악함으로써 큰 과학적 공헌을 남긴 아메데오 아보가드로의 업적을 감안한 것으로 짐작된다.

에 두는 것이 중요하다). 몰적 덩어리도 또 개별적 분자도 아닌, 제3의 존재 방식으로서 '도당'(meute) 즉 '무리'가 존재한다. 무리는 여럿이지만 몰적 단일체로 굳어지지 않은, 이질적이고 흘러가는 여럿—독특한 배치/다양체—이다. 양산박이나 청석골의 도당들, 건맨들의 무리, 숱한 형태의 '연구회'들, 다양한 형태의 '요원들', 한 무리의 무사들 등 이 도당들은 국가장치에 포섭되어 있는 몰적 통합체들을 갉아먹으면서 뒤흔든다. 몰적 단위 안에서 분자들은 동질화된다. 그러나 분자들은 늘 분자-되기로서 존재한다. '무리'는 분자-되기가 좀더 많이 허용되는 집단이다.

전쟁기계—되기　　　소수자 윤리학을 좀더 구체화하려면 소수자 정치학으로 나아가야 한다. 윤리학은 정치학의 기초이고, 정치학은 윤리학의 구체화이다.

　　알튀세에 의해 도입된 '이데올로기적 국가장치들' 개념을 통해 친숙해진 '국가장치'는 흐름—모든 형태의 흐름—을 일정하게 조직해 통합적인 삶의 양태(언표적 차원에서 볼 때 '기호체제들')를 만들어내는 배치이다. 땅을 분절해 이름을 붙이고, 사람들을 분절해 일정한 집단들로 조직하고, 식량을 분절해 보급하는 등, 국가장치는 각종 흐름들을 마름질하고 이름 붙이고 조직해 국가의 장치들로 만들어낸다. 이 기계적 배치는 기계들(사람들, 건물들, 길들, 메카닉들 등)을 일정하게 초코드화하고 층화하기 위해 배치들을 작동시킨다. 이것은 우리의 삶에 일정한 홈들을 파는 것이기도 하다. 교육, 군대, 도시 건설, 사법제도 등은 모두 국가장치가 구사하는 배치들이다. 우리의 삶은 이런 배치들을 통해 층화된다. 들뢰즈/가타리는 더 거시적인 지평에서 국가장치를 기원전 7000년 정도에 형성된 배치(성, 역사 서술, 관료 제도, 도로 정비, 화폐제도 등)로 파악한다 (「포획 장치」). 자본주의의 등장은 이 유구한 국가장치들에 큰 변화를 가져온 또 하나의 분기점으로 이해된다. 들뢰즈/가타리 사유의 목표는 '새로운 민중'과 함께 (자본주의와 결합해 있는) 국가장치에 의해 지배되는 현실—이 현실은 안토니오 네그리와 마이클 하트에 의해 '帝國'으로 개념화되었다—에 맞서 '새로운 大地'를 건설하는 것이다.

  '국가장치'(알튀세)에 포섭되기 전의 도당들, 국가장치 바깥으로 끝없이 탈주해가는 무리들은 '전쟁기계들'(비릴리오)이다. 전쟁기계는 영토화—코드화하는 국가장치에 포섭되지 않는 창조적 추상기계를 드러낸다. 지표화된 공간에서 벗어나 새로운 길을 내면서, 전쟁기계들은 새로운 배치들—대안적 삶의 모색, 제도권을 벗어나는 사유, 아방가르드적인 창작 등—을 창조해낸다. 국가장치에는 본래 전쟁이 포함되어 있지 않다. 즉 전쟁기계는 본래 국가장치 바깥에 존재하는 유목적 무리들에게서 발견되는 삶의 양식이다. 그러나 전쟁기계는 국가장치에 포섭됨으로써 '정규군'이 된다. 도당들은 국가장치에 포섭됨으로써 '용병'이 된다. 로마에 포섭된 '야만인들', 휘종에게 포섭된 양산박 무리들. 전쟁기계는 그 유래는 전쟁의 맥락에서 사유된 개념이지만, 이제는 거의 실재하지 않는 이 존재를 현대적 맥락에서 재음미할 수는 있다. 각종 대안 운동들, 대학 바깥의 숱한 연구 도당들, 제도권 바깥의 문화 게릴라들……. 이들 역시 전쟁기계들이다. 그러나 전쟁기계들이 그 자체로서 긍정적인 것은 아니다. 게슈타포, CIA, IBM 등도 일종의 전쟁기계들이다. 어떤 전쟁기계가 될 것인가가 중요하다.

  세 가지 되기를 미리 이야기했지만, 되기의 철학을 구성하는 요소들은 다채롭고 복잡하다. 소수자 윤리를 논하기 전에 우리는 한동안 좀더 심층적이고 이론적인 사유를 전개해야 한다. 철학은 사건에 참여하지 않는 것이 아니다. 개별 사건들이 아니라 사건들의 더 거대한 장에 참여하는 것일 뿐이다. 철학은 사건에 개입하지 않는 것이 아니다. 그때그때의 사건들이 아니라 긴 시간을 채우는 사건들에 더 포괄적으로 개입하는 것일 뿐이다. 철학적 참여는 더 넓은 눈길과 더 긴 사유를 필요로 한다. 철학적 참여/개입이 넓고 깊은 시공간을 필요로 하듯이, 그것이 목표로 하는 '효과' 역시 넓고 깊은 시공간을 필요로 한다.

1
'신의 심판'을 넘어: 동물-되기

생성의 사유를 취할 때, '존재의 일의성'의 사유를 취할 때, 우주에는 결코 넘지 못하는 본질주의적인 선들은 존재하지 않는다. 말할 필요도 없이 이것이 사물들이 쉽게 서로를 넘나든다는 것을 뜻하지는 않는다. 그러나 중요한 것은 세계의 근본 성격은 생성에 있다는 사실이며, 달리 말해 어떤 사물이든 그것은 *A*로서가 아니라 *dA*로서 존재한다는 사실이다(이미 말했듯이, 여기에서 '*d*'는 'différentiation'의 'd'이며, 수학적으로는 'différentiel'의 'd'이다). 즉 존재한다는 것은 곧 생성한다는 것이다. 모든 존재는 무엇인가가 되어-가는 와중에 있다.[96] 생명체의 경우, 특히 동물의 경우 이 점은 더욱 뚜렷이 드러난다.

박물학=자연사의 주된 관심사는 다양한 생명체들을 관찰하고 그 결과로서 그것들을 분류하는 것이었다. 그것은 '계통학'(taxonomie)이기도 하다. 달리 말해, 박물학의 관심은 동물들 사이의 관계를 고찰하는 것이다. 푸코가 그의 노작 『말과 사물』에서 보여주었듯이, 고전 시대로부터 근대로 이행하면서 계통학은 계보학에 자리를 내준다. 이제 문제는 공간적 관계가 아니라 혈족/유연(類緣) 관계, 가계/혈통 관계가 된다. 분류학에서 진화론으로. '차이'의 의미는 바뀐다. 분류 항목들 사이의 구조적인 차이(A와 B 사이의 차이)는 변종들이 진화해가는 시간적 차이(A와 A+dA 사이의 차이)로 대체된다. 초기에 시간은 공간의 변형태에 불과했다. 생명체들의 위계 구조('생명의 사다리')의 순서가 진화의 순서에 투영된 것에 불과했던 것이다. 그래서 진화는 바로 분류표에 따라 일어나야만 했다. 표에 때때로 거대한 도약들이나 구멍들이 생겨났어도, 그것은 자연 자체에서 발견한 '사실'로서 받아들여지기보다 언젠가 채워질 장소로 받아들여졌다. '우발성'(contingence)이 근본적인 역할을 하기에 이르러서야 시간은 사실 자체의 시간으로 자리 잡는다. 다윈 진화론의 존재론적 의의는 바로 이 점에 있다. 아프리오리한 표를 전제하지 않고서, 생명체들에게 일어난 수정들=변화들이 세밀하게 추적되기 시작한 것이다.

96 이런 생성의 면을 들뢰즈는 '내재면'(plan d'immanence)이라 부른다. 그러나 이 면을 고전적인 맥락에서의 초월면과 대비시켜 이해하는 것은 단견이다. 들뢰즈는 이데아나 신 같은 초월자들을 인정하지 않는다는 의미에서 내재면을 이야기하는 것이 아니다. 그런 의미라면 18세기 계몽사상가들에 의해 이미 수립되었고 내재면의 강조는 새삼스러운 것이 되어버린다. 내재면이란 이데아나 신 같은 것들만이 아니라 더 내재적인 형태의 형상들(아리스토텔레스의 'eidos'나 주자의 '理' 등), 나아가 근대적 맥락에서의 '선험적 주체'들, 게다가 원자를 비롯해 실체주의적으로 이해된 입자들, 관계들인 듯이 보이지만 고착화됨으로써 또 한 종류의 실체가 된 '구조' 등등 그 어떤 형태의 동일자도 항구적으로는 성립할 수 없는 생성면을 뜻하며, 이 절대적인 생성의 면 위에서 A, B, C 등이 성립할 수 있는 면이다. 그래서 세계에 어떤 '素'들이 존재한다면 그것들은 반드시 차생소 — 차이생성적 요소 — 로서만, dA, dB, dC 등으로서만 성립한다.

들뢰즈의 이런 생각에 대해 다음 두 가지 물음이 제기될 수 있다. 1) 세계의 여러 층위들에서 이전보다 더 정교한 형태로 수학적 존재들이 발견되는 현상을 어떻게 이해할 것인가. 2) 내재면/생성면에서 동일성들(개체들, 성질들, 보편자들=집합들, 사건들 등)이 마름질되어 나오는 과정 자체가 고도로 법칙적일 경우는 어떻게 이해되어야 하는가. 이 점에서 '신족과 거인족의 투쟁'은 끝나지 않았으며, 오히려 오늘날 고도로 정교화된 형태로 계속되고 있다고 해야 할 것이다.

이런 과정을 통해서 이제는 과학사 책에나 등장하는 고색창연한 담론이 되어버린 계통학을 들뢰즈/가타리는 새로운 관심사에서 조망한다. 그것은 곧 '동물과 동물 사이의 관계'에 대한 관심사이다.

잘 알려져 있듯이 고전 시대까지도 '자연철학'은 중세 존재론의 그늘 아래에 있었다. 존재의 다의성(equivocitas)은 아리스토텔레스의 유명한 명제를 통해 확립되었다. "존재는 여러 가지로 말해진다." 아리스토텔레스의 저작들 여러 곳에서 반복적으로 나타나는 이 언표는 존재론적 표현으로 바꾸어 말해 '존재는 여러 가지 방식으로 존재한다'라는 것을 뜻한다. 그러나 이 언표가 개의 존재 방식, 물의 존재 방식, 신의 존재 방식 등등이 다 다르다는 평범한 관찰 결과를 언표하고 있는 것은 아니다. 이 언표는 최상위 유들의 불연속성, 통약 불가능성을 말하고 있다. 이 불연속성은 곧 범주들의 존재 방식을 뜻한다. 존재는 하나의 이름으로 말해지지만, 그 이름은 그것이 결코 하나로 용해시킬 수 없는 다의성을 그 안에 감추고 있다.

아리스토텔레스에 따르면, 서로 다른 사물들은 그것들의 공통점을 통해서만 자신들의 차이를 드러낸다. 달리 말해 차이는 동일성에 종속된다. 즉 하나의 유가 유지됨으로써만 종차(種差)를 통해 대립하는 술어들이 그 유를 잔여 없이 나누는 것이다. 이 경우 가장 큰 장르, 즉 최상위 유들이 곧 범주들을 형성하게 된다. 그렇다면 이 범주들은 '존재'의 하위 개념들로서 포섭되는가. 아니다. 이것들은 통약 불가능하기 때문에 '존재'가 그것들을 포섭하는 것은 불가능하다. 그러면 범주들은 전적으로 불연속을 형성할 뿐인가. 아리스토텔레스는 유비의 개념을 통해서 이들 사이에 일정 정도의 연계성을 부여하고자 했다. 아리스토텔레스의 유비는 다의성과 일의성 사이에서 해결책을 찾던 토마스 아퀴나스에 의해 부활한다. 중세에 존재와 존재자들 사이의 관계는 난항을 겪는다. 신은 '존재'해야 하지만 또한 동시에 '존재'를 초월해야 한다. 전자와 같이 일의성의 입장을 취할 때, 신의 위상에 관련해 거대한 추문이 발생한다. 반면 후자처럼 다의성의 입장을 취할 때, 우주의 통일성은 무너진다. 아퀴나스의 해결책은 두 입장을 아슬아슬하게 봉합한다. 존재는 다의적이지만 통약 가능하다. 즉 존재는 유비적이다.

중세 존재론에서 존재의 유비는 두 가지 방식으로 나타난다. 한편으로 존재자들은 하나의 거대한 계열('위계')을 형성한다. 위계의 이웃들에서 a는 b와 유사하며, b는 c와 유사하다. 위계의 꼭대기에는 '탁월한' 항, 즉 완전성 또는 품(品)에 있어 최고의 항인 '神'이 놓이고 바닥에는 일종의 논리적 존재로서 '순수 질료'가 놓인다. 사물들은 실재도 또는 완전도에 따라 그 사이를 메운다. 이를 통해 '비례의 유비'가 성립한다. 다른 한편으로 존재자들은 구조를 형성한다. a의 b에 대한 관계는 c의 d에 대한 관계와 유비적이다. 그리고 이 관계들은 각각의 방식으로 완전화를 실현한다. 이를 통해 '비례성의 유비'가 성립한다. 비례의 유비에서 사물들은 하나의 계열을 따라 또는 한 계열에서 다른 계열로 이어지면서 달라지는 유사성의 관계를 맺는다. 비례성의 유비에서 사물들은 하나의 구조 안에서, 또는 한 구조에서 다른 구조로 나아가면서 유사해지는 차이의 관계를 맺는다. 고전 시대 박물학에서 생물 분류가 다름 아닌 '계열'과 '구조'를 통해 이루어진다는 것을 상기하자. 한편으로 동물들은 생명의 사다리에 따라 위계적으로 배열된다. 다른 한편으로는 상관 항들의 대응에 따라 구조적으로 배열된다. 전자는 경험주의적이고 귀납적이며, 후자는 합리주의적이고 연역적이다. 우리는 박물학에 깃들어 있는 중세 존재론의 그림자를 분명하게 확인할 수 있다. 들뢰즈/가타리는 중세 철학에서든 고전 시대 박물학에서든 계열(비례의 유비)과 구조(비례성의 유비)는 늘 '흔들리는 평형 상태' 속에서 공존해왔다고 보며, 결국 '미메시스'의 자연철학을 형성했다고 본다.

그들은 점진적 또는 점퇴적으로 끝없이 서로를 모방하는 존재(/생명)의 대연쇄의 형식으로든(이 대연쇄는 생명체들이 모델로서 그리고 계열의 근거로서 모방하는 신성하고 탁월한 항을 향한다) 아니면 정돈된 차이(등가적 관계들의 구조)를 통해서 모든 것을 모방하는 모델로 기능함으로써 더 이상 모방할 것이 없는 지경에 이르는 거울 속의 '模倣'의 형식으로든, 공히 '自然'을 거대한 미메시스로 이해했던 것이다(여기에서 진화─생산의 관념을 불가능하게 만들었던 것은 이 미메시스적인 또는 미몰로지(擬音法)적인 비전이다).(MP, 287/446~447)

동물─되기를 행한다는 것은 '신의 심판'이 그어놓은 선들을 부수면서 조직화=유기화에 저항하는 것이다. 이를 위해서는 동물들 상호 간의 객관적 관계들을 근본적으로 재사유해야 한다. 들뢰즈/가타리는 중세 존재론과 고전 시대 박물학에서 나타난 계열과 구조에서 이 관계들을 파악하는 전형적인 방식들을 발견한다. 그러나 두 방식 어느 것도 조직화/유기화의 논리에서 벗어나지 못한다. 전자에서 우리는 탁월한 항과의 비례 관계에 따라 아프리오리하게 늘어선 생명체들을 본다. 후자에서 우리는 등가적인 관계를 끝없이 반복하는 생명체들을 본다. '되기'를 위해서는 두 논리 모두를 넘어서야 한다.

그러나 놀라운 것은 이 사유들이 현대에 이르러서도 생생하게 반복된다는 점이다(물론 매우 풍요로운 반복이다). 한편으로 융과 바슐라르는 '집단 무의식'으로서의 원형의 이론이나 형태변이들의 속도 계수와 완전도의 이론에 따라 동물들의 관계를 파악하고, 다른 한편으로 레비-스트로스와 조르주 뒤메질은 오성(entendement)의 상징적이고 구조적인 질서에 따라, 종들의 '변별적인 관계들' 또는 '구분적인 대립들'에 따라 동물들의 관계를 파악한다('구조'를 사유하려는 레비-스트로스가 융이나 바슐라르식의 '계열'의 사유들을 규탄한 것도 이런 맥락에서 이해할 수 있다).[97] 한편으로 계열, 이미지, 비례의 유비, 유사성의 사유가 다른 한편으로 구조, 상징, 비례성의 유비, 내적 상동성의 사유가 이렇게 중세 존재론, 고전 시대의 박물학 그리고 현대에 이르러 상상의 사유와 상징의 사유에서 계속 풍요롭게 반복되어왔다는 사실은 흥미롭다. 그래서 이제 들뢰즈/가타리는 이런 **상상**의 사유와 **상징**의 사유를 넘어 **실재**의 사유를 펼치려 한다. 즉 동물들 사이의 관계에 관련해 상상적 유사성도 상징적 상응도 아닌 또 다른 관계, 조직화=유기화를 넘어설 수 있는 관계를 사유하려 한다. 그것은 곧 실재적인 되기(devenir réel)의 사유, 동물-되기의 사유이다.

들뢰즈/가타리는 "우리는 인간을 가로지르기도 하고 이끌어가기도

---

97 융의 원형 이론에 대해서는 『원형과 무의식』(한국융연구원 C. G. 융저작번역위원회 옮김, 솔, 2002)을, 「말도로르의 노래」에 대한 바슐라르의 분석에 대해서는 『로트레아몽』(윤인선 옮김, 청하, 1997)을 보라. 레비-스트로스의 토테미즘 연구에 대해서는 『야생의 사고』(안정남 옮김, 한길사, 1996)를, 뒤메질의 인도-유럽 신화 연구에 대해서는 『대담: 디디에 에리봉과의 자전적 인터뷰』(송대영 옮김, 동문선, 2006)를 보라.

하는, 인간과 더불어 다른 동물들도 감응하게 만드는 매우 독특한 동물-되기가 존재한다고 믿는다"(MP, 290/451)라고 말한다. '믿는다'는 표현에서 우리는 이들이 동물-되기론을 가설적인 방식으로 제시하고 있다는 것을 짐작할 수 있다. 동물-되기는 타자-되기의 일종이다. 즉 다른 동물이 되는 것을 말한다. 동물-되기가 "인간을 가로지르기도 하고 이끌어가기도 한다"라고 한 것은 이 되기가 인간이 의식적이고 주체적으로 행하는 무엇이 아니라 그것 속으로 들어가 그것이 그를 가로지르고 이끌어가게 해야 할 무엇이라는 점을 시사한다. 물론 이 생성/되기로 들어가는 것은 인간이며 따라서 여기에서는 능동성과 수동성이, 주체성과 객체성이 함께 작동한다는 점에 주목할 필요가 있다('devenir'를 '생성'으로 번역할 때와 '되기'로 번역할 때의 뉘앙스 차이를 음미해보자). 들뢰즈/가타리가 되기에 관련해 우선 인간을 언급하고, 그 후 그것이 '다른 동물들도' 감응하게 만드는 것이라고 한 것은 '되기'에서의 주체성이 균일하지 않음을 시사한다. 생성/되기에서의 주체성과 객체성 그리고 각 종들 사이의 비대칭성은 앞으로 계속 염두에 두어야 할 문제이다.

우선 상상적 되기와 상징적 되기의 한계를 지적할 필요가 있다. 상상적 되기는 이미지 차원에서의 되기이며 흉내일 뿐 진정한 되기가 아니다. 동물들이 된다는 것은 몽상도 아니고 환각도 아니다. 그것은 정신분석학적 의미에서의 '환상'과도 무관하다. 또 되기는 실재적일 뿐 상징적인 것이 아니다. 구조주의자들은 상상적 동물-되기에 대해 단호한 비판의 입장을 취하곤 했다. 합리주의자들에게 유사성의 사유(길면 기차, 기차는 빨라, 빠르면 비행기……)만큼 참기 힘든 것도 없다. 두 동물 사이에서 구조적 상응(호몰로지)을 파악하는 것은 두 동물이 날카롭게 불연속을 형성한다는 것을 전제할 때 가능하다. 폐와 아가미의 상응은 둘의 불연속을 전제할 때 성립한다. 폐가 아가미가 '되려' 한다면 구조적 상응은 망가진다. 레비-스트로스에게 그것은 대위법의 붕괴를 뜻한다. 이런 구조주의적 틀 속에서 생성/되기의 길은 단적으로 막혀버린다.

전자가 좀더 대중적인 담론들, 예컨대 소설이나 영화 등등의 경우에 등장한다면, 후자는 과학적 담론들에서 등장한다. 들뢰즈/가타리의 동물-되기는 흔해빠진 상상적인 동물-되기나 동물들과의 구조적인/상징적인 관계-맺기가 아니라 실재적인 되기, 우리의 몸으로 행하는, 물질성/기(氣)에 입각해 가능한 되기, 객관적인 동물-되기이다. 그렇다면 '실재적' 되기가 한 동물이 '진짜로' 다른 동물이 되는 것인가? 인간이 여우가 된다는 것이 '실제' 여우가 되는 것을 뜻하는가? 여우가 다른 동물이 된다는 것이 '실제' 그것이 오소리나 담비가 된다는 것을 뜻하는가? 하나의 종으로부터 다른 종으로의 불연속적 도약은 상상의 문제이지 실재의 문제가 아니다. 두 고정된 항을 상정하고 하나의 항에서 다른 항으로 건너뛰는 것은 '연속적 변이'의 사유와는 대척적인 것이다. 이것은 결국 되기=생성의 문제를 이기=존재의 문제로 만들어버리는 것이기 때문이다.

되기가 상상적인 것도 상징적인 것도 아니라면 그것은 일종의 '진화'인가? 진화는 종의 본질주의를 무너뜨렸으며, 시간에 따른 동물들의 생성을, 그것도 급진적인 생성을 사유한다. 그래서 그것은 동물-되기에 대한 일차적인 배경을 형성한다. 그러나 앞에서도 말했듯이 들뢰즈/가타리는 중세 존재론의 그늘을 벗어나지 못한 온갖 형태의 사변적 '進化'론을 비판한다는 점을 기억하자. 이들에게 진화는 곧 절화이다. 그것은 '혈통/혈연'을 통해서가 아니라 결연(結緣)을 통해서, "이질적인 개체군들 사이에서의 횡단적 소통들"을 통해서 성립한다. 이것은 '進化'가 아니라 '折化'이다(앞에서 들뢰즈/가타리가 진화론으로부터 박물학으로 거꾸로 거슬러 올라간 것은 되기를 시간적 이어짐이 아니라 공간적 이어짐을 통해 사유하려 하기 때문이다. 물론 공간적 이어짐도 시간 속에서 이루어지기에 당연히 절화는 시공간적 맥락에서 성립한다). 절화는 '공생'(symbiosis)의 거대한 영역을 가로지르면서 작동한다. 절화는 이질적인 것들 사이에서 성립한다. 그래서 절화는 창조적이고 리좀적이다. 절화를 통해서 이질적인 것들 '사이'에서 생성/되기의 운동이 가능해진다. 이 되기는 상상적 되기나 상징적 되기가 아니라 실재적 되기이다.

요컨대 동물-되기가 무엇이 아닌지를 이해하는 것이 일차적으로 중요하다.

1. 동물-되기는 상상적 되기가 아니다. 그것은 유사성, 흉내 내기, 몽상, 환각, 환상의 문제가 아니다.
2. 동물-되기는 상징적 되기가 아니다. 구조적 상응 관계의 표에서 다른 동물들과 일정한 관계를 맺는 것이 아니다. 그것은 합리주의적-구조주의적 사유에서의 관계 맺음이며, 실재적인 되기의 길을 막아버리는 것이다.
3. 동물-되기는 다른 동물로의 건너뜀이 아니다. 그런 건너뜀은 불가능하며 허무맹랑한 상상일 뿐이다.
4. 동물-되기는 사변적 방식으로 이해된 '진화'의 과정이 아니다. 그런 식의 이해는 중세의 위계적 존재론으로의 회귀에 다름 아니다. 진정한 되기는 절화에 의해 가능하다.

동물-되기가 이 모든 것이 아니라면 그것은 무엇인가? "동물-되기는 바로 운동을 만드는 것이고, 그 모든 긍정성 속에서 탈주선을 그리는 것이며, 문턱을 넘는 것이고, 그 자체를 위해서만 타당한 강도의 연속체에 이르는 것이며, 순수한 강도의 세계를 발견하는 것"이다. 달리 표현해, "내용이 모든 형식에서 해방되고, 표현이 그것을 형식화하는 기표들로부터 해방되는 자유로운 강도의 지대"에 들어서는 것이다. 여기에서 핵심적인 것은 "그 자체를 위해서만 타당한 강도의 연속체"에 이르는 것이다. 즉 하나의 개체가 자신을 테두리 짓고 있는 조직화/유기화의 틀을 깨고서 강도-연속체의 흐름으로 들어감으로써 타자-되기를 실험하는 것이다. 그러나 이런 실험은 반드시 타자를 필요로 하며, 그래서 핵심적인 것은 '되기의 블록'이다. 되기에는 항상 짝이 필요하다. 학춤에 신명이 난 무용수는 학-되기를 한다. 학-되기는 학을 되기의 짝으로 해서 자신의 신체를 탈기관화하는 것이며 그로써 강도-연속체에 들어가는 것이다. 만일 강도-연속체를 기화(氣化)로 이해할 수 있다면, 이것은 곧 자신의 기를 학의 기로 바꾸어나가는 과정이다. 그것은 하나의 물(物)로서 고착화된 자신의 신체를 그렇게 고착화되기 이전의 기로 다시 이끌어가는 것이다(이렇게 독해하는 한에서, 들뢰즈/가타리의 되기는 사실상 동북아인들이 수천 년 동안 실천해온 되기, 즉 기 수련에 근접한다고 볼 수 있다).

들뢰즈/가타리는 실재적인 것은 두 항이 아니라 "되기 자체, 되기의 블록"이라고 말한다. 즉 되기에 있어 실재적인 것은 두 항이 아니라 그 사이, 그 사이에서의 생성 자체이다. 바로 그렇기 때문에 되기는 되기의 짝이 실재하지 않는 경우에도 성립한다. 언어가 실재하지 않아도 우리는 언어를 되기의 짝으로 선택함으로써 언어-되기를 실행할 수 있다.[98] 그러나 다른 동물들의 경우는 어떤가? 들뢰즈/가타리는 다른 동물들의 경우에도 실재하지 않는 동물을 짝으로 타자-되기를 행할 수 있다고 말한다. 그러나 실재하지 않는 동물을 짝으로 선택하는 것은 고도의 상상을 필요로 하며, 인간 외의 동물들에게 과연 그런 상상력이 존재하는지는 의심스럽다. 또 그런 상상력이 존재한다 해도 그런 상상의 동물을 짝으로 해서 의식적으로 되기를 실행할지는 더욱 의심스럽다. 이런 의구심은 앞에서 되기를 '창조적 절화'에 연결시킨 것을 생각하면 더욱 증폭된다. 창조적 절화는 자연적인 생성 자체이며, 거기에는 짝의 선택이라든가 의식적인 되기가 성립할 수 없기 때문이다. 양란과 말벌은 본능에 따라 되기를 행하는 것일 뿐이다. 요컨대 들뢰즈/가타리의 되기는 두 가지 의미 사이에서 요동하고 있다. 되기란 자연적인 생성('창조적 절화')인가 의식적인 변신인가?

들뢰즈/가타리가 볼 때 되기/생성에서 주체성은 거의 사라지기에 이른다. 이것은 사실이다. 무용수가 학-되기를 하거나 무인들이 호랑이-되기, 곰-되기 등등을 하고, 건물을 타는 사람이 거미-되기를 할 때 그들은 자신들의 주체성/의식을 극복해야 신명(神明)에 들어설 수 있다. 그러나 되기의 짝을 선택하는 것, 되기를 끝없이 수련하면서 '스스로'를 변신시켜나가는 것은 그 되기를 실행하는 주체 자신이다. 인간에게서 되기는 주체가 **자신을** 변신시켜나가는 것이지 예측할 수 없는 진화('절화') 의 흐름에 자신을 맡기는 것이 아니다. 자연에서의 생성과 인간에게서의

98 그러나 상상적 동물들의 '특질들' — 실재적 되기의 구체적인 대상들은 특질들이다 — 은 결국 인간이 상상한 것이다. 따라서 이 경우 실재적 되기를 한다 해도(자신의 '氣'를, 특질들을 바꾼다 해도) 그 방향은 결국 인간이 상상한 것을 향해서이다. 이 점에서 실재하지 않는 존재로의 되기는 실재적이기만 한 것은 아니라고 해야 하지 않을까.

되기 사이에는 큰 간격이 있는 듯하다. 또 다른 동물들 사이에서의 되기에도 역시 좀더 능동적인 입장에 서는 동물과 그 반대의 입장에 서는 동물이 구분되는 듯하다.[99] 게다가 다른 동물들이 인간-되기를 행하는 경우는 실재적인 경우들보다는 앞에서 말했듯이 애니메이션이나 애완동물의 경우처럼 인간 자신이 그렇게 만드는 경우가 대부분일 것이다. 되기는 그저 생성일 뿐인가, 아니면 어떤 '노력'인가? 우발적 절화인가, 아니면 어떤 '수련'인가? 들뢰즈/가타리에게서 이 문제는 전반적으로 불투명하다. 다만 그들은 베르그송에 대해서 언급한다. "서로 매우 상이한, '우리의' 지속에 비해 우월하거나 열등한, 그리고 모두 서로 소통하는 '지속들'의 공존이라는 베르그송의 생각."(MP, 291/453) 지나가는 듯이 던진 언급이지만, 우리는 이 구절에서 해결의 실마리를 찾을 수밖에 없다.

어떤 종(/개체군) 또는 개체의 '지속'이란 그것이 물질성으로부터 취하는 거리로 이해할 수 있다. 여기에서 거리는 곧 그것의 연속성, 다질성, 창조성을 뜻한다. 연속성이란 "찰나적 정신"(라이프니츠)으로서의 물질성을 넘어 시간의 종합을 통해 생명을 이어가는 힘을, 다질성이란 다양한 차이들을 보듬을 수 있는 힘을, 창조성이란 절대적인 의미에서의 차이를 만들어낼 수 있는 힘을 뜻한다. 시간을 얼마나 종합할 수 있는가, 성질들('형질'들), 기능들, 활동들 등에 있어 얼마나 다양한가, 지금까지 존재하지 않았던 차이를 도래시킬 수 있는가. 이런 규준들에 따라 우리는 생명체들의 '지속'을 측정할 수 있다. 생명체들은 서로 다른 지속을 살아가며

---

99 물론 능동성과 수동성을 쉽게 가르기 힘든 경우도 많다. 심지어 동물들, 나아가 인간까지 이용하는 식물들을 강조하는 사람도 있다.(마이클 폴란, 『욕망하는 식물』, 이경식 옮김, 황소자리, 2007) 그러나 이 저작은 결과를 놓고서 그것을 식물들의 욕망의 결과로 해석하는 의인적 설명에 물들어 있다.

지속에서의 차이들에 따라서 서로 관계 맺는다. 나는 강둑에 앉아 내면에서 생명의 흐름을 느낀다. 앞에서는 강물이 흘러가고 있다. 저쪽에서는 새들이 날아오른다. 세 가지 지속은 서로의 차이를 통해서 관계 맺으며, 나는 내 지속의 관점에서 강물과 새들의 지속을 지각한다. 강물은 강물대로(강물에 지각 능력이 있다면) 새들은 새들대로 다른 지속들을 지각할 것이다. 지속들의 상대성원리에 따라 생명체들은(나아가 무생명체들까지도) 서로 관계 맺는다. 그런 과정에서 동물들은 '되기의 블록'을 형성하며 각각의 동일성에서 빠져나와 그 사이로, 강도-연속체로 들어간다.

양란과 말벌 사이에서의 되기의 블록과 무용수와 학 사이에서의 되기의 블록은 지속의 상대성에서 큰 차이를 보여준다. 또 양란-말벌 쌍과는 달리 되기의 짝을 해치는 경우도 많다(예컨대 바이러스에 의한 감염). 요컨대 서로 다른 지속을 사는 생명체들이 되기의 블록을 형성할 때, 상대를 해치는 경우, 서로 도움을 주는 경우, (인간의 경우에 흔히 그렇듯이) 아예 일방적인 경우 등 매우 다양한 경우들이 성립한다. 그럼에도 이 모두는 **지속의 상대성원리**에 입각해 이해될 수 있다(그래서 되기에서 중요한 것은 시간, 특히 속도이다). 이로써 위에서 말한, 되기 개념의 요동은 하나의 일관된 구도로 통합된다. 그러나 핵심적인 것은 일관된 구도가 아니라 오히려 그 구도를 통해 다시 한 번 확인되는 차이들이다. 되기의 블록이 띠는 성격은 다양하며, 특히 자연적 진화('절화')를 통한 되기와 인간의 의식적인 되기는 (존재론적으로 하나의 근본 원리 위에 서 있음에도) 단적으로 구분되어야 한다.

이상의 논의로부터 되기에 대한 몇 가지 이해를 잠정적으로나마 정리할 수 있다.

1. 되기는 실제 몸과 마음을 던져서 행하는 행위이며, 상상적인 것도 상징적인 것도 아닌 **실재적인** 것이다.
2. 되기에서 중요한 것은 자신의 동일성을 내려놓고서, 짝이 된 타자와 자신 '사이'에, 불연속적 본질들이 아니라 (그것들을 특정한 경우들로서 포괄하는) **강도-연속체** 속으로 들어가는 것이다(그것은 '物'의 동일성에서 나와 '氣'의 차생으로 들어가는 것이다).
3. 되기의 블록은 서로 다른 지속들을 사는 존재들 사이에서 성립하며, 지속의 상대성에 따라서 **매우 상이한 방식의 되기들**이 성립한다.

들뢰즈/가타리의 되기론에서 1, 2는 비교적 분명하게 나타나지만 3은 뚜렷이 논의되어 있지 않다. 베르그송을 언급하고 있는 점으로 보아 이들 또한 3을 파악하고 있지만, 되기론의 전반적인 전개를 볼 때 이 점을 심각하게 고려하고 있는 것으로 보이지는 않는다. 그러나 나는 3이 핵심적이며, 서로 다른 방식의 되기들에 주목하지 않는다면 '진화'와 '윤리'의 관계를 명료화하는 데 상당한 난항을 겪게 된다고 판단한다. 이 문제는 앞으로 우리 논의의 전개 과정 전체를 관류할 것이며, 계속 긴장의 끈을 늦추지 말고 음미해보아야 할 점이다. 우리는 소수자 윤리학을 논하는 과정에서 왜 이 문제가 핵심적인지를 좀더 분명하게 확인하게 될 것이다.

지금까지는 두 생명체 사이에서의 되기를 말했다. 그러나 들뢰즈/가타리는 "동물-되기는 언제나 무리, 떼, 개체군, 동/식물상의 문제, 요컨대 다양체의 문제"라고 말한다.[100] '언제나'라는 표현은 유보되어야 할 것이다. 우리는 되기의 다양한 방식들을 잊지 말아야 한다. 들뢰즈/가타리가 이렇게 말하는 것은 이들이 생명체들의 흐름에 있어 "팽창, 전파, 점유, 전염, 서식"[101]에 관심을 가지기 때문이다. 이런 양상들에 초점을 맞추는 것은 이들이 동물들을 인간화된 방식(가축, 애완동물 등)이나 신화, 제의의 맥락(이미지 차원)에서나 과학적 인식의 대상(예컨대 계통학의 대상)으로서가 아니라 다른 다양체들과 '공진화'하면서 생성을 겪는 하나의 다양체로서 보기 위해서이다. 늑대, 고래, 이, 쥐, 파리 등등은 모두가 무리로서 생성하며 다양체들이다.

우리는 모든 동물들이 우선 하나의 떼, 무리라고 말한다. 동물들은 형질들[102]이 아니라 무리의 방식들—그 자체 매우 다양한—을 가진다. 바로 이 점에서 인간은 동물들과 관련 맺는다. 우리는 무리에, 다양체에 매혹되지 않고서는 동물이 되지 못한다. 바깥에서 오는 어떤 매혹일까? 아니면 우리를 매혹시키는 다양체가 이미 우리 내부에 살고 있는 어떤 다양체와 관계를 맺고 있는 것일까?(MP, 293/455)[103]

---

100 "〔……〕meute, bande, population, peuplement〔……〕"(MP, 292/454) '떼', '무리'를 뜻하는 'banc', 'troupeau'도 쓰고 있다.
101 "〔……〕expansion, propagation, occupation, contagion, peuplement〔……〕"(MP, 292~293/455) 이하 '전염'을 대표어로 사용함.
102 생물학적 맥락에서의 'caractère'는 '형질'로 번역되어야 한다.
103 들뢰즈/가타리는 무리를 강조하는 한편 '특이자'(예외적인 개체) 또한 강조한다. 무리와 더불어 동물-되기를 하기 위해서는 그 무리에 속하기는 하지만 그것의 가장자리에서 감응들을 운반하는 예외적인 개체와 결연을 맺어야 한다(동물-되기에서 특이자와의 결연이 표현의 형식이라면, 무리에 의한 전염은 내용의 형식이다). 그러나 여기에서 들뢰즈/가타리는 여가수 요제피네, 『모비딕』 등의 예만을 듦으로써 실제 이 특이자가 어떤 존재인지를 실증적으로 제시하지 못하고 있다. 구체적 예를 들지 못하고 계속 소설들에 호소함으로써 이들의 되기론은 (그들 자신의 주장과는 달리) 계속 상상적인 것으로 흐르고 있다.

그러나 앞에서도 말했듯이, 다른 생명체들과 '공진화'하는 인간과 되기의 짝을 의식적으로 선택해서 수련/노력을 통해 자신을 변신시켜나가는 인간을 구분하지 않는다면 논의는 혼란스러워질 것이다. 들뢰즈/가타리는 이런 구분에 신중하지 못하고 그래서 이들의 동물-되기론은 전반적으로 혼란스러운 면이 있다. 인간은 다양체로서 다른 동물-다양체들과 공진화한다. 더 정확히 말해, 인간 역시 '창조적 절화'의 흐름 속에 있으며 다른 다양체들을 전염시키고 또 그것들에 의해 전염되면서 '진화'한다(여기에는 인간이 만든 기계들이 함께 맞물려 들어가며, 따라서 앞으로의 공진화는 기계, 인간, 동식물이 복잡하게 맞물리는 공진화가 될 것이다). 그러나 학-되기를 하려는 무용수는 학을 일방적으로 선택하는 것이며(이 경우 학은 되기의 짝으로서 일방적으로 선택되는 것일 뿐이다), 자신의 노력/수련을 통해서 스스로를 변신시켜간다. 이 되기는 어디까지나 개인적인 것이며(물론 경우에 따라 집단적이 될 수도 있다), 의식적/선택적/주체적인 것이다.[104] 이런 구분을 하지 않는다면, 되기론이 창조적 절화를 논

---

[104] 〈스파이더 맨〉의 영화 버전과 만화 버전의 차이도 이 점에 있다. 영화 버전은, 물론 상상적인 것이지만, 창조적 절화의 예를 보여준다. 반면 만화 버전에서 주인공은 기계들을 사용해서 거미가 된다. 양 버전에서 주인공의 수동성/능동성은 다르다. 그러나 원칙적으로 실재적인 되기를 하려면 기계를 개입시키면 곤란하다. 도구들, 기계들을 완전히 배제해야 할 것인가는 논쟁의 여지가 있지만(사실 도구들조차도 완벽하게 배제한 '되기'는 쉽지 않다), 수련/노력으로서의 '실재적 되기'는 동북아 문명에서의 '쿵푸'(工夫) 바로 그것이라고 보아야 한다. 들뢰즈/가타리 되기론의 한 가지 의의는 기계를 사용해 변신을 꾀하는 서구 문명에 대해 실재적인 수련을 통해 변신을 꾀하는 동북아 문명의 의미를 밝혀준 점에 있다(그들 자신이 이 점을 의식했는지는 분명치 않지만 도교를 언급하고 있는 것으로 볼 때 어느 정도 의식한 것으로 보인다). 자동차를 타기보다는 축지법을 쓰고, 안경을 쓰기보다는 망기(望氣)를 기르고, 비아그라를 먹기보다는 방중술(房中術)을 터득하고, 무기를 개발하기보다는 각종 권법(拳法)을 개발해내는 동북아 문명의 전통─기 수련의 전통─은 들뢰즈/가타리의 되기, 적어도 그 한 측면(능동적/주체적 되기)에 근접한다. 그러나 이런 전통에 대한 대중문화의 과장되고 유치한 몸짓들이 오히려 그 의미를 손상시켰다고 할 수 있다. 동북아적 자기 변신의 핵심적 의미를 담고 있는 '쿵푸'가 영화 등 대중문화를 통해 오히려 상상적인 것, 유치한 것으로 전락한 것이다.

하는 자연철학인지 인간의 자기 변신을 논하는 윤리학(에티카)인지가 혼란스러워진다고 해야 한다.

또 하나, 들뢰즈/가타리는 되기론을 전개하면서 끊임없이 픽션들에 호소함으로써 되기는 '실재적'이라는 자신들의 강조를 스스로 흐리게 만들어버리고 있다는 사실이다. 동물-되기에 대한 소설가들의 묘사는 어디까지나 묘사일 뿐이다. '실재적' 되기를 더 설득력 있게 논하려면 **실제** 이루어지고 있는 실재적 되기를 상세하게 논해야 할 것이다. 들뢰즈/가타리는 픽션들에 의존함으로써, 심지어 (서구인들 특유의 상상, 문화에 불과한) 흡혈귀, 뱀파이어 등등까지 동원함으로써 자신들의 되기론을 그 자체 일종의 픽션으로 만들고 있다.[105]

동물-되기가 좀더 분명한 문화사적 맥락을 띠게 되는 것은 그것이 마법사-되기와 연결될 때이다. 서구 문화사에서 마법사는 사제의 대척점에 존재했다. 사제의 담론이 신학이었다면 마법사의 담론은 되기론이었다고 할 수 있으리라. 들뢰즈/가타리는 (서구인들에게는 일종의 향수— 예컨대 멀린 같은 마법사에 대한 향수—와 더불어 떠오를) 이 마법사의 전통을 끌어 온다. 그러나 이런 논의가 『해리 포터』 같은 것이 되지 않으려면, (들뢰즈/가타리가 종종 망각하는) 상상적인 것과 실재적인 것의 차이에 둔감해서는 곤란하다.

서구의 신학이 아리스토텔레스적 본질주의에 근거한다는 사실은 잘

---

[105] 그러나 글쓰기 또한 되기의 하나라는 것은 사실이다. 소설의 상상적 내용을 실재적 되기와 혼동하는 것은 곤란하지만 그 상상적 내용을 묘사하는 작가의 글쓰기 행위 자체는, 그 행위가 극도로 진지한 것인 한에서, 일종의 되기라 할 수 있다. 혜강도 강조했듯이 글쓰기 역시 '기'의 문제이기 때문이다. 이 경우 작가들은 글쓰기를 통해서 쥐-되기(카프카), 고래-되기(멜빌) 등을 겪는다. 소설의 내용은 상상적인 것이지만 글쓰기 자체는 실재적인 것이 될 수 있다.

알려져 있다. 이 본질주의 존재론에서 '본질적 형상'들 사이에 그어져 있는 선들은 결코 침해할 수 없는 것이다. 그러한 선을 침해하려는 존재가 있다. 그것은 곧 악마이다(물론 이 또한 상상적인 것이다). '마녀 사냥'은 (정치적 맥락을 접어둔다면) 본질적 형상들 사이의 선을 넘어서려는 악마의 유혹에 빠진 여성들을 추적하는 사냥이다. 서구 문화사에서 사제들의 신학에 대립하는 것은 마법사들의 되기론이다. 사제들이 형상들의 고딕적 구축에 몰두한다면, 마법사들은 전염-흐름의 괴물적인 창조에 몰두한다(이런 노력이 화학적 맥락에서는 연금술로 나타난다). 특이존재로서의 괴물들은 형상들의 위계적 체계를 가로지르면서 탄생한다. 이질적 형상들이 혼재하는 이 괴물들은 따라서 '악마적인' 것들이다. 마법사들이 때로 그들 위에 존재하는 대(大)마법사=악마의 하수인들로 표상되는 이유도 여기에 있다. 과연 마법사들이 실제 그런 되기를 이루었는가의 문제와 별도로, 서구 문화사에서 사제들의 존재론(좁은 의미)과 마법사들의 생성론이 대립했다는 사실은 그 자체로서 흥미롭다. 물론 여기에서 '마법사'란 대중문화에서 그리는 허구적 존재가 아니라 서구 문명사에서 '사제'와 대비되는 존재들 전체를 가리키는 말로서 받아들여야 할 것이다.

이런 문화사적 맥락은 정치사적 맥락도 함축한다. 사제들의 신학이 형상들의 위계를 구축함으로써 서구의 신분 구조를 뒷받침하고자 했다면, 마법사들의 되기론은 또 다른 삶의 양식을 추구했기 때문이다. 신학에서는 금물이었고 악마와 연계되었던 동물-되기가 마법사들의 전통에서는 거의 필수적인 항목이었음을 상기할 수 있다. 동북아에서 유교 전통과 도교 전통 또한 이러한 대비를 잘 보여준다. 후자는 국가장치의 바깥으로 탈주하는 전쟁기계에 다름 아니다(물론 전쟁기계는 때로 국가에 편입되어 합법성을 획득하며, 때로 다른 전쟁기계들을 포획하는 데 앞장을 서기도 한다). 그러나 이런 맥락에서의 동물−되기는 개인적인 동물−되기와도 진화론적인 동물−되기와도 다르다는 사실을 분명히 해야 한다. 들뢰즈/가타리는 이런 구분 없이 여러 맥락들을 오가면서 논의를 펼치지만 (이 때문에 들뢰즈/가타리는 '전염'이라는 말도 혼란스럽게 사용하고 있다), 정치적인 동물−되기는 단순한 자연적 과정으로서의 동물−되기와도 또한 개인의 동물−되기와도 다르다고 보아야 할 것이다(물론 이런 되기들이 날카롭게 구분되는 것은 아니다. 한 되기가 여러 측면을 동시에 보여줄 수도 있다). 이런 동물−되기는 대개 각종 형태의 '결사'(結社)와 밀접한 관련을 맺어왔다고 할 수 있다. 따라서 적어도 세 가지 맥락에서의 동물−되기를 구분할 수 있다.

1. **창조적 절화를 통한 동물−되기**: 모든 동물들은 절화로서의 진화의 흐름 속에 들어 있다.
2. **자기 변신으로서의 동물−되기**: 한 개인이 수련을 통해 다른 동물과 자신 '사이'에 들어서기.
3. **무리들의 정치적 동물−되기**: 반체제적 다양체로서의 무리들이 동물들과 밀접한 관련 맺기.[106]

---

[106] 때로 한 개인이 이런 동물−되기를 행하는 경우도 있으며, 이 경우 그는 종종 체제 속으로 들어가 왕으로 군림하기에 이르기도 한다. "권력은 바깥에서 온다"라는 테제에서 이 '바깥'이 동물성과 일정한 관련을 맺는 경우라고 할 수 있다. 아프리카의 '狩人(かりゅど)−王'을 비롯한 여러 예들로는 大澤眞幸, 『身體の比較社會學 II』, 勁草書房, 1992, 266頁 이하를 참조.

들뢰즈/가타리는 동물-되기를 논하면서 '악마와의 결연' 같은 (유대-기독교 전통에서 연원하는) 허구적인 이야기를 끌어들여 그들의 논의 자체를 허구로 만들고 있지만, 동물-되기의 정치적 맥락을 짚어내는 대목은 중요하다. 전통적인 지배 세력들이 인간과 동물 사이를 날카롭게 가름으로써 위계적 세계관을 견지한 데 비해, 주변적인 존재들은 동물들과 훨씬 밀접한 연관을 맺었다는 사실은 역사 속에서 상당 부분 실증할 수 있기 때문이다. "이 정치학[동물-되기의 정치학, 마법의 정치학]은 가족의 배치들도, 종교의 배치들도, 국가의 배치들도 아닌 배치들에서 이루어진다. 이 배치들은 차라리 소수자들, 즉 억압받는, 배제당하는, 반체제적인 집단들, 공적인 제도들의 변방에 위치해 있는, 외부에 존재하는 만큼 비밀스럽기도 한, 요컨대 전복적인 집단들을 표현한다."(MP, 302/469)[107] 전사들("야수-인간들"), 범죄자들("표범-인간들", "악어-인간들"), 폭도들, 은자들, "성스러운 능욕자"들("늑대-인간들", "염소-인간들")이 그들이다. 유대-기독교 문명에서 발견되는 이런 존재들은 동물-되기, 마법사-되기의 좀더 분명한 예들을 구성한다. 가족, 교회, 국가 등은 이런 존재들을 포섭시키려 애쓴다. 전사들이 국가장치에 편입되어 '국군'이 되고, 범죄자들이나 폭도들이 국가장치의 비밀 병기가 되고, 마법사들은 화형당하거나 교회에 편입되어 '성인'(聖人)이 되고, 가족을 파괴하는 '악마 같은 인척'이 예(禮)의 세계로 돌아오기도 한다. 원시사회의 부족들이 동물들을 토템으로 상징화한 것이 그 최초의 예일 것이다. 이렇게 안과

---

107 전쟁기계는 여성-되기, 아이-되기, 동물-되기 등과 더불어 비밀을 만들어낸다. 비밀에 대해서는 MP, 351/542 이하를 참조.

바깥, 내부화와 외부화의 복잡한 관계가 성립한다.

들뢰즈/가타리의 동물–되기론은 층화의 세 가지 방식들 중 하나인 유기화=조직화로부터 탈기관체/혼효면으로 나아가는 과정에 다름 아니다. 그것은 타자들 사이에 그어진 날카로운 선들이 흐려지면서 이루어지는 생성/되기를 개념화하고 있다.

되기론에서 핵심적인 것은 그것이 실재적 되기라는 점이다. 들뢰즈/가타리는 유대–기독교 문명에서 등장하는 각종 '야사'(野史)들과 소설가들의 픽션을 지루하게 늘어놓으면서, 되기는 '실재적'이라는 자신들의 주장을 스스로 흐려놓고 있지만, 되기는 실재적일 때에만 진지한 의미를 가질 수 있다.

동물–되기론에서 반드시 구별해야 할 것은 능동성과 수동성이다. 모든 동물들은, 무리/다양체로서의 동물들은 다른 동물들(과 식물들, 광물들 등)과 관련해 생성/되기를 겪는다. 이것은 곧 모든 동물들이 창조적 절화의 흐름에 놓여 있음을 뜻한다. 이 점에서 각 개체들 또는 무리들은 (절화로서의) 진화의 와중에 있으며, 자연의 거대한 흐름에 대해 수동적일 수밖에 없다. 그러나 이로부터 각 동물(군)의 되기를 등질적인 것으로 파악하는 것은 곤란하다. 고등한 동물들일수록 환경에 의해 '선택'당하기만 하기보다 스스로 환경을 바꾸어나간다. 생명체들과 환경의 관계는 균일한 것이 아니다. 인간에 이르러 이 점은 커다란 도약을 이룬다. 때문에 인간은 한편으로 절화의 와중에 있지만, 다른 한편으로 의식적/주체적으로 되기를 실행하기도 한다. 때문에 인간이란 '진화'의 흐름에 휩쓸려 흘러가는 수동성과 스스로를 다른 존재로 만들어나가는 능동성을 동시에 가진다. 인간은 고정된 실체가 아니라 **수동적 진화**와 **능동적 변신**이라는 두 상반된 방향의 운동성이 타협을 이루고 있는 존재이다. 이 점을 분명히 할 때에만 되기의 존재론은 그 고유의 윤리학으로 나아갈 수 있다.

나아가 동물-되기론은 정치적 맥락을 가진다. 반체제적 '결사'들은 대개 주변적 지역들에서 출몰하면서 동물들과 여러 가지 특이한 관계들을 맺어왔기 때문이다. 역사 속에서 이런 동물-되기들의 유형들과 역할들을 읽어내는 것은 흥미로운 작업이 될 것이다.

되기론의 출발점을 동물-되기론으로 잡았지만, 이것은 유기화=조직화의 극복을 출발점으로 잡은 것이기도 하다. 그 한편으로는 인간의 차원 자체 내에서의 되기들(여성-되기, 아이-되기, 흑인-되기 등등)이 존재하고, 다른 한편으로는 동물들 이하의 좀더 물질적인 차원에서의 되기들(지각불가능자-되기에 이르는 각종 되기들)이 존재한다. 이 수많은 되기들이 가능한 것은 곧 '존재의 일의성' 때문이다.

보론: 존재의 일의성

앞에서 언급했듯이, 존재의 다의성, 일의성, 유비는 서구 존재론사에서 중요한 의미를 함축한다. 유비는 다의성과 일의성의 양극을 피해 가려는 시도였고, 비례의 유비와 비례성의 유비로 양분되었다. 유비의 공간＝면 (面)은 조직면 또는 전개면(/발생면)을 형성한다. 이 면은 생명체의 기관들을 공간적으로 조직화하는 '조직화의 도안' 또는 시간적으로 전개하는 '전개(발생)의 도안'을 형성한다. 한편으로 이것은 생명체들을 탁월한 항과의 거리에 입각해 위계적으로 배열하는 조직화의 면 또는 시간적으로 펼치는 전개의 면을 형성한다. 그리고 다른 한편으로 생명체들로 하여금 비례성에 따라 유비적 관계를 맺게 하거나 시간 속에서 펼쳐지게 만든다. 어떤 형태로든 이러한 면은 초월적인 면이다.

들뢰즈는 초월면에 대해 내재면의 사유를 제시한다. 내재면은 단지 초월자가 존재하지 않는 면이 아니다. 그것은 사물들을 조직하거나 전개하는 선험적 면이 존재하지 않는 면, 즉 어떤 형태로든 '一者'라는 개념이 성립할 수 없는 면이다. 나아가 그것은 선험적 주체와 같은 초월성 또한 성립할 수 없는 면이기도 하다. 더 나아가 그것은 심층적인 구조를 통한 관계들의 고착화가 유지될 수 없는 면이기도 하다. 요컨대 내재면이란 모든 형태의 초월성(초월자, 일자, 선험적 주체, 고정된 관계망=구조)이 성립할 수 없는 생성의 면— '차생적 속도'만이 지배하는 면—이다.[108] 더 정확히 말해, 이 모든 초월성들이 이차적으로만, 생성 위에서만 성립 가능한 면이다. 이 면은 곧 '혼효면'이자, '조성면'(여기에서 'composition'은 물론 스피노자의 'compositio'이다), '일의면'이기도 하다. 초월면으로서의 조직면, 전개면에서 내재면으로서의 혼효면, 조성면, 일의면으로.

이 점에서 들뢰즈는 '존재의 일의성'의 입장을 새롭게 부활시킨다. 들뢰즈는 유비의 사유가 한편으로 존재를 공통의 유로 놓지 못하고(즉 존재의 보편성을 단지 의사 동일성으로만 파악하고), 다른 한편으로 무엇이 개체들의 개별성, 나아가 각종 형태의 개별성들을 구성하는지를 말하지 못한다고 비판한다. 전자는 초월철학에 대한 비판이고, 후자는 일반적/추상적 사유에 대한 비판이다. 그래서 유비의 사유는 진정한 보편도 또 진정한 개별성도 파악하지 못한다. 그렇다면 유사성의 그물 안에서의 일반성과 특수성의 놀이가 아니라 존재의 보편적 지평 위에서 특이하게 개별화하는 차이들의 놀이, 더 정확히 말해 차이생성의 놀이를 이해해야 할

---

108 초월성의 네 가지 층위에 대해 다음을 보라. 이정우, 「氣란 무엇인가」, 『기학의 모험 1』, 들녘, 2004, 169~172쪽. 앞에서도 지적했듯이, '내재성'의 개념을 시대착오적으로 이해하지 않는 것이 중요하다. 이것은 고·중세적 맥락에서의 초월성, 근대적 맥락에서의 초월성, 현대적 맥락에서의 초월성을 모두 거친 단계에서 등장한 내재성이다.

것이다. 바로 일의성의 입장이 이런 이해를 가능하게 한다. 둔스 스코투스에 따르면, 존재는 그것이 존재인 한에서 일의적이다. 즉 존재는 형이상학적으로 일의적이다. 달리 말해, '존재'라는 말에 관련해 제시된 의미들 사이에는 어떤 범주적 차이도 없다. 존재는 그것이 말해지는 모든 것의 유일하고 동일한 의미에서 말해진다. 범주의 차이, 종과 유에서의 차이는 이차적인 것으로 파악된다.[109] 이것은 순수한 존재론, 즉 존재를 넘어서는, 존재의 바깥에 있는 어떤 것도 존재하지 않는 존재론이다.

존재자들 사이에 차이가 존재하는데도 존재가 일의적이라면, 존재자들 사이의 차이는 어디에서 유래하는가? 유비적 사유에서 존재자들 사이의 차이는 외부적 시선을 통해서, 즉 범주들에 의해서 주어진다. 그러나 일의적 사유에서의 차이는 각 존재들 내부에서 즉 역능(potentia)에 의해서, 강도에 의해서 주어진다. 그래서 중요한 것은 **역능의 정도들로서의 차이**이며, 유와 종의 위계(이런 위계는 '포르퓌리오스의 나무'에서 전형적으로 나타난다)에 입각한 차이(즉 동일성의 전제 위에서의 차이)는 이차적인 것이 된다. 모든 존재들은 일의적인 의미에서의 존재(함)의 표현들이며, 그들의 차이는 역능의 정도에서의 차이이다. 개별자들은 역능을 상이하게 표현하고 있는 존재들로 이해되며, 사물들에 대한 파악은 질적 본질(존재의 유비)에서 양화 가능한 역능으로 옮겨 간다. 이것은 곧 한 사물의 '임'(esse)에서 '할 수 있음'(posse)에로 관점을 옮겨 가는 것을 말한다.

바디우는 존재의 일의성에 대한 들뢰즈의 논의로부터 들뢰즈가 '일

---

109 다음을 보라. John Duns Scotus, "introduction", *Sur la connaissance de Dieu et l'univocité de l'étant*, traduction et commentaire par Olivier Boulnois, PUF, 1988, collatio 24.

자'의 철학자라는 것을 강조한다. 바디우는 들뢰즈의 사유는 일자의 사유이고 바로 그렇기 때문에 모든 것은 일자의 바다의 물방울일 뿐이라고 본다.[110] 그러나 이것은 'univocitas'에서의 'uni'를 차이들을 보듬는 일자로 보는 한에서이다. 이것은 들뢰즈 사유에 대한 근본적인 오독을 함축한다 (이러한 오독은 지젝에 의해 빈약하게 반복된다). 이런 유의 일자의 철학은 오히려 존재의 다의성을 함축한다. 일자와 다자들 사이에 존재론적 위계가 성립하기 때문이다. 바디우는 **일자성의 철학과 일의성의 철학을 혼동**하고 있다. 일의성의 철학은 오히려 일자를 제거하는 것, '$n-1$'로 만드는 것에서 성립하기 때문이다. 들뢰즈의 사유를 일자의 사유로 보는 것은 들뢰즈에게서 일의성과 차이가 어떤 역할을 하는지 보지 못하는 것이다. 내재면에서는 어떤 형태의 일자도 성립할 수 없다.[111]

　어떤 형태의 일자도 성립할 수 없는 면에서 남는 것은 오로지 사물과

---

110 다음을 보라. 알랭 바디우, 『들뢰즈―존재의 함성』, 박정태 옮김, 이학사, 2001, 74쪽 이하. 이 대목에서 바디우는 여러 차례 논리적 비약을 범하는데, 다음은 그 한 예이다. "존재는 모든 존재자들로부터 이야기되되 유일하고 같은 하나의 의미로 이야기된다는 사실, 그리하여 의미들의 다수성이나 존재자들이 보여주는 다의적인 것은 실재적인 그 어떤 위상도 지니지 않는다는 사실이다."(77쪽) 문장의 전반부는 "존재하다"라는 말의 일의성을 보여주는 것이다("神은 존재한다"와 "그레고리우스는 존재한다"에서 '존재한다'는 말은 일의적이다). 그러나 이로부터 의미의 다수성과 존재자들의 다의성이 비실재적인 것이 되는 것은 전혀 아니다. 오히려 "존재한다"라는 것의 일의성/평등이라는 '보편성' 위에서 모든 개별성들―상투적인 개별성들(개체들)만이 아니라 모든 형태의 '이-것'들―이 특이한 것들로서, 고유하게 차이 나는 것들로서 존재하는 것이다. 이것은 장자의 '萬物齊同'이 만물의 동일성이나 통일성을 뜻하는 것이 전혀 아닌 것(오히려 그 반대인 것)과 같다.

111 이것은 들뢰즈의 초기 저작들에서부터 말년의 저작들에 이르기까지 일관되게 이어진 입장이며, 또 철학사를 바라보는 일관된 관점이다. 예컨대 들뢰즈가 초기에 쓴 다음 구절을 보라. "다양함의 생산으로서의 자연은 하나의 무한한 합, 즉 그 고유한 요소들을 총체화하지 않는 합일 수밖에 없다. 자연의 모든 요소들을 한 번에 담을 수 있는 조합은 없으며 유일한 세계나 총체적인 우주도 없다. 'Physis'는 일자, 존재, 또는 전체의 한 규정이 아니다. 자연은 집합적이기보다는 배분적이다. 자연의 법칙들(이른바 'feodera fati'에 대비되는 'feodera naturae')은 총체화되지 않는 부분들을 배분한다." (질 들뢰즈, 『의미의 논리』, 이정우 옮김, 한길사, 1999, 424쪽)

사물 사이의 '그리고'밖에는 없다(엄밀히 말해 이것 역시 이차적으로만 성립한다. 들뢰즈에게 실재는 사물들이 아니라ㅡ'사물들'은 이미 동일성들이다ㅡ사물 '과' 사물이라고 할 때의 '과'에서 계속 이루어지고 있는 생성뿐이기 때문이다). 즉 남는 것은 "존재, 일자, 또는 전체로 규정될 수 있는 모든 것의 바깥"밖에는 없다. 그리고 이제 사유에 있어 중요한 것은 이런 관계들(의 생성)의 '배치'를 탐구하는 것이다. 사물들의 역능은 배치 안에서 구체성을 획득하며, 때문에 철학사 연구에서 얻어낸 '역능' 개념과 (정신분석학 비판에서 얻어낸 '욕망' 개념을 거쳐) 역사 연구에서 얻어낸 '배치' 개념이 하나로 융합되며 들뢰즈/가타리 사유의 원숙한 모습이 형성된다.

들뢰즈의 다양체는 외적 '다'(多)도, 라이프니츠-베르그송적 연속성을 함축하는 '일즉다'(一卽多)도 아니다. 그것은 '그리고'로 이어진 사물들의 "패치워크"(MP, 594~595/910)이다. 강조해야 할 것은 '그리고'가 어떤 동일성들을 전제하는 사이가 아니라 **'사이' 자체의 생성**을 가리키며, 그래서 외적 접속 이상의 모든 형태의 접속을 가리킨다는 점이다. 이 다양체는 탈영토화 운동을 통해 변해가며, 배치를 변화시켜나간다. 그리고 무한한 다양체들/배치들ㅡ1장 1절에서 말했듯이 이것들은 궁극적으로 사건들이다ㅡ의 그 어디에도 굵직한 실선들(존재의 다의성)은 그어져 있지 않다. 그것들은 똑같은 의미에서 "존재한다". 이것은 같음의 문제가 아니라 평등의 문제이다. 같으면 다 같고 다르면 다 다르다, 이것이 존재의 일의성이다(이하에서 보겠지만 다름 그 자체가 달라지며, 일의성의 장은 베르그송적 의미에서의 절대적 창조의 장이기도 하다).『차이와 반복』의 다음 구절을 곱씹어보자.

일의성에서 본질적인 것은 '存在'가 하나의 동일한 의미에서 말해진다는 데 있지 않다. 그것은 '存在'가 모든 개체화하는 차이들이나 고유의 양상들**에 대해** 하나의 동일한 의미로 말해진다는 점에 있다. '存在'는 이 모든 양상들에 대해 같은 것이다. 그러나 이 양상들이 서로 같은 것들은 아니다. '存在'는 모든 것에 '동등'하다. 그러나 모든 것이 동등한 것은 아니다. '存在'는 모든 것에 대해 하나의 동일한 의미로 말해지지만, 모든 것이 같은 의미를 가지는 것은 아니다. 개체화하는 차이들에 관계하는 것이 일의적임의 본질이지만, 이 차이들이 같은 본질을 가지는 것은 아니며 또 존재함의 본질을 변이시키는 것도 아니다.(DR, 53/102~103)

들뢰즈는 둔스 스코투스의 '이-것'의 의미를 현대적 형태로 전개한다. 사실 중세적 맥락에서 '이-것'은 이미 다양한 형태로 실험되었다. 중세 철학자들 역시, 예컨대 연금술 등을 통해서, 본질적 형상과는 구분되는 '우발적 형상'을 탐구했기 때문이다. 우발적 형상들은 정도를 함축하는 형상들이며, 들뢰즈/가타리식으로 말해 강도에 의해 특징지어지는 존재들이다. 그럼에도 강도의 변화를 통한 특이한 개체성의 형성은 가능하다. 이 개체성은 좁은 의미에서의 개체들의 성격도, 또 여럿이지만 '하나'로 취급되는 보편자들의 성격도, 또 상식적 개체들 이하의 개체성들(세포 등)도 아니다. 나아가 그것은 이런 개체성들에 귀속되는 속성들/성질들도 아니다(이것들은 그 자체 이미 평균화된, 일반화된 존재들이다). 세 종류의 개체성(individuals, universals, materials), 나아가 그것들의 속성들/성질들의 그 어느 것과도 다른 개체성, 이 개체성은 곧 둔스 스코투스의 '이-것'(héccéité)이다. 강도의 연속적 변이를 통해 탄생하는 이 특이자는 일정한 온도(예컨대 0도), 일정한 사건, 일정한 분위기, 일정한 높이의 소리, 아홉 시 반의 당구, 어느 날 저녁 누군가의 표정 등등, 사실상 우리의 삶을 가득 채우고 있다. 이렇게 본다면 전통 존재론은 얼마나 빈약한 존재론인가. 들뢰즈는 존재론의 지평을 이-것들로 넓히기를 요청한다.

이-것들, 새로운 배치들, '괴물'들이 창출될 수 있는 지평, 그것이 바로 추상기계, 탈기관체, 혼효면이다. 혼효면에서는 기존의 존재론을 함축하는 층화된 존재들, 배치들이 아니라 이-것들이 생성한다. 이 지평 위의 존재는 두 가지 측면만을, 즉 "운동과 정지, 빠름과 느림의 관계하에서 그것을 구성하는 물질적 요소들의 집합"과 "일정한 능력(역능의 정도)하에서 그것이 발휘할 수 있는 강도적 감응들의 집합"만을 가진다.[112] 이 지평에는 오로지 "감응들과 국소적 운동들, 그리고 차생적 속도들"[113]이 존재할 뿐이다.(MP, 318/493) 혼효면 위에서는 강도들이 합성될 수도 있다. "그날 저녁의 열기"에서처럼. 그러나 기존의 개체들과 이-것들을 별개의 것으로 생각할 수 있을까? 기존의 개체들은 이-것이 아닌 것일까? 우리 자신이 바로 '한 삶'(une vie), 하나의 사건이 아닌가? 우리 자신을

---

112 들뢰즈/가타리는 전자를 "경도"(longitude)로, 후자를 "위도"(latitude)로 부른다. 앞에서 우리는 카르토그라피를 논하면서 "시원을 재현하는 트레이싱이 아니라 특이성들과 강도들로 이루어진 잠재성의 새로운 분포가 빚어내는 배치들/다양체들의 카르토그라피"(1장 3절)를 언급했다. 이 구절을 여기에서 다시 음미해볼 수 있다. 들뢰즈/가타리의 지도=카르토그라피는 상식적 의미에서의 지도=트레이싱의 경도와 위도 — 외연의 축소로 구성되는 수직 좌표와 수평 좌표 — 가 아니라 물질적 변양(modification)과 정신적 감응/정동(affection)으로서의 경도와 위도 — 강도의 연속적 변이의 두 측면 — 로 구성되는 지도인 것이다(여기에서 '정신'은 전통적 의미에서의 '精神'으로 이해되어야 한다). 특이성은 이 연속적 변이 곳곳에 마디를 줌으로써 일정한 현실로의 분화를 가능하게 하는 지도리들이다.

113 "vitesses différentielles"은 '차생적' 속도이다. 여기에서 'différentielles'은 물리적 의미에서의 속도만이 아니라 질적 변이들의 속도까지 포함하기 때문이다. 이 말은 수학적 맥락에서 사용될 때에만 '미분적'으로 번역할 수 있다.

주체들로 구성되는 초월면에 놓기보다 혼효면에 놓고서 볼 때, 우리는 주체이기를 그치고 사건이 된다. 다른 종류의 개체화들과 '이것'들이 대립을 이루는 것이 아니다. 모든 개체화들은 이-것들이며, 우리가 그 지평을 좁히고 고착화시키는 것뿐이다.

'이-것'들의 시간은 아이온(Aion)의 시간이다. 우리가 기계들의 지속을 재는 한, (기존의 의미에서의) 개체들의 지속을 재는 한 그것은 크로노스의 시간이다. 그러나 사건의 시간, 이-것들이 생성하는 시간, 그것은 아이온의 시간이다. 크로노스의 시간은 기계들을 일정한 시간적 외연으로 감싸며, 지속과 연대기를 형성한다. 아이온의 시간은 이-것들이 생성할 때마다 수평적 지속을 가르면서 솟아오르며, 사건의 시간을 형성한다. "萬古長空 一朝風月." 아이온의 표현은 부정법 동사, 고유명, 그리고 부정관사와 부정대명사를 통해서 성립한다. 아이온의 동사는 인칭을 전제하고서 변화하는 동사, '술어'로서의 동사가 아니라 부정법의 동사, 순수 사건을 표현하는 동사이다. 아이온, 이-것의 시간은 또한 고유명에 의해 표현된다. 기상학자들은 태풍에 고유명을 붙인다. 그것이 '태풍의 눈'에 붙는 것이라면, 고유명은 사건으로서의 공(空)에 붙은 이름이다. 아이온의 시간, 사건의 시간에는 고유명이 붙는다. 부정관사와 부정대명사 또한 이-것의 존재론과 아이온의 시간론을 표현한다. 여기에서 '부정'은 기존의 개별화에 입각했을 때 불투명하고 모호한 '어떤 것'을 가리키지만, 이-것의 존재론과 아이온의 시간론에 입각했을 때 엄연히 어떤 개별화를 가리킨다. 그래서 이-것은 부정법 동사, 고유명, 부정관사와 부정대명사로 표현된다.

이-것의 존재론은 일의성의 존재론이다. 여기에서 '일의성'이란 이-것들의 평등함, 모든 이-것들의 일의성을 가리킨다. 그것은 '일자의 철학'과 하등의 관계도 없다. 일의면이 '보편성'을 가진다고 할 때, 이 보편성은 모든 것이 어떤 측면에서 '같음'을, 모든 사람들이 '공유함'을 가리키기는커녕 모든 것의 고유함을, 무한히 새로운 이-것들의 생성의 지평을 가리킬 뿐이다. 존재의 일의성의 세계는 일반성과 특수성의 집합론적 관계가 아니라 보편성과 특이성의 생성론적 관계가 성립하는 세계이다.[114]

---

114 들뢰즈는 『차이와 반복』의 1장에서 존재의 일의성에 대한 논의를 스피노자, 니체로 잇고 있다. 그리고 이 논의는 베르그송에게까지 이어질 수 있을 것이다. 이 논의는 『의미의 논리』를 거쳐 『천의 고원』에서 '어느 신학자의 회상', '어느 스피노자주의자의 회상', '어느 〈이-것〉의 회상', '어느 면공(面工)의 회상' 등의 논의로 이어지고 있다.(MP, 309~333/479~516)

2

소수자 윤리학 입문

이제 긴 우회로를 지나서 우리 논의의 핵에 다다랐다. 탈유기화로서의 동물-되기를 논한 이제, 우리가 해야 할 것은 탈기표화 및 탈 '주체'화로서의 분자-되기를 해명하는 것이다. 이것은 곧 소수자 윤리학에의 입문을 뜻하기도 한다.

생성에서 존재로　　　들뢰즈/가타리의 사유를 단순한 의미에서의 '생성'의 사유로 이해하지 않는 것이 핵심적이다. 형태 없는 생성은 우리에게 막연한 이미지 이외의 것을 주지 않는다. 니체, 베르그송, 화이트헤드, 하이데거, 들뢰즈를 거치면서 '생성존재론'은 계속 세련되어왔고, 그래서 들뢰즈/가타리의 '생성'을 시대착오적으로 이해하지 않는 것이 일차적으로 중요하다. 들뢰즈/가타리의 사유는 **이미** '존재에서 생성으로'를 사유하는 단계를 넘어 '생성에서 존재로'를 사유하고 있다는 것을 정확히 이해해야 하는 것이다. 달리 말해서, 이들의 사유를 '동일성에서 차이로'의 사유로서가 아니라(이것은 이미 니체와 베르그송에 의해 충분히 전개된 사유이다) '차이생성에서 동일성으로'의 사유로서 이해하는 것이 중요하다. 이들의 사유를 '생성'(니체), '지속'(베르그송), '과정'(화이트헤드), '존재사건'(하이데거)을 이미 거친 사유로서 파악할 때에만, 우리는 이들의 사유를 시대착오적으로 즉 이미 극복된 사유 수준으로 퇴행시켜 이해하는 우를 범하지 않을 수 있다.

나아가 중요한 것은 '존재'와 '생성'을 대립자들로 파악하지 않는 것이다. '생성에서 존재로'는 어떤 것에서 그것의 대립자로의 전환을 뜻하지 않는다. 그것은 생성 중심의 사유로부터 존재 중심의 사유로의 전환을 뜻하지 않는다. 생성과 존재는 수평적 지평에서의 대립이 아니라 수직적 지평에서의 국면들을 뜻한다. 생성은 존재의 국면을 띨 때에만 구체적인 '무엇'이 될 수 있고, 존재는 오로지 생성의 과정에서만 성립한다. 마찬가지로 동일성과 차이는 대립자들이 아니다. 차이의 생성이 일정 국면에서 동일성의 형태를 띨 뿐이다. 들뢰즈/가타리 사유의 출발점은 'différence'(차이)가 아니라 'différentiation'(차이생성)이다. **차이는 차이생성의 결과**이다. 현실적으로 확인되는 차이들은 잠재적인 차이생성의 결과인 것이다. 차이생성으로부터 동일성들 및 그것들 사이의 차이들(현실적 차이들은 반드시 동일성들을 전제한다)이 나오는 과정은 'différenciation'이라는 말로 표현된다. 결국 들뢰즈/가타리의 사유는 'différentiation'이라는 대전제에서 출발해 'différenciation' 즉 'individuation'을 거쳐 동일성들의 성립을 해명하는 사유이다. 그러나 이러한 성립은 그 자체 생성한다. 동일성들의 성립이 어디에선가 완성되는 것으로 이해하는 것은 동일성들의 형성 국면을 읽어내지 못하는 것과 마찬가지의 오류이다. 결국 사유해야 할 것은 생성하는 동일성들, 동일성들의 생성이다. '생성에서 존재로'는 세계의 바로 이런 존재론적 진상(眞相)을 가리킨다.

'이-것'-되기　　　이렇게 해서 해명되는 동일성들은 상투적인 동일들을 넘어서는 동일성들이다. 존재/동일성'으로'라는 말은 기존의 존재/동일성에로의 회귀나 재발견을 뜻하지 않는다. 그것은 생성의 전제 위에서, 차생과 분화 과정의 전제 위에서 성립하는 특이한 존재들의 발견을 뜻한다. 이 특이한 존재들은 이-'것들'이라 부를 수 있다. 이-것은 분명 '하나'의 것, '이'라고 가리킬 수 있는 어떤 '것'이지만 상투적인 의미에서의 개별성들을 넘어서는 개별성들을 지칭한다. 이 개념은 최대한으로 확장된 의미에서의 개별성을 가리킨다.

　　각종 개별성들은 일정한 조건들을 통해서 성립하는 것으로 이해되어 왔다. 이런 조건들(개체, 보편자, 주체성, 실체성 등)은 '본질'이라는 개념으로 압축된다. 하나의 개체는 본질을 가짐으로써, 즉 어떤 동일성을 가짐으로써 개체가 된다. 하나의 보편자 역시 어떤 본질을 통해서 '하나'로서 성립한다. 사회적 단위들, 예컨대 '민족' 역시 하나의 본질을 통해서 하나의 동일성으로서 상상된다. 이-것의 경우는 어떤가. 이-것들은 특이한 본질들을 통해서 성립한다. 어떤 특유의 분위기들(선거가 끝난 뒤의 분위기, 혁명 발발 초기의 분위기, 부부 사이의 냉전 분위기 등등)은 사물도 보편자도 주체성도 또 다른 무엇도 아니지만 어떤 고유의 개별성을 가지며 또 반복된다. 화학물질이 상전이(相轉移)를 겪는 순간 역시 사물도 또 다른 무엇도 아니지만 고유의 개별성과 반복을 보여준다. 역(易)의 괘들은 음효들과 양효들의 고유한 조합이 형성하는 어떤 국면을, 특정한 상(象)이 띠는 '기(氣)-의미'의 어떤 본질을 보여준다. 이-것들은 기존 존재론들의 테두리를 넘쳐흐르는 확장된 지평에서의 이런 개별성들을 가리킨다. 이것은 대체이기보다는 확장이다. 예컨대 실체와 관계 사이의 존재론적 차이는 이-것이라는 더 넓은 지평 위에서 해체된다. 어떤 관계들로 이루어진, 고유의 개별성을 보여주면서 반복되는 이-것들 역시 본질을 가진다. 그러나 그것은 '비-정확한' 본질들이다. 이-것들은 (통상적인 실체들이 성립하는) 조직면이 아니라 혼효면에서 성립하며, (통상적인 실체들이 살아가는) 크로노스의 시간이 아니라 아이온의 시간을 살아간다.

'이-것'을 단일한 어떤 것으로만 표상할 필요는 없다. 앞에서 배치가 결국 하나의 사건, 복잡한 사건이라고 했던 것을 상기하자. 배치는 선들과 속도들로 이루어진 독특하고 복잡한 어떤 '것'이다. 윤리와 정치의 가장 핵심적인 문제는 어떻게 배치를 바꾸어갈 것인가, 나아가 어떻게 새로운 배치를 창조해낼 것인가이다. 이것은 곧 이-것의 문제이다. 기존의 존재론에 부합하는 존재들을 넘어, 새로운 존재들을, 이-것들을, 새로운 배치들을 만들어내는 것이 핵심이다. 기존의 배치를 바꾸어나가는 것, 나아가 하나의 새로운 배치를 창조해내는 것은 그 자체 하나의 사건이다. 그리고 이 사건 속에서 과거는, 나아가 그 행위의 주인공조차도 극복된다.[115] 주체는 사건과 합일하게 되며 자신의 사건을 '살게' 된다. 배치를 바꾼다는 것, 창조해낸다는 것은 결국 선들의 문제이고 속도들의 문제이

---

[115] 반복의 조건으로서의 과거, 반복의 주인공으로서의 현재, 영원회귀로서의 미래에 대한 흥미로운 논의는 『차이와 반복』의 2장 3절에서 전개된다.

다. 탈주선을 긋기, 탈영토화를 행하기. 그러나 이 둘은 사실상 하나이다. 탈주선을 긋는 것 자체가 기존의 선들에서 탈영토화를 행하는 것이기 때문이다. 핵심적인 문제는 **어디에서** 그리고 **어떤 속도로**이다. 또 욕망의 기계적 배치와 집단적인 언표적 배치의 복잡한 관계도 문제가 된다.

분자-되기   "모든 되기는 이미 분자적이다."(MP, 334/517) 왜 모든 되기는 분자적일까? 그리고 왜 '이미' 분자적일까? 모든 생성은 동일성의 변형을 함축한다. 동일성들이 타자화를 거부하면서 그것들 자체로서 존재할 때 거기에는 생성이 있을 수 없다(플라톤의 형상계가 이런 세계이다. 형상들은 오로지 논리적으로만 서로 관계 맺는다). 모든 동일성들은 그 하위 단위들로 이루어져 있고, 이런 관계는 극대 차원과 극소 차원으로 누층적으로 뻗어 있다. '생성한다'는 것은 결국 상위 단위가 하위 단위들을 더 이상 고정시키고 있지 못함을 뜻한다. 부부 사이가 나빠질 때 가족이라는 상위의 몰적 동일성은 해체된다. 회사 성원들이 흩어지면 회사라는 몰적 동일성은 해체된다. 엄밀히 말해 하나의 몰적 동일성이 견고한 추상적 동일성으로서 지속되는 일은 없다. 몰적 동일성은 그 하위 단위들의 운동으로 인해 항상 변화를 겪을 수밖에 없다. 들뢰즈/가타리는 이 하위 단위들을, 몰적 동일성에 상대적으로 '분자들'이라 부른다. 결국 모든 생성은 분자적인 생성인 것이다.

나아가 왜 모든 생성은 '이미' 분자적일까? 하나의 동일성을 전제하고 분자들의 생성을 논하는 것은 존재론적 맥락에서는 사실상 이차적인 것이다. 왜일까? 어떤 동일성이든 바로 그것은 분자들의 생성을 가둠으로써 성립한 것이기 때문이다. 분자들의 흐름은 어떤 맥락에서든(사랑하는 두 남녀, 공간적/지역적인 자연적 구획, 국가의 포획 등등) 일정한 테두리를 갖춤으로써 비로소 하나의 동일성의 구성원이 되기 때문이다. 앞에서 논했던 '탈주선의 선차성'은 이런 존재론적 진리를 함축하고 있다. 좀 더 미시적으로 본다면 개개의 생명체 또한 무한히 중층적인 물질적 흐름들의 집합체이며, 그런 흐름들을 고착화시킴으로써 성립한 동일성이다. 그러나 사회-역사적 맥락에서 본다면, 개체 이하의 단위들은 또 다른 맥락에서 논의되어야 할 문제이다. 앞으로 논하게 되겠지만, '개체'라는 존재 단위는 우주에서 각별한 위상을 띠고 있는 단위라는 점을 염두에 두자. 사회-역사적 맥락에서는 개개인이 최소 단위의 분자들이다. 즉 사회-역사적 맥락에서 몰적/분자적 개념 쌍은 개인들=분자들과 집합체들=몰들 사이의 관계라고 할 수 있다. 인간 개개인은 고유한 주체성을 가지고서 움직이는 자율적 존재들인 동시에 혼자서는 결코 살 수 없는 사회적 존재이기도 하다. 그래서 분자들은 몰로 화하게 되고, 또 몰로부터 탈주하기도 한다. 현실적 맥락에서의 '되기'는 이런 구도에서 논의되어야 한다.

분자-되기는 개인-되기와 구분되어야 한다. 분자-되기가 개인-되기를 포함할 수도 있지만, 개인-되기는 분자-되기가 될 수 없기 때문이다. 자신을 구성하고 있는 갖가지 몰들로부터 벗어나 개인-되기를 하는 것은, 사실상 불가능하기도 하거니와, 아무런 윤리적 성과를 창출해낼 수 없다. 물론 개인-되기(고독하게-되기)는 새로운 삶을 이어나갈 준비를 하는 되기, 창조의 여백, 긍정의 시간이 될 수도 있다. 그러나 개인-되기가 이런 시간이 될 수 있는 것은 그것이 잠재적으로 분자-되기일 수 있을 때이다. 사회적 맥락에서의 분자는 개인이지만, 분자로서의 개인은 늘 다양체를, 무리를 구성하면서 존재한다. 때문에 분자-되기와 개인-되기를 구분하지 못하면 치명적이다. 분자-되기는 늘 '이-것'-되기와 연계된다. 분자-되기를 한다는 것은 분자들이 기존의 몰적 동일성을 해체해나가면서 새로운 다양체를 구성해나가는 것이며, 기존의 몰적 동일성과 다른 이-것을 만들어나가는 것이기 때문이다. **분자-되기는 개인-되기가 아니라 무리/다양체-되기이다.** 이것은 '분자'의 층위를 더 크게 잡아도 마찬가지이다.

분자-되기가 무리로서의 이것-되기라면, 다양체로서의 '괴물'-되기라면, 이런 되기의 단초는 어디에 있는가? 어떤 면에서 단초는 이미 주어져 있다. 들뢰즈/가타리에게 몰적 동일성은 이차적인 것이며, 일차적인 것은 생성이기에 말이다. 따라서 이때의 '단초'란 단지 생성의 단초가 아니라 생성의 구체적인 방식의 단초를 뜻한다. 앞에서 이미 상상적 되기(흉내 내기, 동일화)도 상징적 되기(구조적 유비)도 실재적 되기가 아님을 강조했다. 다시 말해, 한 주체가 타자를 흉내 내거나 타자가 된 것을(정확히 말해 타자'인' 것을) 상상하는 것도 또 타자의 형상(形相)과 자신의 형상 사이에 구조적 상응을 설정하는 것도 실재적 되기가 아니다. 이것들은 단지 유비일 뿐이다. 하나의 존재는 언제나 특정한 기관들, 기표들, 주체들로서 구성된다. 되기란 일차적으로 "입자들을 추출해내는 것"이다. 즉 자신을 구성하고 있는 기관들(과 그 기능들), 기표들, 주체들을 몰적 동일성으로서가 아니라 분자적 다양체로 보고, 그 다양체들 가운데에서 어떤 부분들을 추출해내는 것이다. 앞에서 말했듯이, 되기에서 중요한 것은 되기의 블록이다. 따라서 여기에서 추출이란 되기가 겨냥하는 짝에 **가장 가까운** 분자들을 선별해내는 일이다(근접성의 원리, 또는 근사의 원리). 이 분자들은 되기의 블록을 이루는 두 짝의 불연속성을 허물고 그 **사이**에 생성의 가능성을 만들어낼 수 있는 분자들이다. 달리 말해, 이 분자들을 통해서 '이웃 관계의 지대' 또는 '공-현존의 지대'가 형성된다.

들뢰즈/가타리는 이런 과정이 결국 "욕망의 과정"(MP, 334/517)임을 지적한다. 앞에서 지적했듯이(1장 1절) 들뢰즈/가타리에서 모든 기계들은 곧 "욕망하는 기계들"이다. 그리고 여기에서 욕망이란 심리적 기능들 중 하나가 아니라 생성한다는 것에 대한 이들 나름대로의 표현이라는 점을 지적했다. 모든 기계가 욕망하는 기계라는 생각은 곧 어떤 존재도 완벽한 동일성을 항존(恒存)시킬 수 없으며, 자체 내의 역능=생명에 힘입어 어떤 식으로든 생성한다는 존재론적 명제를 표현하고 있다. 결국 되기의 과정이란 바로 이 욕망의 본성에서 유래하며, 그래서 모든 되기의 과정은 곧 욕망의 과정이다. 이로써 '욕망의 형이상학'과 '되기의 에티카'가 교차한다.

앞에서 논한 동물-되기를 지금의 맥락에서 재음미해보자. 동물-되기란 짝이 되는 동물과의 '되기의 블록'이 함축하는 '사이'로 들어가는 것으로서, 그것은 비결정성/비확실성의 객관적=실재적 지대로 들어서는 것이다. 이 지대에 들어설 경우, 인간과 (그의 짝을 이루는) 동물은 식별-불가능한 지대에 들어선 것이 된다. 여기에서 "식별-불가능한"은 어떤 특정한 인식주체에 대한 것이 아니라 기존의 규정성에 대한 것으로 이해되어야 할 것이다. 식별-불가능한 존재가 된다는 것은 곧 이-것이 된다는 것이다. 이것은 곧 "동물과 더불어 신체를 만드는 것, 강도의 지대들 또는 이웃관계의 지대들로 정의되는 탈기관체를 만드는 것"(MP, 335/519)이다. 앞에서 탈기관체는 기관들이 없는 체가 아니라 기관들이 점선들로서 유동하는 체라는 점을 분명히 했다. 그래서 동물-되기가 곧 탈기관체-되기라는 것은 두 동물의 종(種)·유(類)라는 경계선이 무너지고, 둘이 하나의 탈기관체를 형성한다는 것을 뜻한다. 그러나 여기에서도 앞에서 구분했던 세 종류의 동물-되기를 염두에 두어야 할 것이다. 창조적 절화로서의 동물-되기는 지금의 설명에 가장 부합한다. 사실 '진화'란 바로 이런 과정을 통해서 가능했다고 보아야 한다. 그러나 변신으로서의 동물-되기의 경우 되기의 블록은 다분히 비대칭적이라는 점, 그리고 정치적 결사체의 동물-되기의 경우 식별-불가능하게-되기는 역사적-정치적 맥락에서 이해되어야 한다는 점이 분명히 되어야 할 것이다.

결국 분자-되기란 무엇일까? 그것은 사이에 들어서기이다. 사이에 들어서기란 다른 존재로의 건너-뜀이 아니라 몰적 자신과 몰적 타자 사이에 존재하는 분자적 생성의 차원으로 들어서는 것이다. 그래서 그것은 상상적인 것도 상징적인 것도 아니며 실재적인 것이다. 분자적 생성으로서의 사이에 들어서기란 강도-연속체를 형성하는 연속적 변이의 차원에서 살아가기이다. 그것은 '物'의 동일성에서 '氣'의 차생으로 나아가는 것이다.

여성-되기　　　유기화/조직화에 대한 극복으로서 동물-되기가 논의되었다면, 이제 기표화와 주체화에 대한 극복으로서 탈기표화와 탈(예속)주체화를 논할 순서이다. 이제 좁은 의미에서의 윤리학(과 정치학)의 영역으로 넘어간다.

여성-되기와 아이-되기가 출발점을 이룬다. 왜 여성-되기(와 아이-되기)가 출발점을 이룰까? 들뢰즈/가타리는 명확한 이유를 제시하지 않는다(이 문제만이 아니라 되기의 윤리학에 관한 들뢰즈/가타리의 논의 전반이 소략하고 때때로 불명확하다. 이하의 논의는 나 자신의 재구성이라고 보아도 좋다). 아마도 이것은 성(과 나이), 계급, 인종/민족 등에서 성(과 나이)이 동물-되기에 가장 가깝기 때문에, 즉 자연적 차원에 가장 가깝기 때문일 것이다. 하지만 그렇다면 왜 인종 문제는 아닌가? 다른-인종-되기보다 여성-되기가 선차적인 이유는 무엇인가? 여성-되기가 더 보편성을 띠고 있기 때문일까? 우리는 뒤에서 이 문제가 생각보다 훨씬 예민한 문제이며, 여성-되기가 출발점으로 상정되는 것은 단지 편의상의 문제일 뿐이라는 점을 확인하게 될 것이다.[116]

지금까지 논한 되기 개념에 입각할 때, 여성-되기가 (여성과 되기의 블록을 형성하는) 남성이 여성-임으로 화하는 것을 뜻하지 않음은 분명하다. 즉 여성-되기란 몰적 남성이 몰적 여성이 되는 것을 뜻하지 않는다. 그것은 불가능하기도 하거니와, 더 핵심적으로 그러한 되기는 들뢰즈/가타리가 논하는 되기와 정확히 반대되는 것이기 때문이다. 되기론은 동일성의 고착 그리고 그렇게 고착된 동일성들 사이에 성립하는 차이의 윤리를 극복하기 위한 사유이다. 몰적 남성이 몰적 여성으로 화하는 것은 되기이기는커녕 오히려 동일성들의 자리만 바꿈으로써 그 동일성의 체계를 고착화하는 것일 뿐이기 때문이다. 마찬가지로, 이종영처럼 되기를 남성이 여성을 도와준다거나, 부자가 빈자에게 베푼다는 식으로 이해하는 것 또한 극히 피상적인 생각이다.[117] 그런 행위는 이미 존재하는 동일성들

---

116 들뢰즈/가타리는 가장 대표적인 동일자를 가리키는 말로 '남성'을 사용하고, 바로 그 때문에 여성-되기가 출발점이라고 생각한다. 그러나 이것은 실재적 규정이 아니라 단지 명목적 규정일 뿐이라는 점을 염두에 두어야 할 것이다.

의 체계를 더 공고히 하는 행위들에 불과하며, 오히려 되기론의 대척점에 존재하는 행위이기 때문이다.

나아가 여성-되기가 몰적 남성이 몰적 여성을 흉내 낸다거나 두 몰적 동일성 사이에 유비의 체계를 세우는 것이 아니라는 점도 분명하다. 몰적 여성을 흉내 내는 것은 상상적 되기일 뿐이며, 몰적 남성과 몰적 여성 사이에 상응 체계를 구축하는 것은 상징적 되기일 뿐이기 때문이다. 나아가 성전환 수술을 통한 남성의 여성 되기도 실재적 되기는 아니다. 들뢰즈/가타리가 생각하는 되기란 테크놀로지의 힘을 빌려 행하는 변신이 아니기 때문이다. 되기란 한 인간이(그러나 어디까지나 다양체의 요소를 구성하고 있는 인간이) 몸과 마음을 바쳐 자신의 기(氣)를 바꾸는 행위이지 외부의 힘을 빌려 신체를 조작하는 일이 아니다. 바로 그렇기 때문에 동성애(호모의 형태이든 레즈비언의 형태이든) 역시 되기는 아니다. 그것은 오히려 자연적으로 주어진 동일성이라 해야 하기 때문이다. 이성애와 동성애는 되기의 측면에서 볼 때 모두 주어진 자연적 성향들이지 노력을 통한 되기는 아니다. 그러나 이런 식의 되기들이 들뢰즈/가타리가 생각하는 되기가 아닌 더 핵심적인 이유는 윤리적-정치적인 데에 있다. 역으로 말해, 특정한 윤리적-정치적 맥락에서라면 이러한 되기들도 진정한 되기에 어떤 형태로든 연관될 수도 있을 것이다.

---

117 이종영, 「파시스트 들뢰즈와 가타리가 반(反)파시즘을 말하다」, 『문학과 사회』, 2002년 여름. 이 글은 천규석에 버금가는 조악함 위에다 다시 사악(邪惡)함까지 얹고 있는 글로서, 내가 아는 한 들뢰즈/가타리에 관해 쓰인 최악의 글이다. 다양성과 다양체를 구분하지 못하는 초보적 무지에서 출발해서 글의 마지막 대목까지 제대로 이해하고 쓴 구절을 찾기가 무척 힘들 정도일 뿐만 아니라, (이유는 모르겠지만) 몹시 거친 르상티망으로 가득 찬(이 잡지의 편집자도 마찬가지이다) 거친 글이다. 들뢰즈/가타리의 이해를 떠나서, 한국 사회의 한 단면을 보여주는 글일 것이다.

되기가 윤리적-정치적 문제일 수밖에 없는 것은 바로 그것이 다양체의 맥락에서, 배치의 맥락에서 이해되어야 할 문제이기 때문에 그렇다. 우리는 앞에서 '창조적 절화'로서의 되기, 변신으로서의 되기, 윤리-정치적인 되기를 구분했거니와, 탈기표화와 탈(예속)주체화의 맥락에서는 첫번째 되기를 잠시 접어놓을 필요가 있으며 두번째 되기와 세번째 되기는 항상 함께 생각할 필요가 있다. 다양체의 맥락, 배치의 맥락에서 여성-되기를 논한다는 것은 결국 몰적 여성-되기가 아니라 분자적 여성-되기를 논한다는 것이다.

기존의 몰적 동일성을 벗어나 이-것이 되기, 다양체로서, 배치로서 동일성을 탈피하기가 중요하다. 윤리적-정치적으로 왜 되기를 해야 하는가? 동일성의 체계로 구성된 차이들의 구조가 존속된다는 것은 기존 권력에 순응한다는 것을 뜻하기 때문이다. 몰적 남성과 몰적 여성의 이항 대립은 바로 이런 차이의 구조를 형성하는 한 요소이다. 이 구조를 벗어나기 위해 여성-되기를 한다는 것은 따라서 몰적-여성이-되기가 아니다. 그것은 분자적-여성-되기이다. 분자적 여성이 된다는 것은 무엇을 뜻할까? 이 중요한 문제에 대해 들뢰즈/가타리는 분명한 설명을 제공하고 있지 못하다. 그러나 지금까지 논한 결과들을 가지고서 일단 이렇게 말해볼 수 있을 것이다. 분자적 여성이 된다는 것은 남성-여성이라는 되기의 블록에 있어 몰적 남성과 몰적 여성이라는 양극 사이로 들어가는 것이라고. 그때에만 몰적 남성과 몰적 여성의 이항 대립적 구조에서 벗어날 수 있을 터이기에 말이다. 그러나 이렇게 말한다면 또 하나의 문제가 생긴다. 몰적 남성과 몰적 여성 사이에 들어가는 것이 여성-되기라면, 되기는 일방향적인 것이 되는 것일까? 왜 남성-되기는 없는 것일까? 왜 남성의 여성–되기만 이야기하고 여성의 남성–되기는 이야기하지 않을까? 여기에서 우리는 매우 중요한 하나의 사실에 도달한다. 여성–되기는, 뒤에서 보겠지만 다른 모든 되기들도 마찬가지이거니와, **소수자 – 되기를 보편적인 지평으로 해서만** 의미를 가진다. 바로 그렇기 때문에 남성의 여성–되기는 있어도 여성의 남성–되기는 없다.

그러나 새로운 문제가 발생한다. 만일 그렇다면 되기의 윤리학은 남성에게만 필요한 윤리학인가? 여성은 이미 여성이므로 여성–되기를 할 필요가 없다는 이야기인가? 물론 아니다. "여성도 여성–되기를 해야 한다." 이 말은 좀더 정확히 말해 "몰적 여성도 여성–되기를 해야 한다"라는 뜻이다. 몰적 여성은 생성/되기를 거부하는 동일성으로서의 여성이며 따라서 그 역시 여성–되기를 해야 하는 것이다. 다시 문제가 발생한다. 몰적 여성이 여성–되기를 한다는 것은 남성–여성의 되기의 블록으로 들어간다는 것을 뜻할 것인바, 그렇다면 여성–되기란 몰적 여성이 남성 쪽으로 나아간다는 것 즉 남성–되기를 행한다는 것인가? 논리만을 따라갈 때 우리는 이런 기묘한 물음에 이르게 된다. 여기에서 우리는 남성과 여성이라는 **양극** 사이에 선(線)을 긋고서 생각해서는 문제가 해결되지 않음을 깨닫게 된다. '사이'에 들어서는 것만으로는 문제가 해결되지 않는다. 즉 사이의 선에서 여성 쪽으로 간다든가 남성 쪽으로 간다든가 하는 것이 아니다.[118] 바로 그런 구도 자체를 벗어나느냐 벗어나지 못하느냐가 문제의 핵심인 것이다. 여성도 여성–되기를 해야 한다는 말은 여성도 남성

---

118 이런 이유 때문에 양성성(兩性性)의 강조는 문제의 해결이 될 수 없다. 100퍼센트 남성과 100퍼센트 여성이라는 생각을 극복하고 퍼센티지를 섞는다고 해서 문제가 해결되는 것은 아니라는 뜻이다.

쪽으로 다가가야 한다는 뜻이 아니라, 몰적 남성이 자신의 동일성을 극복해야 하듯이 몰적 여성 자신들도 자신의 동일성을 극복해야 한다는 뜻이다.

그렇다면 더 미묘한 문제가 발생한다. 만일 몰적 남성도 또 몰적 여성도 여성—되기를 해야 한다면, 이런 생각은 결국 남성이든 여성이든 공히 지향해야 할 그 어떤 여성성(女性性)이 존재한다는 것을 뜻하지 않을까? '소녀'(少女)에 대한 들뢰즈/가타리의 (거의 예찬에 가까운) 지향도 이 점을 시사해주는 듯하다. 그러나 이 또한 받아들일 수 없는 생각이다. 우리가 지향해야 할 여성성이 존재한다는 생각 자체가 생성존재론으로서는 받아들일 수 없는 본질주의적 발상이기 때문이다. 분명 우리는(특히 남자들은) 생기발랄한 소녀, 아름다운 여인/부인, 따스하고 지혜로운 노파(老婆)가 얼마나 소중한 존재들인지, 그들이 없는 세상은 생각조차 하기 싫은 그런 존재들인지를 잘 알고 있다. 그러나 적어도 이론상 그 어떤 여성성을 실체적/본질적으로 고착시키는 것은 분명 되기의 존재론/윤리학에 부응하지 않는다. 그렇다면 여성들조차도 되어야 할 그 여성이란 도대체 어떤 존재일까? 그것은 바로 분자적 여성이다. 동일성으로 고착된 몰적 여성이 아니라 다양체로서, 배치로서, 사건으로서 생성하는 분자적 여성—되기야말로 여성들 자체로 실천해야 할 여성—되기인 것이다.

그런데 분자적 여성—되기만으로 여성—되기의 의미가 다 드러나는 것일까? 분자적 여성이 되는 것만으로 윤리적 문제들이 해결되는가? 여기에서도 우리는 앞에서 강조했던 핵심적인 원리, 즉 모든 되기는 소수자—되기의 보편적 지평 위에서만 유의미하게 이해된다는 사실을 다시 한 번 확인하게 된다. 여성조차도 실천해야 할 여성—되기, 그것은 바로 소수자-여성-되기이다. 몰적 남성과 몰적 여성이 대립하는 구도를 벗어나 분자적 여성이 되어야 할 뿐만 아니라 그 분자적 여성-되기는 (그것이 윤리적인 것이 되려면) 반드시 소수자로서의 여성-되기여야 하는 것이다.

그러나 여기에서 우리는 기이한 역설에 부딪치게 된다. 소수자로서의 여성이란 단순하게 표현해서 힘없는 여성이다. 그런데 사회를 개혁해나가기 위해서는 말할 필요도 없이 힘이 있어야 한다. 그리고 현실적 힘은 분자적 흐름에서 나오는 것이 아니라 몰적 단합에서 나온다. 그렇다면 여성-되기란 결국 힘 있는 여성들이 힘없는 여성들이 되어야 한다는 것을 뜻하는가? 이런 우스꽝스러운 결론을 받아들여야 하는가? 들뢰즈/가타리의 말을 들어보자.

[……] 그런 창조가 남성의 전유물이라는 말은 아니다. 오히려 남성이 여성이 되거나 될 수 있으려면 몰적 존재로서의 여성도 [분자적] **여성이 되어야 한다**는 것이다. 물론 여성들이 자신들 고유의 신체, 역사, 주체성을 주도함으로써 몰적 정치를 이끌어가는 것은 필수 불가결한 것이다. "여성들로서의 우리는……"이라는 표현은 바로 언표행위의 주체[로서의 여성들]를 드러내준다. 그러나 그러한 주체에 집착하는 것은 위험하다. 그러한 주체란 원천을 고갈시킴으로써만 또는 흐름을 정지시킴으로써만 행위하는 주체이기 때문이다. 종종 가장 메마른, 르상티망으로, 권력에의 의지로, 자식들에 대한 차가움으로 가득 찬 여성들에 의해 생의 찬가가 불리어지고 있지 않은가. [……] 그래서 우리는 분자적 여성의 정치학, 몰적 적대 속으로 미끄러져 들어가 그 아래로 또는 그것을 가로질러 관통하는 정치학을 시도해야 한다.(MP, 338/523)

소수자-되기　　　이 대목에서 우리는 두 가지 근본적인 개념적 반성을 거쳐 가야 할 필요가 있다. 그 하나는 다양체라는 것이 무엇인지에 대한 재성찰이고, 다른 하나는 윤리학과 정치학의 관계에 대한 성찰이다.

　　윤리학과 정치학은 적어도 헬라스의 철학 전통이나 동북아의 철학 전통에서 통일되어 있었다. 학문의 역사에서 처음으로 '분과'(分科)를 시도했던 아리스토텔레스가 좋은 참조점이 될 것이다. 그러나 근대에 들어와 윤리학과 정치학은 분리되었고, 윤리학은 철학의 한 측면으로, 정치학은 사회과학의 한 분과로 자리 잡았다. 흔히 '인문사회과학'과 '자연과학'이라는 이분법을 사용하지만, 오늘날 특히 미국에서 유학한 사회과학자들에게 학문의 토대는 철학이 아니라 자연과학이다. 자연과학에서 복잡계 이론, 진화심리학을 비롯해 이것저것 끌어 와서 그래프를 그리고, 통계를 내고, 시뮬레이션을 하면서 그런 것들로 '객관성', '과학성'을 가장하는 것이 오늘날의 사회과학이다. 그런 식의 탐구들은 사회에 내재하는 **가장 예민하고 난해한 문제들을 피해 가는** 데 적격이다. 그런 식의 '객관성'/'과학성'을 통해서 이런 문제들을 덮어버리는 것, 그래서 국가와 자본주의라는 두 머리의 괴물이 지배하는 체제, 더 단적으로 말해 미국이 지배하는 체제에 봉사하는 것이 바로 이 미국 유학파 '사회과학자들'이 하는 일인 것이다. 이런 상황을 타파하기 위해 가장 절실한 것은 윤리학과 정치학의 본연의 통일성을 회복하는 일이다.[119]

　　윤리학은 정치학의 기초이고 정치학은 윤리학의 구체화이다. 두 담론이 별개의 것이 아니라는 것은 이미 아리스토텔레스에 의해 지적되었다. "이것〔최고선〕에 대한 앎이 우리의 삶에 있어서도 큰 무게를 가지지 않겠는가? 〔……〕 그것은 으뜸가는 학문, 가장 포괄적인 학문에 속하는 것처럼 보인다. 그런데 정치학이 바로 그러한 학문인 것 같다. 〔……〕 정치학은 나머지 실천적인 학문들을 포괄하며, 더 나아가 무엇을 행해야만 하고 무엇을 삼가야만 하는지를 입법한다. 따라서 그것의 목적은 다른 학문들의 목적을 포함할 것이며, 결국 정치학의 목적은 '인간적인 좋음' 자체일 것이다."(『니코마코스 윤리학』, 1094 a23~b7) 여기에서 말하는 정치학이 오늘날 사회과학의 한 분과인 정치학을 말하는 것이 아님은 물론이다. 나아가 우리는 아리스토텔레스와는 달리 '정치학'이라는 것을 좋은 지배의 학문으로 생각하지 않는다. 오히려 그것은 좋은 저항/창조의 학문이다. 정치학이란 지배적인 질서에 대한 저항의 학문이며, 나아가 새로운 사회질서를 구성하고자 하는 창조의 학문이다. 요컨대 지배 질서에 저항하면서 새로운 배치를 만들어나가기 위한 학문인 것이다.

이런 맥락에서 되기의 윤리학과 소수자 정치학의 관련성이 명확해진다. 소수자 정치학은 소수자들의 정치학도 소수자들을 위한 정치학도 아니다. 소수자들'의' 정치학은 소수자를 몰적 동일성으로 하는 정치학이다. 그러나 소수자들의 몰적 동일성에만 입각한 정치(학)은 여러 가지 한계를 가질 수밖에 없다. 외적으로는 현실적 힘의 부족이 내적으로는 내부

---

119 그러나 왜 하필 '정치학'인가? 경제학, 사회학, 신문방송학, 법학 등은 왜 안 되는가? 여기에서 내가 말하는 '정치학'은 물론 1) 좁은 의미에서의 정치학이 아니라 본연의 넓은 의미에서의 정치학이다. '정치'라는 활동은 담론 세계에서 철학이 그렇듯이 사회 전체에 대해 메타적 성격을 띤 행위이기 때문인 것이다. 철학과 정치는 결국 동일한 행위의 두 얼굴인 것이다. 따라서 여기에서의 정치학은 지금의 분과 과학으로서의 정치학과 판이한 것을 뜻한다. 2) 그러나 이것이 철학자가 정치가가 되어야 한다거나 철학은 사회를 올바로 지배하는 논리를 개발해내야 한다는 것을 뜻하는 것은 전혀 아니다. 이런 식의 생각은 '정치'라는 것을 이미 지배의 입장에서, 기득권자들의 입장에서 보는 것이기 때문이다. 철학의 역할은 오히려 소수자들의 정치의식을 일깨우고, 지배자들의 이데올로기를 와해시키는 데 있다고 해야 할 것이다. 바로 이때 윤리학과 정치학은 하나가 된다.

에서의 여러 문제점들이 가로놓여 있기 때문이다. 더 핵심적인 문제는 사실 내부의 문제이다. '대안 운동'을 해본 사람들은 이런 현실을 잘 알고 있을 것이다. 상처를 치유하기 위해 모인 사람들이 오히려 서로에게 상처를 주고, 자신의 원한을 정의감(正義感)으로 승화시키지 못한 채 앙심을 품은 채 살아가고, 불필요한 나아가 불행한 '우치게바'(內ゲバ)에 몰두하는 등, 내부적 한계들이 발목을 잡는 경우가 많은 것이다. 이들은 단지 소수자**일 뿐** 소수자-되기를 하고 있는 것이 아니다. 그러나 역으로 다수자의 몰적 동일성에 입각한 정치(앞에서 말한 몰적 여성의 정치)는 윤리적 테제들을 제시하면서 운동한다고는 하지만 결국 사회를 몰적 분절선으로 날카롭게 갈라놓고서는 자신들의 기득권을 챙기는 데 급급한 경향을 띠게 되곤 한다. 이것은 곧 이들에게 되기의 윤리학이 결여되어 있기 때문이다. 이들 역시 어떤 몰적 동일성**일 뿐** 소수자-되기를 하고 있는 것이 아니다.

소수자들이 오로지 몰적 소수자일 경우 그들은 외부적 힘의 한계 때문이든 내부적 분열 때문이든 실질적 변혁을 가져오지 못한다. 또 내부적으로 단합할 경우에도 그들은 서로들 간에만 똘똘 뭉칠 뿐 그들 바깥의 타자들에 대해서는 적대적이게 마련이다. 이들은 단지 소수자**일 뿐** 소수자-되기를 하고 있는 것은 아니다. 이로써 실선의 테두리가 더욱더 강화된다. 몰적 소수자 운동이 기득권을 형성할 경우(예컨대 몰적 여성운동) 역시 마찬가지이다. 이들은 자신의 상대방(여성운동의 경우에는 남성)을 적대시하고 파괴해야 할 대상으로만 생각할 뿐 아니라, 그런 몰적 동일성을 통해서 **다른 운동들에 대해서까지 배타적**일 수밖에 없다. 그래서 좋은 사회를 만들자는 취지를 담고 있음에도 운동들 자체 내에서 다시 갈등이 일어나기에 이른다. 여성운동은 다른 운동들에 대해 적대적이 되고 또 다른 운동들도 마찬가지의 상태에 빠져버린다. 이 모두가 몰적 동일성에 고착화될 때 나타나는 현상들이다. 그러면서 자신들이 타도하고자 했던 적들의 거울-이미지로 화해간다.

이제 앞에서 제기했던 물음에 답할 수 있다. 소수자가 '된다'는 것은 몰적 소수자로 화한다는 것을 뜻하는 것이 아니다. 오히려 그것은 몰적 동일성으로부터 벗어나 소수자 운동에 참여한다는 것을 뜻한다. 소수자-되기(becoming)는 곧 소수자 운동(movement)의 윤리학이다. 이로부터 우리는 하나의 중요한 결론, 어쩌면 본 저작의 가장 핵심적인 결론에 도달하게 된다. 모든 되기는 특히 되기의 윤리학은 **소수자 운동이라는 정치적 운동의 보편적 지평 위에서만** 진정한 되기가 될 수 있다. 물론 역으로 말해 모든 소수자 운동, 모든 소수자 정치(학)은 소수자 윤리학, 즉 되기의 윤리학(과 더 근본적으로는 생성의 존재론)이라는 철학적 기반 위에서만 그 정당성을 확보할 수 있다.

그렇다면 정확히 말해서 소수자-되기란 무엇일까? 지금까지 다소 직관적으로 사용해온 이 말을 명료화해야만 논의가 정리될 수 있을 것이다.

1. 소수자-되기는 소수자 '가 아닌' 존재가 소수자 '이게' 되는 것이 아니다. 그것은 무리한 요구일 뿐만 아니라, 더 중요하게는 '되기'를 행할 수 없는 존재로 화하는 것일 뿐이기 때문이다. 예컨대 의사가 이런 소수자 되기를 한다면 그는 환자가 되어 더 이상 치료를 할 수 없게 될 것이다. 이것은 소수자-되기가 아니라 소수자-이기이다.[120] 소수자-되기의 존재론적 대전

제는 **되기/생성**에 있다.

2. 소수자-되기는 소수자들이 몰적 소수자의 동일성에 집착하는 것이 아니다. 이 경우는 (설사 내부 갈등이 해소된 경우라 해도) 자신들끼리만 똘똘 뭉치는 소집단으로 그치며, 의미 있는 사회적 운동을 이끌어낼 수 없다. 이 또한 소수자-되기가 아니라 소수자-이기일 뿐이다. 소수자-되기는 일정한 동일성의 공고화가 아니라 어디까지나 **운동/변화로서** 의미를 띤다.

3. 마찬가지로 소수자-되기는 이미 일정 정도 기득권을 획득한 '소수자들'이 몰적 동일성을 공고히 하기 위해서 이용하는 가치가 아니다. 예컨대 여성-되기는 몰적 여성운동을 공고히 하는 것이 아니다. 맥락에 따라서 그런 운동이 필수적으로 요청되기는 하지만. 소수자-되기는 **몰적 운동의 고착화를 넘어** 운동 자체가 기득권이 되어서는 안 된다는 점을 주장한다.

4. 소수자-되기는 다수자가 소수자에게 무엇인가를 베푸는 것이 아니다. 그것은 오히려 다수자와 소수자의 몰적 동일성을 더욱 공고히 하는 행위에 불과한 것이기 때문이다. 이런 해석은 그 이상을 생각하기 힘들 정도로 조악한 '해석'이다. 소수자-되기는 다수자-소수자의 **이항 구조 자체를 해체**하는 데 초점이 있는 운동이다.

5. 소수자-되기는 도달해야 할 어떤 목적으로서 소수자를 상정하는 것이 아니다. 여성도 여성-되기를 해야 하고, 노동자도 노동자-되기를 해야 하며, 흑인도 흑인-되기를 해야 한다. 소수자-되기는 외형적으로 소수자

---

120 그러나 어떤 경우에는 이런 의미에서의 소수자-이기가 사실상 소수자-되기를 행하는 것일 수도 있다. 군사독재 시절 노동 현장에 뛰어든 운동가들이 이런 경우에 해당한다. 그들은 자발적으로 소수자이게 된 사람들이지만, 사실상 외형상 소수자일 뿐이다. 그들은 노동 현장에 운동성을 부여하는 행위를 하고 있는 것이며, 따라서 소수자-되기를 하고 있는 것이다. 이런 경우는 가장 급진적인 형태의 소수자-되기라고 할 수 있다.

'이게' 되는 것이 아니다. 그렇다고 몰적 소수자가 아닌 어떤 소수자-이데 아(예컨대 여성성)가 존재한다고 생각하지도 않는다. 소수자-되기는 외형 적으로 소수자 '이기'를 뜻하는 것이 아니다. 그렇다고 그것이 어떤 **소수 자-본질**을 가정하려는 것도 **아니다.**

6. 소수자-되기는 소수자 운동이라는 보편적 운동을 지향하는 생성이다. 그 리고 소수자-되기는 특정한 소수자 운동들이 반드시 **보편적인 지평에서의 소수자 운동**에 근거해서 이루어져야 한다고 본다. 이 점에서 소수자-되기 의 윤리학은 소수자 운동(의 정치학)의 철학적 토대라고 할 수 있다. 소수 자-되기의 윤리학은 소수자 운동이 위의 1~5에서 이야기한 함정들에 빠 지지 않도록 하는 이론적 토대이며, 소수자 운동은 이런 토대 위에서 전개 되(어야 하)는 정치적 운동이다.

다양체-되기　　　들뢰즈/가타리가 왜 다양체를 핵심 개념으로 하 는지를 지금 이 맥락에서 다시 한 번 음미해보자. 앞에서 말했듯이, 분 자-되기를 개인-되기로 이해하는 것은 심각한 오독이다. 분자-되기란 곧 '이-것'-되기이며 다양체-되기이며, 본질적으로 새로운 배치의 구 성에 관련되는 것이기 때문이다.

　　몰적 동일성은 늘 다양체로 존재함으로써만 그 동일성에 집착하지 않을 수 있다. 몰적 동일성은 그 이하 층위에서의 분자들의 흐름을 일정 한 코드를 통해서 테두리 지음으로써 성립한다. 그래서 그러한 코드는 필 히 다양체의 본성을 일그러뜨린다. 다양체가 '다질적인 열린 장'이라고 했던 앞의 논의를 상기하자. 몰적 동일성은 하나의 장을 구성하지만 그 동일성에 고착되는 한 결국 다질성과 열림이 내포하는 욕망/역능을 가로

막을 수밖에 없다. 다양체-되기란 다질성과 열림에 충실하면서 운동해 가는 집합체이다. 다양체의 구체적 모습은 배치로서 나타난다. 배치는 기계적 배치와 언표적 배치로 구성된다. 기계적 배치가 언표적 배치의 일정한 코드에 입각해 고정될 때 몰적 동일성이 성립한다. 반면 기계적 배치("욕망의 기계적 배치")의 생성과 더불어 언표적 배치가 재구성되어 나갈 때 본연의 의미에서의 배치가 성립한다. 이때 다양체-되기가 이루어진다. 이런 다양체/배치는 고착화된 몰적 동일성들의 체계에서 볼 때는 늘 이-것이요, '괴물'이다. 그러나 사회는 바로 이런 다양체-되기를 통해서만 몰적 동일성들의 체계를 해체/재구성해 나갈 수 있다.

소수자-되기가 소수자-이기가 아니라는 것, 이항 대립을 고착화시키는 것이 아니라는 것, 늘 보편적 지평에서의 소수자 운동의 선험적 조건으로서 작동한다는 것은 다양체-되기에 연관시켜볼 때 분명해진다. 다질적인 열린 장을 만들어나가는 것이 곧 다양체-되기이며, 이 이것-되기, 분자-되기를 통해서만 여러 형태의 몰적 동일성들, 본질주의적 동일성들을 극복할 수 있기 때문이다. 그리고 탈영토화를 핵심으로 하는 연속적 변이[121]를 핵심으로 하는 다양체-되기의 운동을 통해서 다수자/소수자라는 이항 대립적 지배체제를 극복해나갈 수 있다. 소수자 운동이라는 보편적 운동을 선험적으로 근거 짓는 소수자-되기의 윤리학은 이렇

---

121 다양체, 이-것, '괴물' 등과 같은 개념들을 이해하기 위해서는 '변이'(variation)이라는 뉘앙스를 다시 한 번 음미해볼 필요가 있다. 생성, 변화, 운동이 고전적인 저작들에서 유래하는 매우 일반적인 개념들이라면(뒤로 갈수록 특수한 의미가 된다), 전이(轉移), 전환(轉換)/변환, 이동, 전변(轉變) 등은 각각 고유한 뉘앙스를 띤 개념들이다. 변이라는 말은 하나의 동일성을 형성하는 '분자들'이 영토화/탈영토화/재영토화를 겪어나가는 과정을 표현하기에 매우 적절한 개념이며, 기계, 접속, 욕망 등등의 개념들과 연계해 이해해야 할 개념이다. 소수자-되기 역시 이 변이 개념을 축으로 이해되어야 한다.

게 다양체-되기의 존재론으로 다시 근거 지어진다.

소수자　　　지금까지 '소수자'라는 개념을 다소 직관적으로만 사용해왔으나 이제 그 의미를 분명히 해야 할 것 같다.

　들뢰즈/가타리에게 소수자와 다수자는 어떤 집합체에 붙는 양적 술어가 아니라 어떤 다양체에 붙는 질적 술어이다. 소수자가 다수자보다 '소수'인 것은 아니다. 핵심적인 것은 소수자는 반드시 소수자-되기이지만, 다수자는 반드시 다수자-이기라는 사실이다. 소수자-이기는 단지 다수자-이기의 대립항일 뿐이다. 소수자가 어떤 윤리적-정치적 의미를 담지한다는 것은 곧 그것이 소수자-되기일 때뿐이다. **소수자-되기는 생성하는-소수자**이다. 'becoming minority'에서 'becoming'은 어떤 귀결점을 가리키는 말이 아니라 현재분사의 뜻 그대로의 의미에서 'becoming'이다. 그것은 모색하'고 있는', 싸우'고 있는', 뚫고 나가'고 있는', 새로운 길을 찾아 나서'고 있는' 소수자이다. 그럴 때 그것은 다양체요, 이-것이며, 생성하는 배치이기도 하다. 때문에 소수자는 고착화된 집단일 수도 없고 또 한 개인일 수도 없다. 소수자들은 반드시 연속적 변이를 실천해감으로써만 소수자-되기로서 존재할 수 있다.

　소수자들의 생성은 반드시 다수자들의 동일성을 흔든다. 그래서 몰적 다수성 또한 생성으로 들어가게 된다. 그렇다면 다수자도 다수자-되기를 하는가? 소수자-되기를 통한 다수자의 생성은 소수자-되기의 능동성과 다수자-되기의 수동성으로 나타난다. 다수자-이기와 소수자-이기가 양립할 때, 다수자는 능동적인 존재이고 소수자는 수동적인 존재이다. 그러나 소수자의 생성과 다수자의 생성이 혼효할 때, 다수자는 수동적으로 생성하고 소수자는 능동적으로 생성한다. 다수자는 '이기'를 통해서 능동성을 유지하지만, 소수자는 '되기'를 통해서 능동성을 쟁취해나간다. 외국인 노동자들이 자신들의 언어와 한국어를 대립시킬 때, 그들의 언어는 소수의 소수자 언어로 존재한다. 반면 외국인 노동자들이 자신들의 한국어—되기를 통해 다수자로서의 한국어를 흔들 때, 이들의 한국어—되기는 능동적으로 새로운 한국어를 창조해나간다. 소수자—되기가 결코 소수자—이기이어서는 안 되는 이유, 문자 그대로 소수인 소수자—이기들이 아무리 많이 생겨나도 생성의 능동성을 취할 수 없는 이유, 소수자 문학이 소수어로부터가 아니라 다수어로부터 출발하는 이유가 여기에 있다. 소수자—되기의 윤리학이 **보편적인** 소수자 운동의 선험적 조건인 이유가 여기에 있다. 요컨대 다수자는 '이기'를 통해서 능동자가 되며 소수자는 '되기'를 통해서 능동자가 된다. 그리고 되기는 보편적 지평에서의 되기일 때에만 정치적으로 능동적이다.

우리가 앞에서 이야기했던 일반성/특수성 짝과 보편성/특이성 짝을 다시 한 번 음미해볼 필요가 있다. 다수자는 일반성/특수성 구조를 고착화하려 한다. 이 구조를 유지하고 그 안에서 소수자를 자신의 짝으로서 고착화시켜야만 기득권을 유지할 수 있기 때문이다. 반면 소수자는 보편성/특이성의 구도를 지향한다. 그렇게 함으로써만 이-것-되기, 다양체-되기, '괴물'-되기, 소수자-**되기**를 행할 수 있고, 그때에만 보편성을 지향할 수 있기 때문이다. 여기에서 '보편성'이란 등질성과는 다른, 정확히 반대되는 것을 뜻한다. 그것은 되기를 가로막는 절대 실선이 존재하지 않는, 원칙적으로 모든 형태의 다양체들의 생성을 가능케 하는, 즉 점선들만 존재하는 그런 지평으로서의 보편성=전체이다. 더구나 베르그송

존재론을 가정한다면, 전체 그 자체도 계속 생성해간다. 일반성/특수성의 수목적 체계로 되어 있는 학문 체계가 아니라 오로지 학문이라는 보편성만 존재할 뿐인(더구나 학문—전체 그 자체도 계속 생성해가는) 그런 **일의성**의 공간에서만 각종 형태의 **특이한** '전공들'이 생성한다. 그리고 바로 그렇기 때문에 여기에서 일의성은 일자성과는 무관한, 아니 정확히 그 반대를 뜻하는 개념인 것이다.

되기의 블록　　　　　일의성의 면, 되기의 보편적인 면에서 되기의 블록은 매우 다양할 수 있다. 되기의 윤리학에서 '되기의 블록'을 구체화하는 것은 매우 중요하다. 되기의 윤리학(소수자 윤리학)은 분명 소수자 운동이라는 보편적인 정치적 운동의 선험적 조건이지만, 각각의 블록을 명료화하지 않는다면 자칫 보편성의 지평 위에서 길을 잃을 수도 있기 때문이다. 인간의 활동에는 명확한 한계가 존재하며, 때문에 자신이 삶을 바칠 되기의 블록을 (반드시 하나는 아니겠지만) 선택하는 문제는 중요하다. 현실에서 직업을 선택하는 것이 윤리에서는 되기의 블록을 선택하는 것에 해당한다(이 둘은 때로 밀접하게 관련된다). 물론 이 되기의 블록은 그 자체 '되기/생성'의 면에서 생성해가야 하고, 그것 자체가 고착화되는 순간 되기의 윤리학을 배반하게 된다. 의미 있는 일을 한다고 모인 사람들이 그것보다 더 의미 없는 것들에 사로잡히는 경우가 대표적이다(학벌 타파를 위해 모인 사람들이 '출신 학교'를 놓고 다투고, 계급투쟁을 위해 모였다는 지식인들이 '전공'을 두고 다투고, 지역색을 없애자고 모인 사람들이 '직업적 차이' 때문에 금이 가기도 한다). 구체화는 고착화를 경계해야 하고, 보편화는 방향—없음을 경계해야 하는 이유가 여기에 있다.

되기의 블록에서 두 가지 문제를 검토할 필요가 있다. 첫째, 과연 여성-되기가 '다른 모든 되기의 열쇠'인가? 들뢰즈/가타리는 생성하는 몸을 최초로 도둑맞는 것은 소녀라는 점을 제시한다. 소녀들은 오빠/남동생 앞에 자신의 것보다 더 좋은 반찬이 놓인다는 것을 어느 순간 알게 된다. 그들은 늘 "계집애가……"라는 말을 듣게 된다. 그러나 꼭 그럴까? "저리 가, 아빠가 너 같은 검둥이하고는 놀지 말라고 하셨어!", "네 몸에서는 똥 냄새가 나, 가까이 오지 마!", "절름발이야, 너는 빠져!", "너희 아빠 빨치산이라며!" 등등, 어린 시절의 상처가 왜 꼭 여성들의 것만이겠는가. 또 되기의 실마리를 꼭 어린 시절에서 찾아야 하는 것도 아니다. 고독한 방에서 죽는 날만을 세고 있는 노인들은? 또 그 사이에서도 헤아릴 수 없는 되기의 블록들을 마주치게 된다. 되기의 실마리를 꼭 '소녀'에서 찾는 것은 편파적인 것일 수밖에 없다. 더구나 오늘날 예컨대 한국 같은 사회를 둘러본다면, 사내아이와 여자 아이의 반찬이 다른 경우를 찾기는 아마 쉽지가 않을 것이다. 앞에서도 강조했듯이, 소수자-되기는 보편적인 소수자 운동을 뒷받침하는 윤리로서 작동해야 하는 것이다.[122] 실마리는 매우 다양하다. 그러나 지향하는 길은 수렴해야 할 것이다.[123]

두번째 문제는 프롤레타리아와 소수자의 관계라는 문제이다. 이 문

---

[122] 들뢰즈/가타리는 "여성이 되는 것이 소녀인 것이 아니라, 소녀를 보편적으로 만드는 것이 여성-되기이다. 성인이 되는 것이 아이가 아니라, 청춘을 보편적인 것으로 만드는 것이 아이-되기이다"(MP, 339/525)라고 말하고 있다. 한글 번역본처럼 번역할 경우("여성이 되는 것이 소녀가 아니라 보편적인 소녀를 만들어내는 것이 바로 여성-되기이다. 어른이 되는 것이 아이가 아니라 보편적인 청춘을 만들어내는 것이 바로 아이-되기이다"), 앞에서 우리가 유보했던 본질주의적 주장이 되어버린다. 중요한 것은 보편적인 여성, 보편적인 청춘이라는 어떤 것이 아니라 여성-되기, 아이-되기를 통해서, 구체적으로는 보편적인 소수자 운동을 통해서 우리의 삶에서 여성성과 청춘이 보편화**되어가는** 과정일 것이다.

제는 19세기 이래 오늘날까지 이어져 온 실천과 오늘날의 실천 사이의 관계를 가리킨다. 1) 프롤레타리아=소수자라는 관점. 프롤레타리아 개념을 확장해서 공장 노동자만이 아니라 모든 형태의 소수자를 포괄하는 개념으로 사용하는 경우(『제국』에서 이런 용법을 확인할 수 있다). 그러나 이 경우 19세기적 프롤레타리아와 오늘날의 소수자 사이에 존재하는 의미의 차이는 사라져버린다. 2) 프롤레타리아≠소수자의 관점. 고전적인 투쟁 주체인 공장 노동자와 오늘날의 소수자를 분명히 구분하는 경우. 그러나 이 경우 역사는 단절적으로 파악되고, 또 오늘날 여전히 존재하는 노동운동이 여타의 소수자 운동들과 맺는 관계를 해명하기 어렵게 된다.

우리는 프롤레타리아 개념을 소수자 개념으로 일반화할 수 있다. 그러나 소수자들의 장 가운데에서 프롤레타리아가 일정한 특수성을 띠고 있다는 것 또한 감안해야 한다. 19세기 이래 반(反)자본주의의 선봉 역할을 해왔으나 20세기 중엽 '자본주의 황금시대'에 이미 기득권의 자리를 획득한 노동계급을 여전히 '프롤레타리아'라고 부르는 것은 어색하다. 오늘날의 정치 운동은 이들보다는 소수자들에 의해 주도되고 있다고 보아야 한다. 그러나 세 가지를 전제해야 한다. 1) '프롤레타리아계급'은 기존의 반자본적 정치 운동을 지속해온 대표적인 주체이며, 때문에 오늘날에도 여전히 (앞에서 유목민들에 대해 그랬듯이) '역사적 예우'를 받을 자격이 있다. 2) 1970년대의 오일쇼크 이래 노동자들의 위상은 다시 흔들려

---

123 들뢰즈/가타리는 다수자의 '상징'으로서 '남성'이라는 말을 사용하는데(이것은 정신분석학에서의 '아버지'의 용법과 통한다), 이런 용법을 전제한다면 '여성-되기'는 좀더 일반적인 의미에서 이해될 수 있고 모든 되기의 실마리라고 할 수도 있을 것이다. 그러나 이런 식의 용어법은 상당히 혼동을 주는 용어법이다.

왔고 오늘날 고용 불안정 시대에 **비정규직** 노동자들은 다시 19세기적 프롤레타리아의 모습을 띠고 있다(게다가 누구도 평생직장을 가질 수 없는, 얄궂게도 고용 '유연성'이라 불리는 상황이 도래했다). 오늘날의 비정규직 노동자들은 한편으로 '노동자들'이면서 동시에 현대적인 의미에서의 '소수자들'이라는 점에서 기존의 실천과 오늘날의 실천을 잇는 핵심 계급이라고 할 수 있다. 3) 오늘날 다양한 형태로 전개되고 있는 소수자 운동은 기존의 노동운동에서 갖가지 방법들을 빌려 오고 있다. 기존의 노동운동이야말로 오늘날의 소수자 운동의 교사(때로는 반면교사)인 것이다. "소수성의, 독자성의 역량은 프롤레타리아에게서 자신의 형상(figure) 또는 보편적 의식을 발견한다"(MP, 589/901)라는 들뢰즈/가타리의 언급은 정확히 이런 맥락에서 이해할 수 있을 것이다.

절대적 탈영토화　　　되기의 블록들은 매우 다양할 수 있다. 그리고 모든 되기는 탈영토화를 근본 원리로 한다. 그러나 들뢰즈/가타리는 "되기의 내재적 궁극(窮極)이자 우주적 정식(定式)인"(MP, 342/529) 궁극적인 되기를 언급한다. 이것은 곧 절대적 탈영토화의 경지이며, "지각−불능케−되기"이다. 이것은 어떤 경지일까.

불평과 욕구불만, 만족되지 않은 욕망, 자기 방어와 변명, 각자(만인)를 스스로의 내부에, 그 몰성(molarité)에 뿌리박는 모든 것을 제거하기. 세상 모든 사람들은 몰적 집합체이기에, 그러나 만인(萬人)−되기는 어떤 다른 것, 우주를 그 분자적 구성원들과 더불어 춤추게 하는 것이다. **만인−되기**는 세상 만들기, 하나의 세상을 만들기이다. [위의 것들을] 제거함으로써 우리는 하나의 추상선(ligne abstraite)으로서, 또는 그 자체 추상적인 한 조각의 수수께끼로서 살아갈 뿐이다.(MP, 342~343/530)

　　이것은 곧 무수한 되기의 블록들을 통해서 스스로가 추상선이 됨으로써 결국 되기로서의 세계를 만들어가는 경지이다. 이것은 '이접적/선언적 종합'(synthèse disjonctive)을 통해서만 가능하다. 이것은 이접적인 것들을 더 포괄적인 어떤 것으로 '지양해가는 변증법이 아니다. 그것은 불가능하다. 이것은 "세계의 시간에 서기"로서 이는 곧 이-것이 생성하는 시간을 살아가는 것이다. 이-것이 생성하는 시간은 몰적 체계에서라면 이접적이라 해야 할 것들이 더 이상 이접적이지 않게 되는 잠재성의 차원으로, (탈유기화를 통해) 지각할 수 없게 되고, (탈기표화를 통해) 식별할 수 없게 되고, (탈주체화를 통해) 인칭을 확인할 수 없게 되는 차원으로 나아가는 시간이다. 이 이접적 종합이 시작되는 순간, 이-것이 생성하는 시간은 니체적 의미에서의 '정오'이기도 하다.[124] 그때 우리는 풀처럼 살아가게 되며, "'나'라고 말하든 말하지 않든 그다지 중요하지 않게 되는 지점"에 도달하게 된다. 이것이 절대적 탈영토화의 경지이다.

　　그러나 다른 한편으로 볼 때 이런 식의 경지는 위대한 윤리적 경지임과 동시에 정치가 탈각되어버리는 경지가 아닐까. 되기의 윤리학은 배치의 정치학의 선험적 토대로 작동할 수 있지만, 되기의 윤리를 그 자체로

---

124 마수미가 그의 영역본(*A Thousand Plateaus*, University of Minnesota Press, 1987)에서 "Être à l' heure du monde"를 "To be present at the dawn of the world"로 의역한 것도 이런 뜻에서일 것이다. 알렌카 주판치치는 니체의 정오를 들뢰즈의 이접적 종합과 연계시켜 이해한다.(『정오의 그림자』, 조창호 옮김, 도서출판 b, 2005, 131쪽 이하)

서 극한으로 밀어붙일 경우 우리는 아름다운 되기의 바다에 빠져버리게 된다. 배치의 정치학이 되기의 윤리학에 근거해야 하는 그만큼이나 되기의 윤리학은 항상 배치의 정치학 **바로 아래에서** 작동해야 하는 것이다. 이상은 자석처럼 현실을 이끌어야 한다. 그러나 거리가 너무 멀어지면 이상의 자석은 힘을 발휘할 수 없게 되어버린다. 이것은 한 개인에게서의 '소요의 길'과 '투쟁의 길' 사이에 존재하는 갈등이기도 하다. 소요의 길은 그 자체로서 추구될 수 있지만, 그럴 경우 그 윤리적 힘을 상실하고 정치로부터 멀어지는 것 또한 사실이다. 들뢰즈/가타리는 소요와 투쟁 사이의 이런 이율배반에 둔감하다. 이것은 이들이 지각-불가능, 식별-불가능, 인칭확인-불가능에서 특히 지각-불가능을 표제어로 내세우고 있다는 점에서, 그리고 되기들을 연속적으로 그것도 암암리에 어떤 순서에 따라 배열하고자 한다는 점에서 분명하게 나타난다. 이럴 경우 되기들 사이의 간극들이 은폐되어버리며, 또 궁극적으로는 일종의 자연주의적 오류에 빠지게 된다(물론 이 자연이 스피노자의 '自然'이라고는 할 수 있겠지만). 우리는 한편으로 절대적 탈영토화(소요의 길)를 추구할 수 있다. 그러나 적어도 실천적으로는 배치의 정치학(투쟁의 길) 바로 아래로 다가와야만 되기의 윤리학은 의미를 가지는 것이다.

후기

한 사회의 얼굴, 한 사회의 평균적인 이미지는 그것을 구성하는 숱한 요소들의 운동이 빚어낸 결과적인 모습이다. 그 얼굴은 계속 변해가며, 이 변화는 곧 요소들의 변화가 빚어내는 결과로서의 변화이다.

이 요소들은 무수히 중층적이다. 사회적인 면에만 주목해도 개인, 가족에서 국가, 권역, 전 세계에 이르기까지 다양한 층위들이 포개어져 있다. 하위의 단위들은 dx의 형식으로 움직이면서 새로운 관계들을 만들어내고, 상위의 단위들은 기존의 구조를 통해 하위 단위들을 규제한다. 이런 관계들의 중층적 생성이 그 사회의 얼굴을 만들어낸다.

어떤 사회의 얼굴도 그 형체를 알아보기 힘들 정도로 일그러져 있을 것이다. 그것이 어떤 개인의 얼굴이 거울에 비친 것처럼 온전하다면, 그 사회는 유토피아이거나 아니면 완전한 독재 체제일 것이다. 한 사회를 구성하는 조각들에 예정 조화 같은 것은 없다.

한 사회의 주요 단위들이 상대적으로 큰 규모를 통해 움직일 때 그 사회의 얼굴은 스테인드글라스처럼 형성되며, 그 결과는 조각난 거울을 마구잡이로 다시 맞추었을 때처럼 각진 얼굴일 것이다. 반면 그 사회가 좀더 세밀한 조각들로 움직여간다면 그것은 모자이크와도 같을 것이며, 그 결과는 무수한 작은 조각들이 형성하는 (좀더 해상도가 높은, 물론 그렇다고 꼭 더 조화로운 것은 아닌) 얼굴일 것이다. 후자의 사회는 집합론에 의해서보다는 유체역학에 의해서 움직인다.

오늘날 한국 사회는 스테인드글라스보다는 모자이크에 가까운 모습을 보이면서 좀더 세분되어 있고 익명적이고 유체적인 얼굴을 보여주고 있다. dx의 층위가 더 하부로 내려간 것이다. 그러나 사회가 이렇게 변했음에도 그와 더불어 좀더 미분적(微分的)으로 변해가야 할 각종 국가장치적-자본주의적 장치들은 여전히 강고하게 군림하고 있다. 결국 사회는 유체화-모자이크화되었지만 국가장치들은 오히려 강고해졌고 자본-추상기계는 더욱더 추상적이 되었다.

이렇게 추상화된 자본-기계와 강고해진(그러나 또한 희극적인 퇴물이 된) 국가장치가 지배하는 사회는 딱딱하지만 명료한 통제사회가 아니라 부드럽지만 불투명한 관리사회이다. 그러나 여기에서 '불투명한'이란 지배체제가 흐트러졌음을 뜻하는 것이 아니라 좀더 추상적이고 복잡해졌음을 뜻한다. 관리사회는 억압하는 사회라기보다는 차라리 자유를 관리하는 사회이다.

사회는 유체화되었고 지배체제의 전략은 통제에서 관리로 옮겨 갔다. 이런 사회는 어떤 사회인가? 이 사회의 방향성은 어떻게 수립되어야 하는가? 이런 사회에서의 실천은 과연 어떤 것이어야 하는가? 우리 시대의 사유는 이 문제를 붙들고서 씨름해야 한다.

존재론적으로 볼 때 핵심적인 출발점은 생성을(생성**으로**가 아니라 생성**으로부터**) 사유하는 데 있다. 이 시대의 에티카(스피노자적 의미에서의 윤리학)는 이런 생성을 전제하고서 성립한다. 이 저작에서 다룬 것은 이런 생성의 윤리학, 더 구체적으로는 '되기의 윤리학'이다. 에티카의 측면에서 『천의 고원』을 읽어냄으로써 이 시대를 위한 사유의 근거를 마련할 수 있을 것이다. 윤리학은 반드시 정치학으로 구체화되어야 하지만 이 작업은 다음 저작으로 미룬다.

철학아카데미를 설립한 초창기부터 『천의 고원』을, 특히 「되기」 고원을 여러 차례에 걸쳐 강의해왔다. 그 당시부터 저술 준비를 시작했고 진작 출간하고자 했으나 이제 겨우 정리해 내놓는다. 한국이라는 사회에서 이 텍스트만큼 희화화되고 속화된 텍스트도 찾기 힘들 것 같다. 그래서 에티카 차원에서의 재구성이라는 구축적 측면 못지않게 기존의 오해와 왜곡을 논파하는 비판적 측면에도 비중을 두었다.

앞을 내다보기 어려운 시대이다. 이미 사라진 줄 알았던 귀신들이 "마치 꿈속의 악마처럼 살아 있는 세대들의 머리를 짓누르는" 이 소극(笑劇)의 시대와 어떻게 투쟁할 것인가. 에티카의 새로운 구축이 그 실마리들 중 하나라고 생각하며, 이 저작이 그 실마리를 풀어갈 수 있게 해주는 도구 상자로 기능하기를 희망한다.

2008년 가을
逍雲

개념 찾아보기

인명 찾아보기